영화로 문학 읽기, 문학으로 세상 보기

영화로 문학 읽기 문학으로 세상 보기

윤정용

고두미

문학과 영화의 상호 텍스트성

오늘날 적지 않은 사람들이 문자/문학의 시대가 가고 영상/영화의 시대가 도래했다고 말한다. 심지어 누군가는 "영화 때문에 문학의 시대는 끝났다"고 말하기도 한다. 지금은 조금 잠잠해졌지만, 한때 '문학의 종언'이라는 말도 여기저기서 들려왔다. '문학의 종언'은 기본적으로 문학과 영화가 서로 대립 또는 갈등의 관계에 놓여 있다는 것을 상정한다. 그러나 엄밀히 말하자면, 문학과 영화는 대립과 갈등의 관계에 놓여 있는 게 아니라 상호 공존하고 교류한다.

영화가 처음 나왔을 때 톨스토이가 예외적으로 새로운 형식의 글쓰기가 필요할 때라며 오히려 영화의 출현을 반겼지만, 사실 많은 작가들이 영화에 대해 상당한 불쾌감과 불안감을 드러냈다. 조금 거창하게 말하면 톨스토이는 문학과 영상의 융합 또는 공존을 모색했다. 영상/영화는 최근 들어 크게 발전하여 인간의 사고와 문화에 엄청난 영향력을 발휘하고 있지만, 근본적으로는 문자/문학에 뿌리를 두고 있고, 이를 통해 예술적 성취를 이루고 있다. 즉 영화는 문학에 기초하고 있고, 둘은 떼려야 뗄 수 없는 불가분의 관계에 놓여 있다.

문학과 영화는 상호 교류하며 인간의 일상사, 그리고 그 안에서 벌어지는 인간의 다채로운 감정을 묘사해왔다. 문학과 영화의 바탕에는 공통으로 '서사', 즉 이야기가 자리 잡고 있다. 문학을 영화로 만든 작품은 영화 역사의 초창기부터 있었으며, 지금도 문학과 영화는 서로에게 영감을 주고받으며 '경쟁'과 '공존'이라는 두 가지 상반되는 과정을 통해 발전해왔다. 다 그런 것은 아니지만, 영화와 문학은 물리적인 세계를 구체적으로 반영하고 평범한 일상 속에서 특별한 삶의 의미를 규명하는 사실주의에 연원한다는 점에서 대체로 비슷하다. 문학, 특히 소설은 서사, 세밀한 묘사, 심리적 사실성 등 여러 문학적 장치를 통해 현실 세계를 '그대로 옮겨 놓은 것 같은' 느낌을 독자들에게 준다. 영화 역시 소설과 마찬가지로 현실 세계를 최소한의 인위적인 개입을 통해 자동으로 재현하거나, 현실 너머의 우리 눈에는 보이지 않는 세계를 있는 그대로 객관적으로 기록한다. 따라서 수많은 요소로 이루어진 영화와 그 영감의 원천인 문학 작품을 병치해 분석적으로 읽는 작업은 서로에게 깊이와 재미를 더해주기 때문에 상당히 유의미하다.

사실 영화의 발전에 문학은 크게 기여했다. 영화는 초창기에 하류계급이 보는 '촌극'에 불과했다. 그러나 관객이 더욱 세련된 수준의 예술을 요구하자, 영화는 어쩔 수 없이 그 소재를 문학에 의존하게 되었다. 영화의 문학에 대한 의존은 이런 실용적인 효과 외에도 영화의 질적 수준과 그 관객의 문화적 위상을 높이는 효과도 가져왔다. 즉 영화는 위엄을 갖춘 문학과의 장르적 결합을 통해 하류계급을 위한 홍밋거리에 불과했던 과거의 위상에서 벗어나, 높은 계급의 사람도 누리는 점잖은 예술적 관습으로 발전했다.

영화 또한 문학의 발전에도 기여했다. 더 정확하게 말하자면, 영화와 문학 사이에 창의적인 예술적 교류가 발생한다. 예컨대 1920년대 모더니즘의 도래로 많은 작가들이 전통적인 사실주의 관습을 전복하고 영화의 영상 에너지를 담으려는 새로운 문학적 실험을 시도할 때, 혼성적인 예술 장르인 영화는 문화의 선두에 서서 새로운 생활사와 인간의 다양한 심리를 담는 매개로 작동한다. 즉 영화는 다양한 카메라의 움직임과 편집 등 기술적인 발전에 힘입어 보다 사실적이며 깊이 있는 사실주의를 성취한다. 영화의 이런 예술적 성취는 자연스럽게 문학의 발전 동력이 된다.

하지만 문학과 영화가 항상 좋은 관계만 유지하는 것은 아니다. 사회적 변혁기와 불안의 시대에서 실험적인 작가 정신을 통해 영화는 문학으로부터 독립을 선언한다. 즉 영화는 기존의 문학이 복잡하고 다양한 세상을 담아내는 데 한계가 있다고 인식하고, 새로운 예술적 방법론을 모색한다. 혹자는 이와 같은 새롭고 창의적인 영화적 시도를 영화의 기존 문학에 대한 재해석, 재창조를 넘어, 문학에 대한 영화의 우위라고 주장한다. 그러나 전체적으로 볼 때, 영화가 문학을 전면적으로 거부한 것은 아니고, 오히려 예전보다 문학과의 공존 또는 협업을 강조한다.

영화의 문학에 대한 우월성이라든가 반대로 문학의 영화에 대한 우월성을 떠나, 지금도 문학 작품을 '원작으로 하거나'(based), 문학 작품을 '변주하거나'(transformed), 문학 작품으로부터 '영감을 받은'(inspired) 영화가 끊임없이 만들어지고 있다. 누군가는 이런 '문학과 영화의 변형적 교류' 현상에 대해 "전통적인 플롯과 인물을 감소시키는 현 영화의 동향에 대한 반격과 보수적이거나 적어도 복잡한 문화 기류에서 벗어나고자 하는 치유적 의미로서의 전환에서 비롯되었다"고 진단한다. '정전'(classic)이라 불리는 문학작품을 자주 영화로 재탄생시키는 경향은 한편으로는 장대한 이미지만으로 우리를 현혹하는 현대의 영화에서는 보기 힘든 일관된 인물과 서술적 논리에 대한 동경으로, 다른 한편으로는 현대의 관객들에게는 넘쳐나지만 쉽게 이해할 수 없는 다층적이고 혼성적인 이미지를 대체할 수 있는 대안으로서, 더욱 의미 있고 안정된 다른 시대, 그리고 진실한 인간관계와 사랑에 대한 향수로 해석된다.

따라서 문학과 영화가 어떻게 교류하고 상호보완하며 발전하고 있는지를 분석하는 작업은 나름 유의미하다. 이런 비교 문학적인 연구가 지금까지 전혀 없었던 것은 아니지만, 기존의 문학과 영화의 관계를 다룬 연구는 대체로 학문적 분석에 너무 치중해 대중성이 부족하거나, 아니면 너무 대중성에 치우쳐 학문적 깊이가 떨어진다. 따라서 이 책에서는 학술과 교양의 두 관점을 균형 있게 담아, 영화화된 문학 작품의 분석을 통해, 문학이 영화에 어떤 콘텐츠를 제공하고 있는지, 그리고 영화가 소설 해석에 어떤 새로운 관점을 제공하는지를 살펴보려 한다.

이 책의 목적이자 본령은 제목이 잘 말해주듯이, '영화를 통해 문학을 다시 읽고, 문학을 통해 세상을 다시 보는' 데 있다. 이를 통해 문학과 영화의 상호 텍스트성을 통해 과거를 반추하고, 현재를 조명하고, 미래에 대한 전망을 제시하고자 한다. 더 나아가 문학과 영화의 새로운 읽기를 통해 독자에게 새로운 시각과 관점을 형성하고 사회문제에 대해 환기하고자 한다.

2018년 늦은 봄
윤정용

제2부 **미국** 이야기

제1부

영국
이야기

문학과 영화의 상호 **텍스트성**

  흔히 문학 작품을 원작으로 한 영화는 문학 작품의 '개작물'(adaptations) 이라고 불린다. '일차적인 것' 또는 '원래의 것'으로서의 문학 작품보다, 영화 는 '이차적인 것' 또는 '재생산된 것'을 의미하기 때문에, '개작물'이라는 용어 에는 이미 상대적으로 열등하다는 가치평가가 내포되어 있다. 그렇기 때문에 문학 작품을 바탕으로 한 영화에 대해서는 평가가 우호적이지 않다. 영화를 평가할 때는 주로 영화적 완성도보다는 영화가 얼마나 원본에 충실하게 재현 했느냐가 핵심 논제이고, 그에 따라 영화의 질적 평가가 이루어져 왔다. 예술 로서의 영화의 위상이 높아지면서 이런 식의 평가는 예전보다 많이 줄어들기 는 했지만, 여전히 문학은 어느 정도의 전문성을 갖춘 독자들을 위한 '고급 텍 스트'인 반면, 영화는 '하급 대중 매체'라는 기제가 작동하고 있다.

  그러나 기실 문학 작품과 이를 원작으로 한 영화의 관계는 가치의 우열을 가려야 하는 대립적 관계라기보다는 인간의 다양한 인식 및 감각 세계를 담 아낼 수 있는 문화 매체로서 파악될 때 더욱 생산적일 수 있다. 즉 문학과 영 화는 '상호텍스트성'의 맥락 또는 관점에서 파악될 때 보다 해석의 폭이 확장 되고 유의미한 해석이 가능해진다. 문학과 영화의 생산적이고 유의미한 상호 텍스트성을 잘 예거하는 예로 토마스 만의 『베니스에서의 죽음』(1912)과 루

《베니스의 죽음》은 비스콘티의 비관적이지만 저항할 수 없을 만큼 완벽한 탐미주의 예술관의 '정수'라 할 수 있다. 만년의 걸작이라는 찬사와 함께 무미건조한 퇴폐미의 극단이라는 비판을 동시에 받은 《베니스의 죽음》은 누군가의 말처럼, 비스콘티가 세상에 남긴 마지막 '레퀴엠'일 수 있다.

키노 비스콘티의 《베니스에서의 죽음》(1971)을 들 수 있다.

문학 작품을 원작으로 한 영화는 감독에 따라 조금 차이가 있기는 하지만, 대체로 원작의 내적 및 외적 서사구조, 즉 주제, 모티프, 등장인물, 그리고 등장인물 간의 관계 등을 어느 정도 그대로 수용한다. 비스콘티의 영화도 전체적으로 이런 수용적 자세를 견지한다. 하지만 토마스 만의 소설에서 주인공 소설가 구스타프 폰 아셴바흐는 비스콘티의 영화에서는 동명의 작곡가로 변형된다. 그리고 영화 속 허구적인 작곡가와 실제 역사적 인물인 작곡가 구스타프 말러의 삶, 그리고 그의 예술이 교직 되면서 영화적 흥미가 배가된다.

영화에서 주인공인 작곡가 아셴바흐의 전기, 인생관 또는 예술관은 원작 소설의 주인공인 소설가의 그것들과 거의 일치한다. 즉 '예술(가)의 존재 의미와 방식'이라는 원작의 주제가 소설가가 아니라 작곡가의 문제로 형상화된다는 점에서 차이가 있을 뿐, 본질에서 소설과 영화는 큰 차이는 없다. 예컨대 원작 소설에서 아셴바흐는 자신이 평생 지켜온 북유럽의 '차가운 아버지의 세계'를 떠나 '열정적 어머니의 세계'에 대한 무의식적 동경으로 '이국적인' 물의 도시 베니스에 도착하고, 그곳에서 폴란드의 미소년 타치오에게 걷잡을 수 없이 빠져들면서 내적 분열과 함께 종국에는 파멸을 맞는다. 영화도 이와 크게 다르지 않다. 병에 걸려 쇠약해진 작곡가 구스타프 아셴바흐는 휴식을 취하기 위해 베니스로 여행을 온다. 그리고 그 곳에서 가족과 함께 여행 중이던 아름다운 소년 타치오를 발견하게 된다. 저항할 수 없는 매력을 지닌 타치오의 모습을 바라보며 아셴바흐는 친구인 알프레드와 예전에 벌였던 예술과 아름다움, 순수함에 관한 논쟁들을 떠올린다. 결국 그는 타치오의 치명적인 아름다움에 매혹되고 파멸에 이른다.

소설에서는 아셴바흐가 타치오에게 매혹되어 파멸해가는 과정이 수많은 문학적 장치를 통해 비교적 서서히 암시적으로 비친 데 비해, 영화에서 아셴바흐는 베니스에 도착하기 전 이미 심신의 균형을 잃은 상태이고, 그의 병이 깊은 만큼 그가 도착한 베니스 역시 전염병이 창궐해 있다. 영화적 공간이 따뜻한 베니스가 아닌 전염병이 창궐한 음울한 베니스로 설정됨으로써, 베니스는 주인공에게 '아늑한' 도시보다는 '불쾌한' 도시이며, 이미 파멸이 예정된 공간이다.

소설에서 가장 인상적인 장면은 주인공이 예술에 대해 진지하게 성찰하는 장면이다. 영화 속에서 이 장면은 주인공과 그의 친구 알프레드가 예술에 대한 진지한 토론으로 변주된다. 비스콘티는 몽타주 기법을 통해 소설과 영화의 상호텍스트성의 효과를 극대화하고 있다.

비스콘티는 〈베니스에서의 죽음〉에 만의 『파우스트 박사』(1947) 모티프를 삽입한다. 예컨대 이 영화에서 매우 중요한 의미를 품고 있는 '에스메렐다'는 원래 『파우스트 박사』에 등장하는 사창가 여인의 이름인 동시에, 또한 '나비'

를 상징한다. 『파우스트 박사』에서 에스메렐다는 지극히 정신 편향적인 작곡가 레버퀸의 암묵적 요구에 따라 하룻밤의 동침 후에 그에게 매독을 옮긴다. 그녀는 '악마와의 계약'을 통해 천재적 작품을 작곡하기 위한 신체적 조건을 원하는 파우스트-레버퀸에 대한 메피스토적인 마력의 알레고리다.

〈베니스에서의 죽음〉에서 에스메렐다는 시작 부분에서부터 인상적이다. 영화 속에서 에스메렐다는 아셴바흐가 베니스로 타고 오는 여객선의 이름이다. 따라서 에스메렐다는 앞으로 다가올 아셴바흐의 베니스에서의 파괴적이면서도 치명적인 운명을 암시한다. 아셴바흐는 처음 본 순간 타치오에게 마음을 빼앗겨버리고 혼란에 빠진다. 그런 아셴바흐 앞에서 타치오가 피아노로 〈엘리제를 위하여〉를 친다. 바로 이어지는 몽타주 시퀀스에서, 사창가를 찾은 아셴바흐를 앞에 두고 에스메렐다가 똑같은 곡을 피아노로 친다. 그리고 타치오에게 완전히 빠져버린 아셴바흐가 젊게 보이기 위해 화장을 한 뒤 타치오를 쫓아 베니스의 온 골목을 헤매며 절망에 차 몸을 떠는 장면에 이어, 클로즈업되어 나타난 그의 흰 모자에 달린 '나비' 모양의 장식 띠에 의해 또다시 그 의미가 확인된다. 요컨대 에스메렐다는 소설과 영화를 유기적으로 연결하며 소설과 영화의 상호텍스트성을 배가한다.

비스콘티의 상호텍스트성은 카메라의 움직임이나 음악과 같은 영화적 장치를 통해서도 구현된다. 비스콘티의 카메라는 원작과 긴밀하게 연결된 상호텍스트성을 독특한 방식으로 상기시키면서도, 동시에 독자적으로 영상을 구성하는 도구로서 기능을 다한다는 점에서 특별하다. 원작 소설에서 걷잡을 수 없이 드러나는 주인공의 욕망에 대한 서술자의 이해와 거리는 다층적인 서술 태도로 형상화된다. 반면 영화에서는 카메라의 다채로운 이동이 이를 대신한다. 예컨대 아셴바흐가 한가롭게 휴양객들을 바라보는 장면은 그의 시선과 감정에 따라 느릿하게 '파노라마'로 촬영되고, 예술적 논쟁의 장면에서는 '보이스오버'를 통해 아셴바흐의 견해에 대해 카메라가 거리감을 형성한다. 또한 비스콘티는 카메라의 각도와 위치를 다양화함으로써 원작에서 나타나는 다층적인 서술 태도를 구현한다.

비스콘티의 영화 속에 도입된 여러 서사적 요소를 결합하는 핵심적 상징의 기능은 음악을 통해서도 이루어진다. 특히 말러의 교향곡 3번 4악장 '자라투스트라' 모티프와 교향곡 5번 4악장 '아다지에토' 모티프는 영화 전체에서 서사 전개와 주제 전달을 위한 주도적 모티프로서 기능을 발휘한다. 특히 교향곡 5번 4악장은 영화 처음부터 사랑과 죽음의 모티프로서 모든 언어를 대신하여 주인공의 운명을 끊임없이 반복적으로 암시한다. 〈베니스에서의 죽음〉에서는 말러의 음악이 모든 것을 대신하기 때문에, 말러의 음악이 이 영화의 전부라고 해도 과언이 아니다.

비스콘티는 영상체계 일부로서 음악에 특정한 의미 전달 기능을 부여함으로써, 만의 주요 서사 기법이라 할 수 있는 '라이트모티프'를 음악을 통해 영상 위에서 효과적으로 재현하고 있다. 만이 리하르트 바그너의 악극 텍스트에 자주 등장하는 음악적 라이트모티프를 문학적 기법으로 재창조했다면, 비스콘티는 이를 다시 영화 텍스트 속에서 영상 음악으로 다시 구현했다고 할 수 있다. 바로 이런 점에서도 비스콘티의 영화는 예술의 상호텍스트성을 잘 예거한다고 할 수 있다.

소설 『베니스에서의 죽음』의 주인공 아쉔바흐와 3인칭 서술자, 그리고 작가 만 사이의 내적 및 외적 유사성은 주지의 사실이다. 주인공의 내적 이중성에 대한 서술자의 이중적인 태도는 문학적 자아들에 대한 작가 자신의 '자기 아이러니'의 태도라 할 수 있다. 소설 속에서 서술자의 신고전주의적 문체와 주인공 아쉔바흐의 고전주의적 문학관이 공명하듯, 서술자는 주인공과 매우 가까운 관계를 드러내지만, 동시에 그가 점점 열정에 빠져드는 과정에서도 여전히 변함없는 문체를 유지함으로써 주인공에 대해 거리를 취한다. 이는 결국 만이 자신의 원초적인, 그러나 억제된 '동성애적' 욕망을 문학적으로 형상화함으로써 자신에 대해 유지하는 거리다.

만이 자신의 실제 체험을 문학적으로 승화시켰다면, 비스콘티는 자신의 예술적 체험을 영상으로 기록했다. 죽어가는 아쉔바흐를 향해서 바다 너머 먼 곳을 가리키는 타치오와 함께 텅 빈 해변에 세워 놓은 사진기는 감독의 탐미적 예술관을 표상한다고 할 수 있다. 비스코티에게 예술은 예술가의 죽음보다도 먼저다. 그렇기에 죽어가는 아쉔바흐보다 예술 작품에 가까운 타치오의 아름다운 모습이 그에게 더욱 소중하고 가치가 있는 것이다.

이탈리아의 명문 귀족 출신으로 청년 시절에는 공산주의자, 말년에는 탐미주의자였던 비스콘티의 예술관을 한 마디로 규정하는 게 쉽지 않다. 초창기 영화 〈대지는 흔들린다〉(1948)는 네오리얼리즘의 '한복판'에 선 영화다. 시칠리아 현장에서 촬영되었고, 전문 배우가 아니라 현지 사람들이 출연한 이 영화는 시칠리아 지방의 농부의 고된 노동으로 점철된 삶의 보고서인 동시에 서사사다. 그가 이 영화에서 전하는 메시지는 간명하다. "힘들게 살아갈 수밖에 없는 농부의 진짜 적은 몰인정한 자연이 아니라 지주(地主)다." 그는 귀족 출신임에도 노동자들의 고통과 분노에 자신의 삶을 밀착시켰다. 그러나 말년에 비스콘티는 오페라 극장 천장에 매달려 있는 샹들리에에 매혹될 정도로 아름다움에 빠져들었다. 다만 그의 예술지상주의의 본령은 유미, 심미, 또는 탐미가 아니라 '퇴폐미'였다.

〈베니스에서의 죽음〉은 비스콘티의 비관적이지만 저항할 수 없을 만큼 완벽한 탐미주의 예술관의 '정수'라 할 수 있다. 이 영화는 비스콘티의 동성애 취향도 노골적으로 드러나지만, 미와 생명력을 관조하고 찬양하는 노거장의 숨결이 스며들어 있는 화면은 장엄하기까지 하다. 만년의 걸작이라는 찬사와 함께 무미건조한 퇴폐미의 극단이라는 평가를 동시에 받은 〈베니스에서의 죽음〉은 누군가의 말처럼, 비스콘티가 세상에 남긴 마지막 '레퀴엠'일 수 있다.

『베오울프』와 『캔터베리 이야기』
: 영국 문학의 시작

영국의 역사는 대략 5세기경 '게르만족의 침략'(Anglo-Saxon Conquest)으로부터 본격적으로 시작된다. 그 이전 영국의 역사를 간략하게 살펴보면, 신석기 시대에는 이베리아인이 살고 있었고, 기원전 6세기경에는 켈트족이 유럽으로부터 건너와 정착한다. 하지만 켈트 족의 '브리타니아'(Britannia 또는 Briton)는 아직 국가로서의 조직이나 체계를 갖추지 못했다. 그 뒤 영국은 로마 제국의 줄리어스 시저의 침략을 받으면서 400년 동안 로마의 지배를 받는다. 그러나 로마 제국이 영국을 떠나자, 게르만 부족들(Angles, Saxons, Jutes 등)이 영국 해안에 도착하기 시작했고, 그때부터 영국의 역사는 본격적으로 시작된다. 그들의 언어는 현재의 영어와 상당히 다른 언어로서 '앵글로색슨어' 또는 '고대영어'라고 불린다.

고대영어로 쓰인 가장 대표적인 작품은 『베오울프』로 일컬어지는 영웅서사시이다. 『베오울프』는 민간에서 구전되다가 대략 8세기경 오늘날과 같은 형태로 정착된 것으로 추정된다. 그 내용을 간략하게 살펴보면, 이웃 덴마크 왕국에 괴물 그렌델이 침입했다는 소식을 들은 기트족의 베오울프는 뛰어난 영웅적 기개로 괴물을 퇴치한 후 본국으로 귀환한다. 베오울프는 기트족의 왕이 되어 나라를 잘 다스리던 중 무서운 용의 갑작스러운 침입을 받게 되자 목숨을 바쳐 용과 싸우다 용을 죽이고 그 자신도 장렬한 죽음을 맞이한다.

『베오울프』는 황량한 자연을 배경으로 기개 높은 무용 정신과 군신의 애정을 묘사한 장시로써 게르만 정신의 전형을 나타낸다. 『베오울프』의 기조를 이루는 것은 기본적으로 북유럽의 '이교주의'(paganism)지만, 또한 이교주의와 기독교 사상의 합류도 암시된다. 『베어울프』는 비록 영국의 영웅설화는 아니지만 고대 영어로 쓰인 고대 영문학 작품으로서뿐만 아니라, 당시의 사회구조와 가치관에 대해 많은 것을 알려주는 역사의 보고로서도 중요한 가치를 지닌다.

영웅 일대기인 『베오울프』가 그 구성이나 소재와 주제 면에 있어 초기 서유럽 문학에서 흔히 접할 수 있는 요소들을 다분히 품고 있으면서도 독특한 문화적 위상을 차지하는 이유는, 게르만 전통에 입각한 운명관 및 명예, 충성, 복수를 기반으로 한 영웅주의 사회의 행동철학, 그리고 현실 세계를 뛰어넘는 초월적 현상의 절묘한 조합과 같은 문학적 예술성 외에도, 고고학적·예술적·역사적인 사실이나 고대 여인의 역할 등의 문화와 관습에 관한 포괄적 요소들이 융해되어 있기 때문이다. 그러나 『베오울프』가 문학작품으로서 독자의 마음을 사로잡는 까닭은 무엇보다도 이교도적인 영웅주의 도덕관과 기독교적인 도덕관을 절묘하게 혼합시킨 시인의 뛰어난 문학적 독창성에 기인한다.

고대 영국과 중세 영국을 구분하는 계기를 제공해준 가장 중요한 사건은 '노르만 정복'(Norman Conquest, 1066)이다. 왜냐하면 근본적으로 게르만 전통에 속해 있던 영국은 '노르만 정복'을 계기로 프랑스의 밝고 화려한 언어와 문화를 받아들이고 적응해갔기 때문이다. 노르만 정복이 영문학에 끼친 영향은 크게 세 가지 측면에서 살펴볼 수 있다.

무엇보다도 '언어의 변화'를 들 수 있다. 실제로 고대 영어는 게르만 계통의 언어로서 현대 영어와 많은 면에서 차이를 보이지만, 노르만 정복 이후 변화하기 시작한 중세 영어는 제프리 초서의 작품에서 보듯이 현대 영어에 보다 가까워진다. 그다음으로 게르만의 어둡고 숙명론적인 문화에서 밝고 화려한 문화로의 전이를 들 수 있다. 마지막으로 영국의 기독교 사회의 완성을 들 수 있다. 즉 노르만 정복은 영국의 기독교로의 개종을 사회적으로 제도적으로 확립시키는 결정적인 계기가 된다. 실제로 기독교로의 개종 후 영국에는 기독교의 정치 세력화를 위한 물리적 기반인 장원제도와 기사제도가 확립된다. 요컨대 노르만 정복을 계기로 영국은 종교적으로는 기독교 사회가 확립되고 경제적으로 정치적으로 봉건제를 갖추게 된다.

중세 영국은 한 마디로 격동의 시기였다. 정치적으로는 프랑스와 백년전쟁을 치렀고, 국내적으로는 흑사병이 창궐해 많은 사람이 죽었고, 농민 반란도 일어났다. 반면 무역과 상업이 발달하면서 자본을 바탕으로 하는 중간 계층이 급격히 증가했다. 중세 영문학을 대표하는 초서의 『캔터베리 이야기』(1393~1400)의 문학적 성취는 무엇보다도 이렇게 급변하는 중세 사회의 역동성을 성공적으로 형상화하고 근대적인 이야기 형식을 발달시킨 데 있다.

『캔터베리 이야기』는 캔터베리 대성당을 참배하는 사회 각층의 대표 31명의 순례자가 런던 템스강 주변의 한 여관에서 여관 주인의 제안으로 돌아가며 자신들의 이야기를 들려주는 구조를 취하고 있다. 즉 『캔터베리 이야기』에는 기사와 그의 종자인 수습기사, 수녀원장, 변호사, 시골 사제, 탁발수사, 면죄사, 의사, 대학생, 선장, 상인, 요리사 등 당시 영국 사회를 대표하는 다양한 인물이 등장한다.

조금 벗어난 이야기일 수 있는데, 그렇다면 당시 그렇게 다양한 직업을 가진 많은 사람이 무엇 때문에 캔터베리로 순례를 떠났을까. 플랜태저넷 왕조를 개창한 헨리 2세 때로 거슬러 올라간다. 영국의 왕 헨리 2세는 교회와의 갈등을 피하고자 혹은 교회를 자신의 수중에 넣기 위해 캔터베리 대주교에 자신과 친교가 있는 토머스 베켓을 임명한다. 베켓은 처음에는 고사하지만, 헨리 2세의 간곡한 부탁으로 결국 캔터베리 대주교로 착좌한다. 그러나 그가 헨리 2세의 바람과는 반대로 교회를 대변하자 헨리 2세와 정치적으로 갈등을 빚게 된다. 헨리 2세는 대주교를 제거하기 위해 자객을 보내고, 주교는 그들에 의해 살해된다. 그런데 주교의 암살 소식이 전해지자 국내외적으로 왕을 규탄하고 주교를 추모하는 물결이 퍼져나간다. 결국 헨리 2세는 캔터베리 대성당을 방문해 공식적으로 사과하고 참회한다. 시인 T. S. 엘리엇의 극시 『대성당의 살인』(1933)은 헨리 2세에 의한 토머스 베켓 주교의 암살 과정을 극화한 작품이다.

『캔터베리 이야기』는 기본적으로 이야기 자체도 흥미롭지만, 이야기 내용에서 화자의 성격이 잘 드러난다. 즉 각 화자는 개별 성격을 드러냄과 동시에 당시의 직업을 대표하기도 한다. 『캔터베리 이야기』에서 각각의 화자는 각 직업군의 '대표단수'인 셈이다. 더 나아가 초서는 이야기하는 사람들의 상호관계에도 주목하는데, 이는 곧 『캔터베리 이야기』의 각각의 에피소드가 개별적으로 독립성과 완결성을 갖춘 이야기인 동시에, 화자들의 순례 이야기 모음집이라는 중층적 구조를 취하고 있음을 시사한다.

『캔터베리 이야기』는 중세 판본이 80개에 이를 정도로 초서 당대에 상당히 인기를 끌었다. 또한 초서가 그린 캔터베리의 이야기와 그 인물 군상이 오늘날까지 차용, 번안, 개작되고 있는 점을 고려해 볼 때, 『캔터베리 이야기』는 단지 14세기 런던에만 국한되는 것이 아니라 시대와 공간을 초월해 '보편성'을 갖는다고 말할 수 있다.

『캔터베리 이야기』의 원형이 가장 빈번하게 재현되는 분야는 역시 공연과 영화다. 영화 쪽으로 살펴보면, 마이클 파렐은 제2차 세계 대전을 배경으로 캔터베리로 가는 일행의 이야기로 『캔터베리 이야기』를 각색했다. 그러나 보다 유명한 『캔터베리 이야기』의 창조적 변형의 사례는 이탈리아의 피에르 파올로 파졸리니의 〈캔터베리 이야기〉(1971)다. 여러 평론가의 주장대로 그는

"『캔터베리 이야기』를 숨김없는 거친 표현주의적 기법으로 묘사했다." 그는 각본과 감독을 맡아 영국에서 촬영했고, 그 자신이 영화 속에 초서 역을 맡아 중간 중간 등장하기도 한다. 이듬해에 그는 이 작품으로 베를린영화제에서 황금곰상을 수상한다. 원래 밝고 따뜻한 민중담이었던 초서의 『켄터베리 이야기』는 파졸리니에 의해 노골적인 성적 정치적 담론으로 탈바꿈했다.

파졸리니의 영화는 반문명적인 것, 반사회적인 것, 그리고 비도덕적인 것에 대한 연민과 동경을 표출하며, 영화의 형식과 내용에 있어 기존의 전통이나 금기로부터 일탈하고자 하는 강한 욕구를 품고 있는 것으로 유명하다. 〈캔터베리 이야기〉를 포함해, 〈아라비안나이트〉(1974), 〈살로 또는 소돔의 120일〉(1975)과 같은 후기 작품들은 잔인함을 동반한 가학성과 피학성에 관한 보고서로 읽힌다. 파졸리니는 자신의 후기 작품들을 통해 이탈리아 사회에 유령처럼 맴도는 파시즘의 잔재에 대해 비판의 목소리를 견지했다. 즉 그는 자신의 영화를 예술 작품으로서만 국한하지 않고 정치적 견해를 표출하는 도구로까지 확장하고 있다. 간단히 정리하면, 파졸리니를 통해 중세의 민중 생활 보고서 『캔터베리 이야기』는 그 궤도가 정치적 텍스트로까지 확장되었다.

파졸리니의 〈캔터베리 이야기〉가 『캔터베리 이야기』의 전체 구조에 기반을 두고 있다면, 애니메이션이나 TV 드라마로 만들어진 '캔터베리 이야기들'은 『캔터베리 이야기』 가운데 일부 에피소드를 선택적으로 취하고 있다. 예컨대, 영국의 BBC는 『캔터베리 이야기』중 「방앗간 주인의 이야기」, 「바스의 여인의 이야기」, 「면죄사의 이야기」, 「변호사의 이야기」와 같은 몇몇 에피소드를 중세 영어 자막까지 넣어 당대 사회를 재현하거나 아니면 현대적으로 각색했다. 심지어는 장르를 달리해 여러 음악 페스티벌에서 『캔터베리 이야기』가 힙합 버전으로 재현되기도 한다.

『캔터베리 이야기』를 재현하거나 각색하는 방식 외에 『캔터베리 이야기』에서 영감을 받은 작품도 있다. 데이비드 핀처는 한 인터뷰에서 단테의 『신곡』과『캔터베리 이야기』중「본당 신부의 이야기」에 등장하는 일곱 가지 죄악을 모티프로 영화 〈세븐〉(1995)을 만들었다고 밝힌 바 있다. 중세 기사 이야기와 현대적인 록 음악이 인상적으로 조화된 히스 레저 주연의 〈기사 윌리엄〉(2001)은『캔터베리 이야기』중「기사 이야기」에 영감을 받은 것으로, 영화 중간에 초서가 등장해 우스꽝스러운 톤으로 닭살 돋는 시를 읽기도 한다. 〈기사 윌리엄〉의 감독 브라이언 헬겔런드가 자신의 작품 의도를 "중세와 현대의 경계를 허무는 것"이라고 밝혔듯이,『캔터베리 이야기』는 중세 영국에 머물지 않고, 시간과 공간을 초월해 창조적으로 끊임없이 재현되고 있다. 따라서 초서의『캔터베리 이야기』는 중세 영문학, 아니 더 나아가 중세 유럽 문학의 기념비, 현대 문학의 '고전'이라고 일컬어질 정도로 문학적 가치가 높다.

해럴드 블룸은『서구의 정전』(1994)에서 고대에서 현대에 이르는 서양의 정전을 이루는 스물여섯 명의 작가를 꼽았고, 그 중 '서구의 정전'의 중심을 셰익스피어라고 단언했다. 그러면서 셰익스피어를 제외하면 초서가 영어권 작가 중 가장 으뜸이라고 말했다. 이처럼 초서는 셰익스피어만큼 영문학사에서 뛰어난 업적을 남겼다. 무엇보다도 초서의 가장 뛰어난 문학적 성과는 등장인물의 생생한 '성격화'에 있고, 바로 이 점은 셰익스피어에 의해서 계승·발전된다.

초서는『캔터베리 이야기』를 통해 셰익스피어에게, '문학 작품이 현실을 어떻게 보여주어야 하는지', '다양한 부류의 사람들을 어떻게 다루어야 하는

〈기사 윌리엄〉은『캔터베리이야기』중「기사 이야기」에 영감을 받은 것으로, 영화 중간 초서가 등장해 우스꽝스러운 톤으로 닭살 돋는 시를 읽기도 한다.

지'를 알려주었다. 쇠퇴하고 멸망하는 기독교 국가의 혼란한 양상을 그리기 위해 초서가 사용한 기법은 바로 '아이러니'였다. 그리고 이 아이러니 기법은 셰익스피어를 통해 더욱 정교해지고 성숙해진다. 따라서 영국 문학에서 『캔터베리 이야기』는 셰익스피어 문학의 출발점이며, 가장 위대한 셰익스피어에게 문학적 영감을 준 초서가 '영문학의 아버지'로 불리는 것은 당연하다.

셰익스피어 다시 쓰기/읽기

  2014년은 셰익스피어 탄생 450주년이 되는 해였고, 2016년은 셰익스피어 서거 400주년이 되는 해였다. 그래서 최근 몇 년 동안 크고 작은 셰익스피어 관련 행사가 있었다. 셰익스피어는 짧은 기간 동안 38편의 희곡과 154편의 소네트, 그리고 두 편의 장시, 「비너스와 아도니스」(1593), 「루크리스」(1594)를 썼다. 하지만 그의 생애에 대해서는 생각보다 알려진 사실이 많지 않기 때문에 그의 존재에 대해서 여전히 논란이 일고 있다. 예컨대 실제로 셰익스피어가 작품을 썼는지, 아니면 셰익스피어는 단지 대필 작가에 불과했는지에 대한 논란이 아직도 벌어지고 있다. 그러나 셰익스피어가 영국 문학사에서 뿐만 아니라 세계 문학사에서 가장 위대한 작가 중 한명이라는 사실에 대해서 만큼은 논란의 여지가 없다. 사실 셰익스피어는 영국 문학에서 대중성과 작품성을 동시에 획득한 몇 안 되는 작가일 것이다. 현재 영국 문학사에서 셰익스피어처럼 대중적으로 뿐만 아니라 학문적으로 높이 평가를 받는 작가를 꼽으라면 찰스 디킨스, 제인 오스틴 정도다.

  셰익스피어는 대학의 필수교과목으로 아직도 영문학 연구의 중요한 영역으로 다루어지고 있고, 청소년들에게는 유익한 고전으로 읽힌다. 그뿐만 아니라 수많은 현대 관객들은 영화나 연극으로 재탄생한 셰익스피어 작품을 즐기기 위해 극장을 찾는다. 한마디로 셰익스피어는 많은 다른 고전 작가들과는 달리 지금도 여전히 현대의 어떤 작가보다도 많이 읽히고 있으며, 영화나 연극 등 다양한 매체를 통해 계속해서 '재현'되는 가장 '현대적인' 작가라 할 수 있다.

그렇다면 출판된 지 400년도 넘은 셰익스피어의 작품이 현재까지 계속해서 다시 쓰고 읽기가 시도되며 인기를 누리는 이유가 뭘까. 일단 장르적 특성으로 보면, 셰익스피어 작품들은 드라마(시극)이기 때문에 시나 소설과 비교했을 때 보다 쉽게 재현될 수 있다는 장점이 있다. 하지만 그것만으로는 충분한 답이 되지는 못한다. 분명 셰익스피어의 작품에는 다른 고전 작가와 차별되는 요소가 있다.

셰익스피어의 작품은 '독창성'(originality)이라는 기준에서 보면 결코 훌륭하다고 할 수 없다. 아니 독창성의 기준으로 본다면 결코 고전의 반열에 오를 수 없을지도 모른다. 대부분의 셰익스피어 작품은 기존의 작품을 차용, 모방, 개작했기 때문이다. 하지만 셰익스피어의 작품은 독창성을 상쇄하는 보편성과 시대성을 담보하고 있다. 즉 셰익스피어 작품에는 시공간을 넘어 공감을 끌어내는 '보편성'과 셰익스피어 당대 영국의 '시대성'이 절묘하게 결합되어 조화를 이루고 있다. 보편성은 어느 시대, 어느 사회를 막론하고 독자 또는 관객에게 공감을 줄 수 있는 시대적 초월성을 의미한다. 반면 시대성은 그 작품이 쓰인 당대의 특정한 사회·문화 상황을 반영하는 고유성을 가리킨다. 다시 말하지만, 셰익스피어 작품은 보편성과 시대성을 모두 아우르고 있고, 그렇기 때문에 세계의 고전의 반열에 올랐다.

현대를 살아가는 우리에게 셰익스피어가 갖는 의미는 바로 우리 자신과 우리 시대와의 관련성에 있다. 셰익스피어 작품은 시대에 따라 혹은 비평적 관점에 따라 다양하게 해석된다. 즉 셰익스피어 작품은 의미가 확정된 '화석화된' 텍스트가 아니라 끊임없이 의미가 변하고 재해석되는 살아있는 텍스트다. 따라서 셰익스피어 작품은 우리에게 오래된 '고전'이면서 언제나 새로운 해석이 가능한 가장 '현대적인' 텍스트라 할 수 있다. 왜냐하면 끊임없이 새로운 형태의 셰익스피어가 현대적 의미로 재무장하여 우리 앞에 나타나고 있으며, 동시에 셰익스피어 원작에 대한 이해와 해석 또한 끊임없이 진화하고 있기 때문이다.

셰익스피어 작품은 지금까지 연극, 무용, 음악, 영화 등 다양한 형태로 각색되고 번안되었다. 현대적인 셰익스피어 작품들은 당대의 정치·사회 상황을 반영하고 또한 셰익스피어 시대와 긴밀한 상호 관계를 맺고 있다. 이 글에서는 지면 관계상 셰익스피어의 개별 작품에 대해서는 상세한 설명을 피하고, 대신 셰익스피어 작품의 현대화 사례를 개략적으로 살펴보려 한다.

셰익스피어 텍스트를 현대적으로 재현하는 방식에 있어 정답은 없다. 감독 또는 작가의 의도에 따라 다양하게 재해석되고 변주될 수 있기 때문이다. 셰익스피어 텍스트의 현대적 재현에 대한 비평적 기준은 대체로 '셰익스피어를 얼마나 충실히 재현하고 있느냐'와 '원작의 주제와 얼마나 밀접한 관련성을 유지하고 있느냐'로 수렴된다. 하지만 이 역시 절대적 준거는 될 수 없다. 왜냐하면 같은 작품이라 하더라도 감독에 따라서 본질적인 차이가 존재하기 때문이다. 예를 들면 로렌스 올리비에와 케네스 브래나는 셰익스피어 원작의 대사를 상당 부분 그대로 사용하고, 편집 과정에서도 원작을 존중한다. 물론 둘 사이에도 차이가 있다. 올리비에의 〈헨리 5세〉(1944)가 셰익스피어가 그랬던 것처럼 전쟁을 통해 영국민의 애국심과 민족의식을 고취하는 것을 의도했다면, 브래나의 〈헨리 5세〉(1989)는 반전의 메시지를 설파한다.

반면 프랑코 제피렐리는 루키노 비스콘티의 계승자답게 인문주의자로서의 자신만의 독특한 예술적 견해를 바탕으로 셰익스피어 작품을 자신의 의도에 맞게 재구성한다. 제피렐리에게 셰익스피어의 창작 의도보다는 셰익스피어 작품이 현대 관객에게 얼마나 잘 받아들여질 수 있느냐가 더욱 중요하다. 따라서 제피렐리의 영화에는 셰익스피어 작품에서 볼 수 없었던 장면이나 대사가 추가된다. 그러나 역설적으로 이야기의 흐름으로 보았을 때는 셰익스피어 텍스트를 변형한 제피렐리의 영화가 올리비에와 브래나의 영화보다 셰익스피어 작품에 더욱 충실하다.

또한 성 역할의 관점에서 보았을 때도 제피렐리의 〈로미오와 줄리엣〉(1968)이 후대의 바즈 루어만의 〈로미오와 줄리엣〉(1996)보다도 진보적이고 혁신적이다. 예컨대 제피렐리의 〈로미오와 줄리엣〉에서 주로 줄리엣이 이야기를 이끌어간다면 루어만의 〈로미오

제피렐리의 〈로미오와 줄리엣〉의 한 장면. 셰익스피어 작품은 지금까지 연극, 무용, 음악, 영화 등 다양한 형태로 각색되고 번안되었다. 제피렐리는 셰익스피어 작품을 충실하게 재현하기 보다는, 비스콘티의 계승자답게 인문주의자로서 자신만의 독특한 예술적 견해를 바탕으로 셰익스피어 작품을 자신의 의도에 맞게 재구성한다.

와 줄리엣〉에서는 주로 로미오가 이야기를 이끌어간다. 그리고 제피렐리의 영화에서 줄리엣이 보다 적극적이고 진취적이다.

셰익스피어 작품은 감독의 연출 양식뿐만 아니라 다른 문화적 판본에서도 고유성을 확보한다. 좀 더 적확하게 표현하면 셰익스피어 텍스트는 문화적 상대성을 견뎌낸다. 『맥베스』(1604)를 예로 들어보자. 『맥베스』는 오슨 웰스, 로만 폴란스키, 구로사와 아키라 등 세계적인 영화 거장들에 의해 영화화되었다. 그러나 원작은 같지만 각각의 영화는 조금씩 차이를 보인다. 일단 영화적 배경이 다르다. 폴란스키의 영화는 셰익스피어의 원작에서처럼 스코틀랜드가 배경이 되고, 웰스의 영화에서 영화적 공간은 스코틀랜드 성과 전혀 관

련 없는 SF 분위기를 띠는 가상의 공간이고, 구로사와 아키라의 〈거미집의 성〉(1957)은 전국시대의 일본의 한 성(城)이 무대가 된다. 영화적 배경뿐만 아니라 연출 양식, 극 언어, 성격화 등 여러 면에 걸쳐 차이점을 드러낸다. 따라서 이 영화들은 각기 다른 영화처럼 보인다. 그러나 이 영화들은 셰익스피어의 『맥베스』를 공통분모로 하고 있다. 다시 말하면 『맥베스』를 원작으로 한 이 영화들에는 『맥베스』의 주제라 할 수 있는 "권력의 야망에 걸린 죄와 벌"이 공통으로 관통한다. 따라서 셰익스피어의 작품에서 중요한 것은 극의 배경보다는 등장인물이며, 이보다 더 중요한 것은 작품의 주제라는 것을 알 수 있다.

오슨 웰스의 〈오셀로〉(1952), 그리고리 코진체프의 〈리어왕〉(1971), 피터 그리너웨이의 〈프로스페로의 서재〉(1991), 줄리 테이머의 〈타이투스〉(1999), 마이클 레드포드의 〈베니스의 상인〉(2004)은 셰익스피어 텍스트를 비교적 충실히 따르면서도 현대적 읽기를 시도한 예다. 이 영화들은 셰익스피어 작품이 의미가 확정된 텍스트가 아니라 끊임없는 활용과 향유 또는 전유의 대상임을 예거한다. 더 나아가 셰익스피어라는 문화적 콘텐츠가 얼마나 다양하고 풍부하게 확장, 변주될 수 있는지를 역설한다. 특히 〈베니스의 상인〉의 경우 샤일록(알파치노 분)은 셰익스피어 텍스트에서처럼 탐욕스러운 악덕 유대인 고리대금업자로만 그려지지 않는다. 주지하듯 샤일록은 탐욕의 화신으로 결국에는 재산도 잃고, 딸도 잃고, 사람들에게 망신을 당한다. 하지만 원작에서는 왜 그가 그런 탐욕과 복수심을 갖게 되었는지에 대한 설명은 충분치 않거나 거의 없다. 반면 영화에서는 왜 그가 안토니오(제러미 아이언스 분)에게 반감을 갖게 되는지 그 이유가 드러난다. 즉 감독은 유대인 고리대금업자를 단순히 희화화하지 않고, 왜 유대인이 고리대금업에 종사할 수밖에 없는지, 그리고 왜 샤일록이 안토니오에게 반감을 갖는지에 초점을 맞춘다. 궁극적으로 감독은 셰익스피어에게 자신의 이런 텍스트 해석에 대해 어떻게 생각하는

지 질문을 던지는 것처럼 보인다.

셰익스피어 텍스트의 현대화 산물은 대부분 셰익스피어 원작을 바탕으로 한 영화들이다. 즉 감독에 따라 원작의 시대 배경이나 극 중 상황이 그대로 재현되기도 하고, 아니면 현대적 상황에 맞게 완전히 새로운 유형으로 각색되는 경우도 있다. 셰익스피어 텍스트를 현대적으로 변주하거나 아니면 실제로는 알 수 없지만 그랬을 것 같은, 혹은 그럴 수도 있을 것 같은 이야기를 '허구적으로' 재현하기도 한다.

존 매든의 〈셰익스피어 인 러브〉(1998)는 역사적 사실과 영화적 허구의 관계를 진지하면서도 흥미롭게 탐구한다. 때로는 역사적 사실과 허구의 경계를 모호하게 한다. 구스 반 산트의 〈아이다 호〉(1991)는 『헨리 4세』(1596~1597)의 모티브를 심리학적으로 변용했고, 알 파치노의 〈뉴욕광시곡〉(1996)은 리처드 3세의 정체성과 의식을 쫓는 일종의 로드무비 형식을 취하고 있다. 〈라이온 킹〉(1994)은 진지하고 엄숙한 『햄릿』을 좀 더 가벼운 애니메이션으로 풀어냈다. 이 영화들은 셰익스피어 텍스트의 현대적 개작 또는 변주의 무한한 가능성을 시사한다. 이 외에도 셰익스피어 텍스트를 직접 원작으로 삼거나 아니면 셰익스피어 텍스트를 변용한 영화는 헤아릴 수 없을 정도로 많다.

셰익스피어 영화는 크게 두 가지로 분류될 수 있다. 하나는 직접 셰익스피어 작품을 원작으로 삼고 있는 영화들이고, 또 다른 것은 셰익스피어의 흔적, 또는 일면이 남아 있는 셰익스피어 텍스트를 변용한 작품들이다. 하지만 이런 구분 자체가 무의미할 수도 있다. 왜냐하면 셰익스피어의 문화적 영향이 너무나 큰 탓에 셰익스피어 영화의 범주 설정 자체가 처음부터 적절하지 않기 때문이다.

셰익스피어는 극 속에 수많은 가능성을 열어둠으로써 해석상 의미를 확정 짓지 않았다. 또한 그는 선과 악에 대한 가치 판단을 유보한다. 셰익스피어의 작품에서 악당들의 역할은 분명하지 않고 모호하다. 예컨대 『헨리 4세』와 『헨리 5세』(1599)에서 드러나는 폴스타프 일행의 파행적 일탈과 귀족들의 음모는 역설적으로 당대의 삶의 이면을 드러냄으로써, 표면적 질서 속에 있는 엘리자베스시대 사회의 갈등과 혼돈의 양상을 보여준다. 요컨대 셰익스피어 텍스트는 엘리자베스시대라는 특정 시대만을 반영하지 않고 선과 악이라는 인류의 근원적 본성에 대해 질문을 던진다.

셰익스피어는 한 시대에만 한정하지 않고 영구적이다. 셰익스피어 작품들이 다른 고전 작품들과 달리 현대에도 끊임없이 재생산되고 대중의 사랑과 관심을 받는 궁극적 이유는 작품이 갖는 초월적 보편성과 개별성과 더불어 여러 관점, 시각으로 읽힐 수 있는 작품 해석의 다층성, 모호성에서 비롯한다. 절대적 진리와 전통이 거부되고 목적의식마저 상실한 현대에도 셰익스피어 문학은 새로운 목소리와 의의를 전달할 수 있는 창조의 근원으로 남아 있고, 앞으로도 남을 것이다.

『햄릿』 다시 쓰기/읽기

　윌리엄 셰익스피어의 『햄릿』(1600)의 마지막 장면에서 덴마크의 왕자 햄릿은 사랑했던 여인 오필리어의 오빠 레어티즈와 목숨을 건 결투를 벌인다. 결투 도중 햄릿의 어머니 거트루드는 햄릿이 마셨어야 할 독주를 햄릿 대신 마신다. 햄릿의 삼촌이자 양부인 클로디어스는 독주를 마시는 그녀를 만류하려 하지만 이미 늦었다. 결국 거트루드는 쓰러져 죽고, 레어티즈 또한 햄릿의 칼에 찔려 죽어간다. 그는 죽어가며 햄릿에게 결투에 감추어진 음모를 고백하며 회개한다. 분노에 찬 햄릿은 이 모든 범죄가 클로디어스로부터 비롯되었다는 사실을 알아차린 뒤, 그를 죽이고 자신 또한 죽을 운명임을 예감한다. 죽기 전 그는 마지막으로 친구 호레이쇼에게 자기 뜻을 밝힌다. 그것은 다름 아닌 덴마크의 왕위를 노르웨이의 왕자 포틴브라스에게 양위한다는 내용이다. 이때 갑자기 포틴브라스와 사신이 등장하고, 사신은 느닷없이 "로젠크란츠와 길덴스턴이 죽었다"는 내용을 전한다. 포틴브라스는 햄릿의 덴마크의 왕위를 받아들이고 햄릿을 애도하며 작품은 끝난다.

　여기까지가 익히 알고 있는 『햄릿』이다. 그런데 이 장면에서 다른 것은 대충 다 이해가 되는데, "로젠크란츠와 길덴스턴이 죽었다"는 사신의 전언은 전체 플롯에서 다소 생뚱맞다. 『햄릿』을 오래전에 읽었거나, 아니면 햄릿의 비극성에 초점을 맞추어 읽었다면 로젠크란츠와 길덴스턴이라는 등장인물의 이름이 기억나지 않을 수도 있다. 사실 그들은 햄릿의 대학 친구로서 햄릿이 진짜로 미쳤는지, 아니면 미친척 하는 것인지를 알기 위해 클로디스어가 햄릿에게 보낸 첩자다. 그들은 작품에서 중요한 임무를 수행하고 있음에도 불구하고 『햄릿』에서 그 존재감은 미미하다. 심지어 그들은 작품 중간에 갑자기 사라진다. 그렇기 때문에 관객이나 독자는 『햄릿』에서 그들의 존재를 모르는 게 당연할 수도 있다. 오죽하면 그 유명한 로렌스 올리비에 경의 〈햄릿〉(1948)에서 로젠크란츠와 길덴스턴은 아예 등장조차 하지도 않는다.

그런 '로젠크란츠와 길덴스턴이 돌아왔다!' 아니 보다 정확히 말하면, 영국의 극작가 톰 스토파드가 『로젠크란츠와 길덴스턴은 죽었다』(1966)를 통해 '그들을 소환했다.' 그것도 관객이나 독자의 기억 속에서 사라지거나 혹은 중간에 갑자기 없어지는 그저 그런 '주변부' 인물이 아니라 '중심' 인물로서 말이다.

스토파드는 『로젠크란츠와 길덴스턴은 죽었다』로 영국 연극계의 총아로 떠오른다. 전술했듯이, 로젠크란츠(로스)와 길덴스턴(길)은 『햄릿』에서 햄릿을 둘러싼 비극의 회오리에 휘말려 어이없이 희생되는 인물들이다. 스토파드는 그런 로스와 길을 등장시켜, 그것도 주인공으로 등장시킴으로써 『햄릿』을 패러디하고 있다. 스토파드는 『햄릿』의 패러디를 통해 현대인의 삶의 '우의성'을 추출하고 있다.

스토파드는 원래 체코에서 태어났지만, 어머니가 영국 군인과 재혼하면서 자연스럽게 영국인이 되었다. 연극 평론가로 출발해서 단편소설, TV, 라디오, 영화의 대본을 쓰는 전 방위 예술 활동을 펼친 그는 『로젠크란츠와 길덴스턴은 죽었다』로 큰 성공을 거둔 뒤 『진짜 하운드 경위』(1968)를 통해 패러디 작가 혹은 플롯의 거장으로서 명성을 확고히 한다. 이후 루트비히 비트겐슈타인의 철학적 고찰과 언어의 본질적 문제가 중심이 된 『곡예사들』(1972), 예술의 본질과 사회적 역할에 대한 물음을 제기하는 『희작』(1974), 사회와 정치 문제를 다룬 『의도적인 반칙』(1977), 『도그의 햄릿』(1979) 등을 발표하면서 작가적 능력을 인정받게 된다. 최근 들어서는 포스트모던 형이상학 주제를 창조하기 위해 현대 물리학 개념을 도입하는 등 다양한 극작 기법을 시도한다.

스토파드의 연극 비평가로서의 경험은 극작가로서 연극의 기본적인 원리뿐만 아니라 상업성, 관객의 심리를 파악하는 데 도움이 되었다. 스토파드의 작품의 가장 큰 특징은 무엇보다도 끊임없는 '자의식의 탐구'라고 할 수 있다. 그는 인간과 배우, 인생과 무대 사이의 유사성을 들어 '인생은 연극이다'라는 메타포를 창조했다. 또한 그는 작품 속에서 예술가의 본질, 책임, 사회적 위치에 대해 끊임없이 의문을 제기할 뿐만 아니라, 자기비판의 목적으로 예술의 정당성과 의미를 문제 삼는다. 요컨대 스토파드에게 예술은 흥행이나 구경거리일 뿐만 아니라 세상에 관해 판단을 내리는 도덕적 기반이다. 그리고 그의 작품은 예민한 도덕의식을 제공하기 때문에 중요하다.

스토파드의 작품은 '소극'(farce)이나 혹은 고급희극과 관념극이 정교하게 결합하여 있다. 다시 말하면 작품마다 희극적인 요소와 진지하고 심각한 요소가 강도와 균형을 달리해서 결합하여 있다. 내용상 '관념적 희극' 또는 '철학적 드라마'라는 특징 이외에도, 그의 극은 기지에 찬 재담으로 가득 차 있다. 극 언어는 참신하고 탄력적이며 재치가 번뜩인다. 이는 극의 생명력을 높이는 데 기여한다. 특히 언어 희극적 재담의 주요소인 '펀'(pun)은 대조적인 상황이나, 말이 지니고 있는 아이러니한 모호함을 일깨워주기 위해 사용된다. 게다가 미스터리 극 구조는 극적 긴장감을 통해 관객의 흥미를 지속 유지하는데 효과적인 방법으로 많은 작품에 나타난다.

스토파드는 자신의 작품을 부조리극의 전통과는 분명하게 선을 긋고 있다. 기본적으로 그는 스토리나 플롯을 거부하고 인식 가능한 인물이나 명확한 사회적·역사적 환경을 인정하지 않고, 전통 예술의 가치 기준을 헐뜯으며, 때로는 알아들을 수 없는 재잘거림으로 저속함을 드러낸다고 종종 비난을 받는 부조리극과 자신의 극을 차별화한다. 그런데도 스토파드의 극에는 부조리한 측면이 나타난다. 하지만 스토파드 극에서 나타나는 부조리성은 현대 생활과 사회에 대한 내재적인 비전과 철학으로 존재한다는 점에서 기존의 부조리극과 차별화된다.

다시 『로젠크란츠와 길덴스턴은 죽었다』로 돌아가자. 간단히 줄거리를 살펴보면 다음과 같다. 엘시노어 성으로 가는 도중 로스와 길은 동전 던지기 내기를 한다. 그런데 이상하게도 계속해서 동전의 "앞"(head) 면만 나온다. 그이유를 설명하기 위해 여러 방법을 시도하지만 결국 실패하고 만다. 그들은 극단 배우들을 만나 그들과 동전 던지기 내기를 하는데, 이번에는 계속해서 "뒤"(tail) 면만 나온다. 그들은 불안해하며 엘시노어 성에 도착한다.

성에 도착해서 로스와 길이 클로디어스, 거트루드, 햄릿을 만나는 이야기는 『햄릿』의 이야기와 똑같다. 햄릿은 극중극을 통해 클로디어스에 갖고 있던 의심, 즉 삼촌이 자신의 아버지를 죽였을지도 모른다는 의심을 확신하게 되고, 그 와중에 폴로니어스를 살해한다. 결국 로스와 길은 햄릿을 호송하는 임무를 띠고 햄릿과 함께 영국으로 가는 배에 오른다.

로스와 길은 햄릿을 호송하는 임무를 지시하는 편지를 가지고 영국으로 가는 배에 올랐지만, 영국에 도착하면 무슨 일이 벌어질지 알지 못한다. 다만 햄릿이 불길한 운명에 처해있다고 짐작할 뿐이다. 그렇기 때문에 그들은 더욱 불안함을 느낀다. 역할 놀이를 통해 그들은 편지의 내용, 즉 영국 도착 즉시 햄릿이 죽게 된다는 사실을 알게 되고, 죽음에 처한 햄릿의 운명을 안타까워한다. 하지만 그들이 잠든 사이 햄릿은 편지를 바꿔치기한다. 로스와 길이 탄배는 해적의 습격을 받고, 햄릿은 사라지고, 로스와 길은 그들의 임무가 사라지자 더욱 불안해한다. 영국에 도착한 그들은 바뀐 편지로 인해 죽임을 당한다. 곧이어 『햄릿』의 마지막 장면이 극화된다.

로젠크란츠와 길덴스턴은 『햄릿』에서 햄릿의 대학 친구로서 그가 진짜 미쳤는지, 아니면 미친 척하는 것인지를 알기 위해 클로디어스가 햄릿에게 보낸 첩자다. 그들은 나중에 영국으로 가는 도중햄릿의 계략에 의해 목숨을 잃는다. 그러나 올리비에의 영화 〈햄릿〉에서 그들은 아예 등장조차 하지 않는다. 스토파드는 잊혀졌던 그들을 소환했다. 그것도 중심인물로서 말이다.

　『햄릿』이 주인공 햄릿의 죽음을 중심 사건으로 한 그의 비극성에 초점을 맞추었다면, 『로젠크란츠와 길덴스턴은 죽었다』는 마치 사무엘 베케트의 『고도를 기다리며』에서 나타나는 부조리한 희극성을 불러일으킨다. 블라디미르와 에스트라공을 닮은 두 인물이 지루하고 권태로운 동전 던지기를 하는 것으로 시작하는 『로젠크란츠와 길덴스턴은 죽었다』는 특별한 사건이 발생하지 않는 가운데 지루하게 시간이 흘러간다. 그러나 『햄릿』에서 그랬던 것처럼, 이 작품에서도 '죽음'이 작품 전반에 걸쳐 나타난다. 즉 죽음은 이 작품의 포괄적 주제다. 게다가 로스와 길은 죽음뿐만 아니라 자유, 영원한 부재의 본질에 대해서도 탐구한다. 그들은 자신들의 의지에 따라 인생을 개척해 나갈 수 없는 도구화된 인물로 그려진다. 그들은 영웅적인 존재가 아닌 단지 혼란스럽고 무질서한 사건들이 끊임없이 벌어지는 가운데 이에 맞서 의미를 추구하고자 노력하는 평범한 '비극적' 인물이다. 이런 점에서 그들은 '현대적인 비극적 영웅'이라 말할 수 있다.

『로젠크란츠와 길던스턴은 죽었다』는 『햄릿』을 기본 골격으로 하면서도 '빌려온' 인물을 새롭게 창조한다. 로스와 길을 제외한 모든 배우의 대사는 『햄릿』의 대사와 일치하고, 따라서 이 작품의 주요 플롯은 『햄릿』의 플롯과 빈틈없이 맞물린다. 무엇보다도 이 작품의 가장 큰 특징은 『햄릿』에서는 극화되지 않는 두 장면, 즉 로스와 길이 엘시노어로 오는 과정과 햄릿이 영국으로 가는 과정이 주요 극적 사건을 극화하고 있다는 점이다. 즉 스토파드는 『햄릿』에서는 아예 다루어지지 않거나 단지 등장인물의 대사를 통해 간단하게 처리되는 장면을 주요 극적 사건으로 극화시킨다. 따라서 『로젠크란츠와 길덴스턴은 죽었다』에서는 햄릿이 주변 인물이 되고 로스와 길이 주인공이 된다. 따라서 『햄릿』과는 다른 관점이 도입되고, 시간은 파편화되며, 햄릿은 중심에서 벗어나 있다. 요컨대 『로젠크란츠와 길덴스턴은 죽었다』의 '탈중심화'는 이 작품이 갖는 포스트모던 극의 특징이라 할 수 있다.

현대인은 누구나 주인공이 되고 싶지만, 실제로는 『햄릿』의 로젠크란츠와 길덴스턴처럼 그들이 작은 일부를 차지하고 있는 세계를 이해할 수도 없고 그들과 상관도 없는 사건에 의해 우주의 한 귀퉁이에서 어이없이 죽어간다. 그들의 무가치한 삶에 있어서 그나마 의미 있는 단 하나의 사건이 있다면 그것은 그들의 죽음뿐이다. 삶의 '무의미성' 또는 '무목적성'에 대한 스토파드의 통찰은 부조리 연극과 궤를 같이한다. 그러나 스토파드는 다양한 극 형식의 패러디를 즐겨 사용하고 현기증이 날 정도의 '극장성'을 활용한 극장주의적 작가이다.

스토파드는 『로젠크란츠와 길덴스턴은 죽었다』를 원작으로 동명 영화를 만들었다. 자신이 직접 각본과 연출을 맡고 게리 올드만, 팀 로스, 리처드 드레이퓌스 등이 주연한 이 영화로 그는 1990년 베니스 영화제에서 황금사자상을 수상한다. 영화는 희곡을 원작으로 하는 만큼 『햄릿』을 새롭게 해석하고 있다. 즉 비극적 주인공 햄릿의 시선이 아닌 주변부 인물에 불과한 로스와 길의 시선으로 『햄릿』을 다시 쓰고 있다. 원작과 마찬가지로 영화도 『햄릿』의 플롯이 진행되는 '온-스테이지'와 그것과 별개로 그들의 상황을 이해하는 '오프-스테이지'라는 두 겹의 리얼리티로 구성되고 있다. 로스와 길이 주인공으로서 햄릿을 바라보지만 그들의 행동은 제약되어 있다. 다시 말하면 그들은 『햄릿』의 서사에 참여할 수 없고 단지 바라볼 뿐이다. 그리하여 그들은 자신들이 처한 운명을 어쩔 수 없이 받아들일 수밖에 없다.

『햄릿』을 비롯해 셰익스피어의 다시 쓰기/읽기는 스토파드의 예술의 본령이자 그의 지속적인 연극적 화두라 할 수 있다. 스토파드는 영화 〈셰익스피어 인 러브〉(1998)에서는 역사적·예술적 상상력을 발휘해 우리가 간과해왔던 혹은 우리가 잘 모르는 셰익스피어의 개인사와 그의 작품 창작 과정을 때로는 유쾌하게 때로는 진지하게 들려준다. 스토파드의 셰익스피어 다시 쓰기/읽기는 여전히 진행 중이다.

『맥세스』의 두 가지 버전
: 〈맥베스〉와 〈거미집의 성〉

아일랜드 태생의 대표적인 마르크스주의 문예 비평가이자 이론가인 테리 이글턴은 최근작 『악』(2015)에서 여러 문학 작품, 신학, 정신분석과 홀로코스트를 종횡무진하면서 '악'이라는 실체를 거부하지 않고도 '악'(evil)과 '부정'(wickedness)을 구별할 수 있어야 한다고 주장한다. 그가 제시하는 악의 특성은 "원인과 합리성 부재, 사회적 조건화에 관한 거부, 불가해한 초월성을 향한 무한한 욕망, 무의미, 극단적 순수성, 공허함 등"으로 수렴된다. 반면 선은 유한한 것과 불완전한 것, 생명이 있는 것들을 향한 연민과 애정이라는 함의를 담고 있다. 따라서 악은 타인과 자기의 소멸을 통해 지리멸렬한 일상을 '통쾌하게' 날려 버리기에 인간의 조건 자체에 내재한 초월을 향한 욕망은 선보다 악을 거쳐 매력적으로 구현되는 것처럼 보인다.

그렇다면 '부정'은 '악'과 어떻게 구별되는가. 사전적 정의에 따르면, 악의 목적은 악 그 자체인 데 반해, 부정은 자기 자신의 이익을 추구하는 것을 목적으로 삼는다. 예컨대 영화 〈다크 나이트〉(2008)에서 악당 조커는 전형적인 '악'의 화신이라 할 수 있다. 그의 악행은 돈을 목적으로 하지 않는다. 그렇다고 해서 악행을 통해 자신의 권력을 추구하지도 않는다. 그는 단지 인간은 근본적으로 '악'하다는 자기 생각을 입증하기 위해 사람들을 대상으로 실험할 뿐이다. 그렇기 때문에 그는 아무런 이유 없이 병원을 폭파하고, 사람들로 하여금 극단적인 선택을 하도록 몰고 간다. 한마디로 조커는 이글턴이 제시한 악의 특성을 표상한다. 그런 그가 끔찍하게 혐오하는 것은 다름 아닌 '정의', 다시 말하면 '선'이다. 그렇기 때문에 그는 처음부터 배트맨과 대척점에 설 수밖에 없다.

반대로 우리가 영화나 문학에서 '악한' 또는 '악당'이라고 부르는 인물들 대부분은 이글턴이 말하는 '부정'한 인물에 가깝다. 『악』에서는 셰익스피어의 작품에서부터 윌리엄 골딩에 이르기까지 여러 문학 작품이 언급된다. 그중 셰익스피어의 4대 비극 중 하나인 『맥베스』(1606)는 '악'의 본질에 대해 근원적인 질문을 던진다. 주인공 맥베스는 셰익스피어의 다른 비극 작품의 주인공과 비극적 결말에 이르는 과정이 다르고, 따라서 관객에게 전달하는 정서적 효과도 다르다. 햄릿이나 리어왕, 오셀로가 '비극적 결함', 즉 아리스토텔레스가 말한 '하마르티아'에 의해 비극적 결말에 이르는 비극적 인물이라면, 덩컨왕을 죽이고 권력을 차지하려는 욕망을 꿈꾸는 맥베스는 부정한 인물의 전형이다. 어쨌든 맥베스는 '악'이든 '부정'이든 간에 여러모로 문제가 있는 인물임이 틀림없다.

얼마 전 영화 〈맥베스〉(2015)가 개봉했다. 이 영화에 대한 리뷰를 찾아보니, 이 작품이 "제68회 칸 영화제 경쟁부문에 노미네이트되어 영화가 공개된 이후 많은 호평을 받으며 관객들의 기대를 고조시키고 있다"고 되어있다. 그 리뷰에 공감이 가는 부분도 있지만 전적으로 동의하기는 어려웠다. 무엇보다도 감독과 배우가 셰익스피어 텍스트에 대한 이해가 충분하지 않다는 생각이 들었다. 셰익스피어 극 작품은 대부분 운문과 산문으로 구성된 '시극'이다. 특히 『맥베스』는 다른 작품보다 운문의 비중이 높기 때문에 대사의 전달이 중요하다. 반드시 시적 운율을 지켜 대사를 전달해야 하는 것은 아니지만, 영화 속 등장인물들이 운문을 산문처럼 전달하기 때문에 정서적 감흥이 약화된다.

또한 덩컨 왕을 죽이고 뱅코우를 죽이고 심지어 맥더프의 처자식을 죽일 수밖에 없는 맥베스의 고뇌와 번민, 후회가 『맥베스』의 본령인데, 영화에서는 이 장면들이 충분히 시각화되지 않는다.

　대신 영화 〈맥베스〉에서는 맥베스와 맥더프와의 전쟁이 중심 사건으로 다루어진다. 영화 리뷰에서는 화려하고 웅장한 대규모 전투 장면을 강조했지만, 개인적인 생각에 〈맥베스〉에서 그 장면은 사실 그렇게 중요치 않다. 왜냐하면, 이미 맥베스에게 이 전투는 예정된 패배로 귀결되기 때문이다. 그보다는 패배와 죽음이라는 운명에 맞서는 맥베스의 숭고함 또는 비장함이 부각되어야 했다.

　마녀에 관한 부분도 아쉽기는 마찬가지다. 원작에서 맥베스는 마녀로부터 예언을 듣고 그 예언이 하나씩 하나씩 실현이 되자 두려움과 함께 그때까지 숨겨왔던, 아니 그 안에 숨어있던 권력욕을 드러낸다. 즉 마녀는 맥베스의 권력욕과 함께 그가 가진 두려움을 끌어내는 중요한 연극적 장치다. 원작에서 마녀는 실제로 존재하는 것 같으면서도 사실은 존재하지 않는 유령의 이미지로 형상화된다. 그러나 영화에서 마녀는 맥베스에게 정보를 전해주는 메신저로 그 역할이 단순화된다. 개인적으로 영화 〈맥베스〉는 여러모로 아쉬움이 큰 영화였다.

　당연한 이야기겠지만 셰익스피어 작품은 끊임없는 영화로 만들어졌고 이

구로사와 아키라의 〈거미집의 성〉은 영국 문학, 더 나아가 세계문학의 고전인 셰익스피어의 『맥베스』를 중세 일본 이야기로 새롭게 풀어낸다. 시간과 장소만 바뀌었을 뿐 줄거리는 『맥베스』와 크게 다르지 않다. 그는 '악'의 유혹에 무너진 영웅의 웅장하고 화려한 비극적 스토리를 일본 전통 연극인 '노극'의 스타일로 변용했다.

작업은 동서양을 가리지 않는다. 『맥베스』도 여러 차례 영화화되었다. 때로는 시간과 공간이 바뀌어 전혀 다른 작품으로 탈바꿈하기도 한다. 구로사와 아키라의 〈거미집의 성〉(1957)은 그 가운데 하나다.

영화에 앞서 먼저 구로사와 아키라에 대해 간단히 살펴보자. 구로사와 아키라는 오즈 야스지로와 미조구치 겐지와 더불어 일본 영화의 선구자로 꼽힌다. 그러나 그들의 영화 세계의 결은 조금 다르다. 오즈 야스지로와 미조구치 겐지가 일본의 정서와 문화를 서구세계에 소개하는 데 주력했다면, 구로사와 아키라는 일본의 전통문화와 서양 문학과 영화의 융합을 추구했다. 즉 구로사와 아키라는 존 포드의 영화에 큰 영향을 받았고, 도스토옙스키와 셰익스피어 텍스트를 자신의 영화에 끌어들였다. 심지어 말년에 일본에서 더 이상 영화를 만들기 어려운 상황에 닥쳤을 때 그에게 용기를 주고 영화를 만들 기회를 준 것도 서구 세계였다. 그 정도로 구로사와 아키라의 영화를 이야기할 때 서구적이라는 수식어는 떼려야 뗄 수 없을 정도로 밀접하게 관련이 있다. 그렇다고 그가 단순히 서양 문학, 서양 문화를 추종한 것만은 아니다. 그의 영화적 방점은 역시나 일본이고 일본 문화였다.

구로사와 아키라는 〈라쇼몽〉(1950), 〈7인의 사무라이〉(1954)를 거쳐 〈거미집의 성〉에서는 영국 문학, 더 나아가 세계 문학의 고전인 셰익스피어의 『맥베스』를 원작으로 삼아 중세 일본 사회에 적용한다. 〈거미집의 성〉은 시간과 장소만 바뀌었을 뿐 줄거리는 『맥베스』와 크게 다르지 않다. 그는 '악'의 유혹에 무너진 영웅의 웅장하고 화려한 비극적 스토리를 일본 전통 연극인 '노 극' 스타일로 변용했다. 원래 노 극은 시를 읊는 것과 고전음악, 그리고 배우의 상징적인 몸동작을 특징으로 하는 일본의 전통 연극이다. 구로사와 아키라는 이 영화에서뿐만 아니라 특히 후기 영화에서 서양 문학 또는 서양 문화를 영화적 소재로 삼으면서도 일본의 전통을 보다 세련하고 정교하게 풀어낸다.

셰익스피어의 텍스트는 로만 폴란스키, 오슨 웰스, 로렌스 올리비에, 케네스 브래너 등 수많은 영화 거장들에 의해 영화화되었다. 그러나 이들은 셰익스피어 텍스트의 구조와 대사를 충실하게 재현해야 한다는 압박감 또는 예술적 책무 때문인지 대부분 셰익스피어 텍스트에서 크게 벗어나지 않는다. 그에 반해 구로사와 아키라는 셰익스피어 원작 텍스트에 천착하기보다는 시각화하는 데 집중한다. 그리고 인물과 상황을 보다 단순화시켜 극의 몰입을 배가한다. 구로사와 아키라가 셰익스피어의 『맥베스』에서 차용한 것은 플롯과 인물 유형 정도이고, 나머지는 모두 각색과 변용을 거쳐 자신만의 독창적인 작품으로 형상화했다. 그럼에도 불구하고 다른 어떤 셰익스피어 영화보다도 구로사와 아키라의 영화가 셰익스피어 텍스트에 더욱 가깝다. 셰익스피어의 텍스트가 시공간을 초월한 일본의 한 시대에 뿌리를 내릴 수 있었던 이유가 셰익스피어의 텍스트가 그 정도로 보편성을 갖기 때문인지, 아니면 구로사와 아키라의 예술적 능력이 뛰어나기 때문인지, 그것도 아니면 둘 모두인지 쉽게 설명할 수는 없지만 〈거미집의 성〉은 지금 다시 봐도 놀라울 따름이다. 역시 고전의 힘은 강하다.

프라이데이
: '식민화의 타자' 또는 '자발적 저항자'

   한 국가가 식민화될 때, 식민화된 국가의 국민은 대체로 세 가지 방식으로 식민화에 대응한다. 첫 번째는 적극적인 '거부'다. 두 번째는 적극적인 '수용'이다. 그리고 마지막으로 세 번째 방식은 첫 번째와 두 번째와는 다른 맥락에서 다소 무기력한 '방관자'적 태도다. 다니엘 디포의 『로빈슨 크루소』(1719)와 존 쿳시의 『포』(1986)는 식민화가 되었을 때, 식민화의 '타자'의 식민화에 대한 대응 유형을 잘 예거한다. 『포』는 기본적으로 『로빈슨 크루소』를 '다시 쓰기'(rewrite)했기 때문에 두 작품의 기본 골격은 비슷하고 등장인물은 겹친다. 예컨대 두 작품 공통으로 프라이데이가 등장한다. 그러나 같은 인물임에도 불구하고, 두 프라이데이는 외모에서부터 행동에 이르기까지 차별된다. 이 글에서는 『로빈슨 크루소』와 『포』에서 식민화의 타자인 프라이데이의 식민화에 대한 각각의 대응 방식을 살펴보고자 한다. 조금 더 구체적으로 『로빈슨 크루소』와 『포』에서 나타난 프라이데이의 '성격화' 과정, 제국주의에 대한 프라이데이의 태도와 반응 등을 '주변화된 타자'의 시선에 초점을 맞추어 살펴보고자 한다.

   일단 디포는 『로빈슨 크루소』에서 프라이데이의 외모를 어느 정도, 유럽인과 비슷하게 설정함으로써, 백인들에게는 '기분 좋음'과 '부드러움'을, 흑인들에게는 '불쾌함'과 '잔혹성'이라는 상반적 특성을 부여하고 있다. 일반적으로 백인들은 자신들을 문명, 선, 자아, 이성으로 상정하고, 반대로 흑인들을 야만, 악, 타자, 감성으로 상정한다. 디포는 프라이데이에게 유럽인의 특성을 부여함으로써, 크루소가 주종관계에서나마 프라이데이와의 공존, 또는 연대의 가능성을 열어두고 있지만, 실제로는 야만인 또는 흑인에 대한 '혐오감'과 '두려움'을 심화한다. 그리고 바로 이 혐오감과 두려움은 크루소에게, 그들이 자신을 공격해 오지 않는 상황에서도 그들을 대량 학살할 수 있는 정당성의 근거가 된다.

『로빈슨 크루소』에서 프라이데이에게 유럽인의 특성이 부여되었다고 해서, 그가 유럽인이 될 수 있다는 것은 결코 아니다. 단지 그가 백인들로부터 혐오감을 벗어날 수 있음을 의미할 뿐이다. 『로빈슨 크루소』에서 프라이데이라는 존재는 자족적이지 못하고 전적으로 크루소에 의존한다. 예컨대 크루소는 어느 날 꿈을 꾸게 되는데, 그 꿈을 통해 크루소는 섬을 탈출하기 위해서는 자신을 도와줄 하인이 필요하다는 사실을 깨닫는다. 그리고 바로 그 때 프라이데이가 등장한다. 이처럼 프라이데이는 크루소와 동등한 인격체가 아니라 그가 섬을 탈출하는데 필요한 시기에 크루소 앞에 나타난 도구에 지나지 않는다.

『로빈슨 크루소』에서 크루소가 프라이데이를 만나는 시점부터 본격적으로 '문명'과 '야만'의 본질이 전경화된다. 예컨대 크루소는 프라이데이의 인육을 먹으려 하는 야만적 본능을 없애기 위해 물리적 폭력을 사용하여 새끼 염소를 죽인다. 심지어는 먹을 수도 없는 앵무새까지 아무런 이유 없이 죽인다. 그러나 역설적인 사실은 인육을 먹으려 하는 프라이데이의 야만성을 제거하는 과정에서 크루소의 야만성이 동반되었다는 점이다. 크루소는 폭력적인 방법을 동원하여 자신의 문명을 '야만인'에게 전파하려 한다. 이를 통해 알 수 있듯이, 문명은 야만의 또 다른 이름이며, 타자를 정복하고 착취하는 자본주의의 또 다른 얼굴이다.

『로빈슨 크루소』에서 크루소의 야만성은 문명화라는 외피를 두른 채 프라이데이를 틈입한다. 예컨대 프라이데이가 곰을 사냥하는 장면은 크루소가 앵무새와 새끼 염소를 죽이는 것만큼이나 잔인하고 가학적이다. 아무런 해도 끼치지 않는 곰을 갖고 장난치고 약을 올리고 결국 사살하는 프라이데이의 잔혹함은 순전히 크루소를 즐겁게 해주기 위한 것에 지나지 않는다. 그 자신이 크루소와의 관계에서 그랬던 것처럼, 곰 역시 그에게 주인을 즐겁게 하는 도구 이상의 존재가 아니다. 이처럼 프라이데이는 크루소와의 관계에서 무의식적으로 제국주의 논리를 내면화해간다.

『로빈슨 크루소』에서 크루소와 프라이데이의 관계는 철저하게 주종관계이다. 둘의 주종관계는 무엇보다도 그들의 언어 사용에 잘 나타난다. 크루소가 프라이데이에게 가장 먼저 가르쳐준 단어가 "프라이데이"라는 이름이고, 다음으로 "주인님", "예", "아니오"라는 사실은 우연이 아니다. 만일 그들의 관계가 수평적 관계라면 크루소는 프라이데이에게 "주인님"이 아니라 자신의 이름, 또는 '친구'라는 단어를 가르쳐 주었어야 했다. 그러나 그는 자신을 "주인님"이라고 '규정'함으로써 프라이데이를 '지배'하려는 욕망을 드러냈다. 이처럼 크루소와 프라이데이는 주종관계이고 그들의 관계는 언어, 그것도 백인의 언어를 토대로 구축되었다.

뿐만 아니라 『로빈슨 크루소』에서 크루소와 프라이데이의 관계는 '아버지와 아들'의 관계와 비슷하다. 크루소는 프라이데이가 자신을 따르는 것을 "아이가 아버지를 대하듯 한다"라고 말한다. 그러나 아이가 어른의 행동을 따라해도 어른이 될 수 없는 것과 마찬가지로, 프라이데이 역시 아무리 크루소의 행동을 따라 한다고 할지라도 결코 크루소, 즉 백인이 될 수는 없다. 요컨대 『로빈슨 크루소』에서 프라이데이는 외양은 백인과 비슷하고, 언어와 종교를 통해 백인의 관례를 내면화해 백인이 될 준비가 되어 있다. 그러나 그는 처음부터 백인이 될 수 없다. 즉 식민화의 타자인 프라이데이는 적극적으로 제국주의의 관례를 내면화한다고 할지라도 '영원한 주변인'에 머무를 수밖에 없다.

반면 쿳시의 『포』의 프라이데이는 『로빈슨 크루소』의 프라이데이와 상당히 다르다. 영어를 어느 정도 유창하게 구사하는 『로빈슨 크루소』의 프라이데이와는 달리, 『포』의 프라이데이는 혀가 잘려져 있어 말을 하지 못한다. 외모 또한 『로빈슨 크루소』의 프라이데이가 올리브색 피부를 하고 있지만 거의 유럽인에 가깝다면, 『포』의 프라이데이는 얼굴은 "납작하고" 눈은 "작고 흐릿하고" 코는 "뭉툭하고" 입술은 "두껍다". 요컨대 디포가 『로빈슨 크루소』에서 되도록 프라이데이를 유럽인에 '동화'시키려고 한 반면, 쿳시는 『포』에서 의도적으로 프라이데이를 유럽인과 '차별화'시키고 있다.

『로빈슨 크루소』의 프라이데이는 유럽 문명을 받아들일 지적인 인물로 설정되어, 크루소를 만난 지 얼마 되지 않아 그에게 영어를 배우고 급기야는 기독교로 개종한다. 그러나 『포』의 프라이데이는 아무 말도 하지 못하는, 아니 할 수 없는 언어장애인이다. 그것도 선천적인 벙어리가 아니라 누군가에 의해 의도적으로 혀가 잘려져 말을 하지 못하는 '거세된 타자'다. 즉 『로빈슨 크루소』의 프라이데이는 교육을 받아 '문명'으로의 진입이 가능한 흑인이지만, 『포』의 프라이데이는 그 침묵을 어떻게 받아들여야 할지를 모르는 흑인이다. 크루소 입장에서 프라이데이는 결코 자신과 동화될 수 없는 '타자' 또는 '이방인'에 불과할 뿐이다. 『포』의 프라이데이가 혀가 잘려져 언어장애인이 되었다는 설정이 다소 잔인하게 보일 수도 있지만, 이는 백인 제국주의자들에 의한 유색인종들의 식민화의 폭력적인 양상을 잘 보여주는 예라고 할 수 있다.

『로빈슨 크루소』의 프라이데이가 크루소에게서 언어를 배운다고 해도, 그 언어는 어디까지 식민화의 수단이자 식민화의 과정으로서의 언어일 뿐이다. 즉 그 언어는 누가 주인이고 누가 하인인지를 구별하는 '구별 짓기'의 요소에 불과하다. 또한 식민주의자들이 마음대로 피식민주의자들을 통제하기 위한 수단이 되는 것이며, 그 언어적 폭력에 의해 프라이데이는 그의 진정한 실체가 무엇이든 상관없이 야만인이 된다. 결국 언어를 통한 폭력은 총칼을 통한 폭력과 동렬에 놓인다.

쿳시의 『포』에서 주목할 또 다른 인물은 수잔 바튼이다. 수잔은 『로빈슨 크루소』에는 등장하지 않는다. 『포』에서 그녀는 백인 여성으로서 프라이데이와 마찬가지로 '타자'로 규정된다. 쿳시는 백인 여성이 침묵을 강요당하는 것과 흑인 남성 프라이데이가 침묵을 강요당하는 것은, 각각 성과 인종이라는 범주적 차이만 있을 뿐, 둘 다 근본적으로는 백인 남성에 의한 희생자임을 강조한다. 차이라면 프라이데이는 침묵으로 일관하는 데 반해 수잔은 강요된 침묵의 원인을 규명하고자 노력한다는 점이다. 그녀는 침묵과 차별의 원인을 규명하는 것이 가능하다고 믿는다. 하지만 수잔 역시 자신의 무인도에서의 삶의 이야기를 쓰는 과정에서, 서서히 자신이 이제까지 부정해오고 거부해 온 기존의 가부장적이고 식민주의적인 서구 담론을 내면화해간다. 요컨대 쿳시는 『포』에서 본질적 측면에서는 수잔과 포는 정도의 차이만 있을 뿐 제국주의의 공모자인 셈이라고 역설한다.

이 지점에서 본질적인 질문을 던져보자. 프라이데이의 침묵이 단지 "무기력함"의 소산일까? 만약 쿳시가 프라이데이를 디포의 프라이데이와 마찬가지로 식민주의자들의 폭력에 저항하지 않고, 식민주의자들을 내면화하는 모습으로 그렸다면, 프라이데이는 수동적 타자에 지나지 않았을 것이다. 그러나 쿳시는 프라이데이에게 가해진 언어적 거세와 침묵이 식민주의자들의 폭력에 의한 것이지만, 그의 침묵이 전적으로 수동적이지는 않다고 본다. 오히려 그는 프라이데이의 침묵을 보다 적극적인 저항의 몸짓으로 규정한다.

쿳시의 『포』에서 백인 제국주의자 포나 그의 공모자인 수잔의 눈에는 프라이데의의 침묵의 의미망이 파악되지는 않지만, 프라이데이에게는 그 나름대로 무언의 메시지를 함의한다. 예컨대 프라이데이는 언제나 똑같은 가락으로 버들피리를 불고, 가발을 쓰고 춤을 추기도 하며, 포의 책상에서 뭔가를 쓰기도 한다. 또한 바다 한가운데 꽃잎을 뿌리기도 한다. 수잔은 프라이데이의 행동을 "고기가 많이 잡히기를 바라는 의식" 정도로 생각하지만, 사실 그 행위에 관한 궁극적인 의미와 진실은 오직 프라이데이만이 알고 있다. 결국 프라이데이는 자신의 모든 행위에 대해 침묵함으로써 언어를 통한 의사소통 자체를 거부하는 것이다. 따라서 프라이데이의 침묵은 저항의 또 다른 방편이라고 할 수 있다.

쿳시는 『포』의 결말부에서, 언어를 통해 프라이데이를 대변하고 반영하려는 수잔의 노력이 결국 실패로 끝났음을 보여줌으로써, 식민주의자가 언어를 통해 피식민자를 대변하는 것이 처음부터 불가능한 일이었음을 역설한다. 동시에 프라이데이의 침묵을 무기력으로 환원하는 것 또한 오만이자 독선일 수 있다고 지적한다. 바로 이 점은 쿳시의 작가관 또는 세계관과 공명한다. 쿳시는 자신이 백인 식민주의자로서 프라이데이를 '위하여' 말을 할 수 없다는 것을 거듭 밝혀 왔다. 그는 백인이 약자의 목소리를 대변하지 말고, 약자 스스로가 자신들의 목소리를 낼 기회를 약속하려는 노력이 선행해야 한다고 거듭 주장해왔다. 이런 맥락에서 프라이데이의 침묵은 '무기력함'이 아닌 '저항'의 몸짓으로 간주하여야 함이 마땅하다. 바로 그럴 때 『포』의 프라이데이는 식민화의 타자가 아닌 자신의 목소리를 지닌 주체적 자아라는 해석이 가능해진다.

'욕망의 주체로' 『오만과 편견』 읽기

    제인 오스틴은 윌리엄 셰익스피어, 찰스 디킨스와 더불어 영국 문학에서 가장 있기 있는 작가다. 그녀의 대표작 『오만과 편견』(1813)은 영국인들이 가장 좋아하는 작품으로서 영국 소설사에서 아니 영국 문학사에서 학문적으로 뿐만 아니라 대중적으로도 가장 인기가 있는 작품이다. 그래서인지 이 작품은 영국에서 TV 드라마로뿐만 아니라 영화로도 수차례 제작되었다. 또한 직접 원작으로 삼고 있지 않지만 이 작품을 모티브로 한 영화도 제작되었다. 대표적으로〈브리짓 존스의 일기〉(2001)는 『오만과 편견』의 현대적 버전이라 할 수 있다. 우리나라에서도 『오만과 편견』은 세계문학 전집의 목록에서 빠지지 않을뿐더러 여러 출판사에서 번역본이 계속 출간되고 있다. 이러한 사실을 통해 작가 오스틴과 『오만과 편견』의 인기가 어느 정도 인지를 짐작할 수 있다.

    최근에는 프랑스의 경제학자 토마 피케티가 『21세기 자본』(2014)에서 1790년대 영국 사회의 불평등한 부의 상속 과정, 일명 '한정상속'을 설명하기 위해 『오만과 편견』을 언급했다. 피케티의 예에서 알 수 있듯이 『오만과 편견』은 문학사적으로뿐만 아니라 당대 영국 사회의 정치, 경제, 사회, 문화를 살펴볼 수 있는 중요한 문헌으로 역사적 가치가 있다.

그렇다면 『오만과 편견』이 200년이 지났음에도 불구하고 여전히 인기 있는 이유가 뭘까. 『오만과 편견』은 1813년에 출간되었지만, 작품의 집필은 대략 1796년에서 1797년 사이에 이루어진 것으로 전해진다. 따라서 이 작품의 표면적인 시대적 배경은 1790년대이다. 참고로 이 시기는 프랑스 혁명 직후로서 격동의 시기였다. 그러나 오스틴의 소설에서는 당시의 정치적·역사적 사건에 대한 직접적 언급이 별로 없다. 대신 한적한 시골에서 펼쳐지는 소소한 남녀 간의 연애와 결혼이 주로 다루어진다. 그래서 당시에 오스틴의 문학은 정치적·역사적 현실을 외면하고 작은 시골 마을을 배경으로 연애와 결혼을 주제로 다룬 도피문학에 불과하다는 비난을 받기도 했다.

그러나 최근에는 오스틴의 소설이 겉으로 드러난 것과 달리 실제로는 당대의 정치적·사회적 상황의 큰 변화 속에서 급속히 자본주의화 되어가던 당시 영국 사회의 내재적 문제를 다루었다고 새롭게 평가된다. 또한 작품의 시대적 배경도 특정적으로 1790년대로만 한정되지 않고 작품이 출간되는 '섭정기'(Regency Period)의 불안한 시대적 분위기도 반영하고 있다고 평가된다. 요컨대 『오만과 편견』은 현대적 맥락에서 다시 읽힐 수 있기 때문에 학문적으로나 대중적으로나 지속적인 인기를 누리고 있다고 볼 수 있다.

작품 속으로 들어가 보자. 인간관계에 대한 깊은 통찰과 작중 인물들의 섬세한 심리묘사는 『오만과 편견』의 가장 큰 매력이다. 베넷 부부의 대화에서 드러나는 희극성, 엘리자베스와 다시의 대화에서 엿볼 수 있는 연애의 긴장감, 그리고 작중인물의 묘사에서 드러나는 희극성(콜린스, 캐서린 부인, 빙리의 여동생, 베넷 부인, 엘리자베스의 여동생들) 등은 이 작품에 다양한 활력을 불어넣는다. 하지만 무엇보다도 『오만과 편견』의 가장 큰 매력은 여주인공 엘리자베스의 성격화라 할 수 있다. 그녀는 다시와 캐서린 드 버그 부인 앞에서도 주눅이 들지 않고 독립적이고 당당한 모습을 보인다. 엘리자베스의 이런 주체적인 모습은 당대 소설의 소극적이고 수동적인 미덕을 구현하는 여주인

BBC TV 드라마 〈오만과 편견〉의 한 장면. 오스틴의 『오만과 편견』은 표면적으로는 엘리자베스와 다시의 연애이야기로 읽히지만 심층적으로는 결혼제도 뿐만 아니라 당대의 가부장적 이데올로기를 비판하고 있다. 또한 당시 여성이 직면하게 되는 경제적·사회적 한계, 모순 등을 우회적으로 지적한다.

공들과는 구별된다.

『오만과 편견』이 인기를 끄는 또 다른 요인으로 엘리자베스와 다시의 '밀고당기기'를 들 수 있다. 엘리자베스와 다시의 사랑은 로미오와 줄리엣, 트리스탄과 이졸데의 사랑처럼 비극적이고 치명적이지 않다. 대신 잔잔하고 소소한 즐거움을 준다. 엘리자베스와 다시는 '오만'과 '편견'에 빠지는 평범한 인물이다. 처음에는 자신들의 오만과 편견으로 서로를 오해하지만, 결국 자신의 결점을 깨닫고 서로에 대해 조금씩 알아가면서 인간적으로 성숙해진다. 즉 그들은 우여곡절을 겪지만 오해를 풀고 화해를 하며 결국 해피엔딩으로 끝난다. 서로에 대한 생각을 서서히 변화시켜 가는 심리의 변화 과정은 이 작품의 백미라 할 수 있다.

앞에서 말했듯이 『오만과 편견』은 TV 드라마와 영화로 수차례 제작되었다. 드라마나 영화의 줄거리가 원작 소설의 줄거리와 크게 다르지 않다. 모두 엘리자베스와 다시를 중심으로 한 연애와 결혼이 중심 플롯이다. 또한 둘의 사랑이 마침내 행복한 결혼으로 끝난다는 결말 또한 크게 다르지 않다. 그러나 조금 더 들어가 보면 작품의 결이 미세하게 다르다.

『오만과 편견』은 표면적으로는 엘리자베스와 다시의 연애 이야기로 읽히지만 심층적으로는 결혼제도뿐만 아니라 당대의 가부장적 이데올로기를 비판하고 있다. 특히 오스틴은 콜린스의 우스꽝스러운 성격화를 통해 '한정상속', 즉 아들이 없는 경우 딸들이 재산을 상속하지 못하고 남자 친척이 대신 재산을 상속하는 제도의 불합리성을 희극적으로 비판한다. 그 외에도 이 작품은 당시 여성이 직면하게 되는 경제적·사회적 한계, 모순 등을 우회적으로 지적한다.

오스틴을 포함해 당시에 많은 여성 소설가들은 연애와 결혼을 주제로 소설을 썼는데, 결혼은 오늘날 생각하는 것처럼 낭만적인 사랑의 완성이 아니라 계급 이동의 수단이자 통로였다. 또한 중산층 여성에게는 결혼은 유일한 생존의 방편이기도 했다. 왜냐하면 결혼하지 않은 여성들은 남자 형제들에게 짐이 되거나 아니면 굴욕적인 가정교사 직을 선택할 수밖에 없었기 때문이다. 즉 여성에게 결혼은 선택의 문제가 아니라 생존의 문제였다. 당시에는 제국주의 건설과 더불어 많은 젊은 남성들이 해외로 진출했기 때문에 젊은 여성들이 결혼할 기회는 훨씬 적었다. 그런 상황에서 젊은 미혼의 여성들은 '결혼을 위해서 남성들의 마음을 어떻게 사로잡을 것인가?', '어떤 남성이 좋은 결혼 상대자인가?', '이상적인 결혼은 어떤 형태인가?'와 같은 문제에 관심을 둘 수밖에 없었고 당시의 소설은 이들에게 결혼지침서의 역할을 했다.

『오만과 편견』도 크게 다르지 않다. 오스틴은 이상적인 결혼 조건을 위해서는 자신과 상대에 대한 진정한 이해와 존경에 바탕을 두면서 현실적인 여건도 고려해야 한다고 논평한다. 오스틴은 『오만과 편견』에서 작품의 주제를 단순히 남녀 간의 사랑과 결혼에 국한하기보다는 올바른 삶의 태도와 이상적인 결혼의 모델을 모색한다. 사랑과 결혼을 낭만적으로 접근하지 않고 진지하고 사회적으로 접근했다.

앞에서 언급했듯이 『오만과 편견』은 1790년대를 배경으로 하지만 출간된 시점은 1813년이다. 이 시기는 영국 역사에서 '섭정기'로 불린다. 1811년 국왕 조지 3세의 정신 이상 증세 악화로 시력 장애가 심해져 친정이 불가능해지자 황태자, 즉 훗날 조지 4세가 섭정하여 조지 3세가 사망할 때까지 10년 간 섭정 시대가 계속되었다. 이 시기 영국은 대외적으로는 나폴레옹 전쟁, 빈 의회 등으로 어려움을 겪었고, 대내적으로는 경제공황과 노동문제 등 해결해야 할 문제가 많았으나, 황태자의 사생활 문란 등으로 의회와 국민의 신뢰를 잃어 개혁은 이룩하지 못했다. 당시 영국은 한 마디로 '평온함'과 '불안함'이 공존한 시기라 할 수 있다. 따라서 『오만과 편견』에는 전체적으로 평온하고 따뜻한 느낌이 들면서도 섭정기의 불안의 그림자가 드리워져 있다.

조 라이트의 〈오만과 편견〉(2005)은 원작 소설의 주제를 충실하게 따르기보다는 등장인물의 '로맨스'에 초점을 맞춘다. 영화에서 다시와 엘리자베스는 오늘날의 평범한 청춘남녀로 묘사된다. 즉 엘리자베스는 말괄량이 처녀로, 다시는 자신의 감정을 표현하는데 서툰 청년으로 그려진다. 시대적으로는 섭정기의 불안한 분위기를 완전히 지우고 1790년대를 택해 조지 왕조 시대의 원기 왕성하고 활력이 넘치는 분위기를 재현하고 있다. 사실 원작 소설과의 차별은 제목에서부터 감지된다. 영화의 원제는 Pride & Prejudice인데, 라이트는 원작의 'and' 대신 '&'를 사용해 원작 소설을 그대로 따르기보다는 원작을 따르면서도 차별성을 두겠다는 자신의 의도를 분명히 하고 있다.

라이트의 영화는 기존의 TV 드라마와도 차별성을 보인다. 사실 라이트의 영화나 TV 드라마 모두 원작과는 다르게 엘리자베스와 다시의 로맨스 부분에 초점을 맞추고 있다. 그러나 TV 드라마가 다시의 '성적 욕망'에 초점을 맞춘다면, 영화는 엘리자베스의 '내면심리'와 그녀의 '성적 욕망'에 보다 초점을 맞춘다. 당연히 원작에서 드러나는 여성이 처한 경제 상황이나 계급의 차이 등과 같은 정치, 경제, 사회에 대한 인식은 영화에서 크게 두드러지지 않는다.

사실 『오만과 편견』에는 '아이러니'가 두드러지기 때문에 엘리자베스와 다시의 사랑을 예측하기가 쉽지 않다. 그러나 바로 이 점이 원작 소설 읽기의 가장 큰 즐거움 중 하나다. 예컨대 『오만과 편견』의 첫 문장은 이렇다. "재력 좋은 미혼 남성에게 아내가 있어야 한다는 사실은 누구나 인정할 것이다." 번역본마다 조금씩 차이가 있지만, 대체로 '돈 많은 젊은 남자는 결혼할 아내가 필요하다'로 해석된다. 그러나 이 문장의 속뜻은 뒤집혀 있다. 즉 이 문장의 진짜 의미는 '돈이 없는 젊은 여성은 결혼할 남자가 필요하다'는 것이다. 『오만과 편견』에는 소설 전반에 걸쳐 이런 아이러니가 사용되기 있기 때문에 앞뒤 맥락을 잘 살펴 꼼꼼히 읽어야 한다. 그러나 라이트의 영화에서는 원작에서처럼 엘리자베스가 다시의 사랑을 전혀 예측하지 못하는 데서 초래되는 아이러니가 없다. 두 인물이 처음부터 서로에게 매력을 느껴 사랑에 빠져든다는 사실이 영화 초반에 암시된다.

원작 소설과 영화의 가장 큰 차이는 원작 소설에서는 중요하게 다루어지지 않았던 엘리자베스의 성적 욕망이 영화에서는 전경화된다는 점이다. 말괄량이 같던 엘리자베스가 점차 욕망의 주체가 되어가는 과정, 즉 그녀의 성적 욕망이 서서히 일깨워지는 과정이 영화에서는 중핵을 이루고 있고 점점 주목을 받는다. 예컨대 엘리자베스와 다시의 눈 맞춤, 둘의 손의 접촉, 엘리자베스가 다시의 육체의 아름다움이 구현된 조각상을 바라보는 모습이 반복적으로 카메라에 포착되는데, 이는 잠재되어 있던 엘리자베스의 성적 욕망이 커지고 있다는 명확한 예거다. 다시 말하면 엘리자베스가 욕망의 대상이 아니라 욕망의 주체가 되어가고 있다는 사실은 라이트의 영화가 원작 소설, 그리고 TV 드라마와 가장 크게 구별되는 지점이다.

영화에서 다시는 엘리자베스에게 두 번 청혼한다. 다시의 청혼 장면은 엘리자베스와 다시의 육체적 욕망을 잘 보여준다. 첫 번째 청혼은 퍼붓는 폭우 속에서 이루어진다. 폭우는 겉으로는 드러나지 않은 채 긴장 속에 잠복해 있던 엘리자베스와 다시의 잠재된 성적 욕망이 갑작스럽게 분출되고 있다는 것을 상징한다. 하지만 욕망의 분출이 곧 사랑은 아니다. 그렇기 때문에 엘리자베스는 다시의 청혼을 받아들이지 않는다. 아직 그녀에게 다시의 진심을 확인하는 과정이 충분하지 않다. 그녀는 두 번째 청혼을 받아들이는데, 두 번째 청혼은 둘의 사랑이 확인되는 순간이다. 두 번째 청혼은 첫 번째 청혼과 달리 햇살이 안개를 뚫고 나오는 일출 속에서 이루어진다. 둘은 잠을 못 이루다가 안개 낀 새벽 산책길에서 만난다. 이때의 청혼은 두 사람이 마침내 어려움을 극복하고 함께 밝은 미래를 맞이하게 되리라는 것을 상징한다.

주인공의 성적 욕망, 특히 엘리자베스의 성적 욕망이 언급되지 않는 원작과 달리 영화에서는 엘리자베스가 성적으로 일깨워진 욕망의 주체가 되어가는 과정이 전경화된다. 즉 라이트의 영화는 전체적인 큰 틀은 원작과 크게 다르지 않지만, 여성의 몸을, 여성의 욕망을 주체화했다는 점에 있어 원작을 새롭게 읽고 있다고 말할 수 있다.

영화와 문학을 이야기할 때 지금까지는 '영화가 원작 소설을 얼마만큼 충실하게 재현했느냐,'라는 질문이 끊임없이 제기되어 왔다. 그러나 이제는 질문을 '영화가 원작 소설을 어떻게 보고 있느냐', '영화가 원작 소설을 왜 그렇게 보고 있느냐'로 바꿔보면 더 좋을 듯하다. 왜냐하면 영화를 통해 문학을 더욱 깊고 넓게 읽을 수 있고, 자연스럽게 문학은 영화의 무궁무진한 콘텐츠의 수원이라는 것을 확인할 수 있기 때문이다.

막장 드라마와 로맨스 사이

한 여자가 있다. 그녀는 곧 마흔세 번째 생일을 맞이한다. 그런데 그녀는 아직도 혼자다. 인생 최고의 전성기를 맞았지만 그녀는 '정말 혼자다'(all by myself). 모아놓은 돈도 별로 없고(그래서 십 년 째 같은 집에서 살고 있다.) 결혼도 못해서(안 한 게 아니라) 아이도 없다. 그녀의 인생에 있던 두 남자 중 한 사람은 죽고, 한 사람은 이미 결혼했다. 그래서 그녀는 큰 결심을 한다. "이제 연애를 끊고 제대로 막살아 보기로." 그 일환으로 그녀는 뮤직 페스티벌에서 만난 남자와 뜨거운 밤을 보낸다. 며칠 뒤 그녀는 자기 인생에 있던 한 남자를 다시 만나 똑같이 불같은 하룻밤을 보낸다. 얼마 뒤 그녀는 '기적적으로' 임신한다. 하지만 그녀는 아이의 아빠가 누구인지 확신하지 못한다. 그래서 그녀는 아빠가 누구인지 알아보기 위해서 두 남자를 다시 만난다. 스토리만 놓고 보면 그녀가 임신하는 과정까지는 '막장 드라마'에 가깝고, 애 아빠가 누구인지 알아보기 위해 두 남자를 다시 만나는 과정은 '로맨스'에 가깝다. 그리고 중간중간 막장 드라마와 로맨스를 왔다 갔다 한다.

그녀의 이름은 브리짓 존스다. 그녀의 세 번째 이야기다. 앞의 두 영화 〈브리짓 존스의 일기〉(2001), 〈브리짓 존스의 일기 — 열정과 냉정〉(2004)이 주로 그녀의 연애 이야기였다면, 이번 영화는 그녀가 엄마가 되는 이야기다. 즉 연애가 '주'가 아니라 엄마가 되는 과정이 '주'고, 연애는 '주'에 따라오는 '부' 다. 그래서 영화의 제목도 〈브리짓 존스의 베이비〉(2016)다.

영화의 내용을 반복하면 이렇다. 브리짓(르네 젤위거 분)은 한때의 남자 대니얼(휴 그랜트 분)의 장례식장에서 한때의 또 다른 남자 마크(콜린 퍼스 분)을 우연히 만난다. 아내와 함께 온 마크를 보며 그녀는 놀라움과 반가움을 동시에 느낀다. 아니 보다 정확히 말하자면 그녀는 마크를 보며 여전히 설렌다. 하지만 그녀는 언제나 그랬듯이 그 앞에서 설레발을 치며 일을 망친다. 그 뒤 유아 세례를 하는 자리에서 그를 운명적으로 다시 만난다. 둘은 처음에는 어색해했지만 몸이 기억하는 대로 불같은 하룻밤을 보낸다. 하지만 그녀는 이미 며칠 전에 뮤직 페스티벌에서 만난 멋진 훈남 잭(패트릭 뎀시 분)과 뜨거운 밤을 보냈다. 브리짓은 임신을 하지만 기쁨보다는 당황스럽고 걱정이 앞선다. 왜냐하면 아빠가 누구인지 확신이 서지 않기 때문이다. 두 남자 역시 자신이 애 아빠인지 아닌지 확신하지 못하기는 마찬가지다. 그때부터 막장드라마와 로맨스를 왔다 갔다 한다. 우여곡절 끝에 마지막에 애 아빠가 누군지 밝혀지지만 말이다.

감독은 영화 곳곳에 웃음과 재미를 심어 놓았다. 조금만 진지해질 순간이면 브리짓은 어김없이 설레발을 친다. 몸 개그는 덤이다. 게다가 이번에는 지금까지 수줍어하던 마크까지 몸 개그에 동참하며 웃음을 준다. 예전의 그의 트레이드 마크였던 무표정함 혹은 뚱함은 나이와 함께 사라지고, 대신 중후함과 넉넉함이 그 자리를 채우고 있다. 하지만 사람은 절대 변하지 않는다는 것을 보여주기라도 하듯, 그는 무심한 섬세함으로 브리짓의 마음을 여전히 설레게 한다. 아니 보는 사람의 마음마저 설레게 하고 흐뭇하게 한다.

〈브리짓 존스의 베이비〉에서 마크로 분한 콜린 퍼스의 베스트 무비를 얘기할 때 빼놓을 수 없는 영화가 있는데, 다름 아닌 BBC TV 영화 〈오만과 편견〉(1995)이다. 콜린 퍼스가 연기한 다시(Darcy)는 단언컨대 수많은 다시 중 최고라고 말할 수 있다. 주지하듯, 〈브리짓 존스의 일기〉 시리즈는 『오만과 편견』의 현대적 버전이다. 서로의 오해로 주인공 남녀가 서로 티격태격하는 모습도 비슷하지만, 〈브리짓 존스의 일기〉와 『오만과 편견』의 가장 큰 유사성은 역시 콜린 퍼스가 분한 마크에서 찾을 수 있다. 〈브리짓 존스의 베이비〉에서 마크의 풀 네임은 마크 다시다. 마크는 『오만과 편견』의 다시(Mr. Darcy)와 성도 같을뿐더러 성격도 거의 그대로다. 〈브리짓 존스의 일기〉의 작가가 〈오만과 편견〉의 콜린 퍼스의 모습에 반했고, 그래서 마크의 성격화에 다시의 모습을 참조했다는 것은 잘 알려진 사실이다.

하여튼 그 모든 것을 떠나서 〈브리짓 존스의 베이비〉는 시리즈 전작들과 마찬가지로 영화 내내 따뜻한 웃음을 선사한다. 그리고 무엇보다도 르네 젤위거의 사랑스러움과 콜린 퍼스의 중후함, 그리고 패트릭 뎀시의 멋진 매력을 유감없이 볼 수 있다. 바람둥이 휴 그랜트의 한 없이 가벼운 경박스러움을 못 봐서 조금 아쉽지만 말이다.

다른 한편으로 〈브리짓 존스의 베이비〉는 우리에게 '나이가 들어가는 것'에 대해서도 생각하도록 한다. 영화 〈은교〉(2012)에서 노 시인 이적요(박해일 분)는 젊음을 질투하면서 이렇게 말한다. "너희 젊음이 너희 노력으로 얻은 상이 아닌 듯, 내 늙음도 내 잘못으로 받은 벌이 아니다." 즉 영화 속 이적요는 젊음을 시기하고 부러워한다. 그리고 늙음에 대해 고통스러워한다. 반면 〈브리짓 존스의 베이비〉는 나이가 들어간다는 게 서글픈 일이 아니라 마음에 좀 더 여유가 생기고 인간적으로 성숙해지는 것이라 말한다. 관객은 영화를 보면서 세월의 흐름을 무겁게 느끼기보다는 가슴 설레고 즐거웠던 예전을 추억하고 회상하게 된다.

〈브리짓 존스의 베이비〉를 보면서 많은 영화가 떠올랐다. 〈브리짓 존스의 일기〉 전편들은 말할 것도 없이 출연 배우 때문인지(콜린 퍼스, 엠마 톰슨, 휴 그랜트), 아니면 이야기 내용 때문인지(아버지 찾기) 〈러브 액츄얼리〉(2003)

와 〈맘마 미아!〉(2008) 같은 영화들이 스쳐 갔다. 그러나 무엇보다도 보는 내내 예전에 보았던 〈뮤리엘의 웨딩〉(1994)이 계속 머릿속에 맴돌았다. 이제는 브리짓이 날씬해지고 인생의 전성기를 맞이했는데도 불구하고 그녀의 모습에 자꾸 뮤리엘의 모습이 겹쳐졌다.

〈뮤리엘의 웨딩〉에서 뚱뚱하고 촌스러운 뮤리엘(토니 콜렛 분)은 결혼 피로연에서 부케를 받으면서 친구들에게 미움을 받고 심지어는 도둑으로까지 몰린다. 그녀는 늘 친구들로부터는 왕따를 당하고 아버지로부터는 "쓸모없는 인간"이라는 소리까지 듣는다. 그녀는 자신의 존재감을 드러낼 수 있는 유일한 길은 '결혼'이라고 생각하고 결혼에 목을 맨다. 결혼에 대한 환상으로 웨딩숍에 들어가 드레스를 입고 사진을 찍는 것을 취미 삼기도 한다. 우여곡절 끝에 결혼했지만, 진실함이 없는 거짓 결혼이기에 그녀의 삶은 너무나 위태롭다. 그녀의 유일한 친구 론다(레이첼 그리피스 분)마저 암에 걸려 다리를 절단하는 상태에 이르자 그녀와의 우정 또한 위태롭다. 엎친 데 덮친 격으로 그녀의 어머니는 자살하고 아버지는 파산한다. 결국 그녀는 거짓 결혼 생활을 청산하고 진정한 사랑과 우정, 삶에 대해 눈뜨며 론다와 함께 고향을 떠난다. 〈뮤리엘의 웨딩〉에 대해 혹자는 기분이 우울할 때 이 영화를 보면 조금 위안이 될 수 있다고 그런 말을 했다. 왜냐하면 자신이 초라하게 느껴지고 기분이

영화 〈브리짓 존스의 일기〉 시리즈는 『오만과 편견』의 현대적 버전이다. 서로의 오해로 주인공 남녀가 티격태격하는 모습도 비슷하지만, 〈브리짓 존스의 일기〉와 『오만과 편견』의 가장 큰 유사성은 역시 콜린 퍼스가 분한 마크에서 찾을 수 있다. 〈브리짓 존스의 일기〉에서 남자 주인공 마크의 풀 네임은 마크 다시다. 마크는 『오만과 편견』의 다시와 성도 같을뿐더러 성격도 거의 그대로다.

우울할 때 뮤리엘의 모습을 보면서 '나는 최소한 저 정도는 아니다', 라는 심리적 위안을 얻을 수 있으니까. 지금은 모르겠지만 그때는 그 말에 어느 정도 공감했던 것 같다.

사실 〈브리짓 존스의 베이비〉를 보는 내내 브리짓이 뮤리엘이 그랬던 것처럼 모든 것을 다 내려놓고(포기하고) 떠나지 않을까, 하는 불안한 생각이 머릿속을 떠나지 않았다. 하지만 다행스럽게도 그런 일은 일어나지 않았다. 정말 다행이다.

마지막으로 브리짓에게 이 말을 들려주고 싶다.

"그래 수고했어. 앞으로 잘 살아."

뮤리엘에게도 한마디 하고 싶다.

"아픈 만큼 성숙해진다."

그리고 둘 모두에게 들려주고 싶은 말이 있다.

"인생, 그거 누구도 알 수 없어."

이 말이 무슨 뜻인지는 〈브리짓 존스의 베이비〉의 마지막 장면을 보면 알 수 있다.

『제인 에어』 다시 읽기
: '침묵'하는 버싸에서 '말하는' 앙뜨와네트로

　19세기 영국의 어느 귀족의 이야기다. 그에게는 두 아들이 있다. 당시의 관습에 따르면, 그의 작위와 저택과 그가 가진 모든 재산은 큰아들에게 상속된다. 그런데 둘째아들이 가난하게 살면 자기 체면도 상하고 가문의 위상도 저하되기에, 그는 둘째아들을 서인도 제도의 농장주인 자기 친구에게 보내려 한다. 그 친구에게는 크리올 출신의 부인과 의붓딸이 있다. 친구의 아내는 서인도 제도에 넓은 땅을 가진 농장주의 상속녀다. 귀족은 그녀의 집안에 '정신병력'이 있다는 것을 알면서도 이를 숨기고, 자신의 둘째아들을 친구의 의붓딸과 결혼시키기 위해 서인도제도로 보낸다. 귀족은 한편으로는 아들의 장래를 위해 그를 서인도 제도로 보내는 것이라고 자기합리화를 하면서도, 다른 한편으로는 서인도 제도로 떠나는 아들이 걱정된다.

　그러나 아들은 아버지의 걱정과는 달리 육감적인 크리올 출신의 여인에게 첫눈에 반한다. 하지만 그는 곧 서인도 제도의 무더위, 그녀의 기이한 행동과 포악한 성격, 그녀의 성적 음탕함에 진저리를 친다. 게다가 그녀의 가문에 정신병 병력이 있음을 알게 된 후로는 그녀를 더욱 혐오한다. 결혼 뒤에는 영국법에 따라 아내의 전 재산을 차지하고 그녀를 '춥고 습한' 영국으로 데려와 저택의 다락방에 감금한다. 참고로 그는 아버지와 형의 사망으로 이미 저택과 작위와 모든 재산을 상속한 상태다.

영국으로 돌아온 뒤 그는 음탕한 아내로부터 받은 고통과 상처를 치유하기 위해 여러 여자를 만나지만, 공허함과 환멸감만 가중되고, 성격은 점차 냉소적으로 변한다. 그런 와중에 세속적인 미녀들과는 전혀 다른 '평범한' 한 여인을 만나, 그녀와 '진실한 사랑'을 하게 되고, 우여곡절 끝에 가정을 꾸리며 행복한 삶을 살게 된다.

이 이야기는 크게 두 개의 볼륨으로 나눌 수 있다. 즉 귀족의 아들이 정략결혼을 위해 서인도제도로 가서 아내의 재산을 가로채고 그녀를 영국으로 데려와 자신의 저택에 감금하는 내용이 볼륨 1이라면, 세상 사람들의 시선과 세속적인 조건을 초월해 진실한 사랑을 찾아 결국 행복한 삶을 산다는 내용이 볼륨 2이다. 아무래도 볼륨 1보다는 볼륨 2가 우리에게 더 익숙하다. 왜냐하면 볼륨 2는 그 유명한 샬럿 브론테의 『제인 에어』(1847)의 줄거리이고, 볼륨 1은 그보다는 덜 유명한, 린 리스의 『드넓은 사르가소 바다』(1966)의 줄거리이기 때문이다.

탈식민주의나 페미니즘과 같은 거창한 문학이론을 들먹이지 않더라도 볼륨 1은 볼륨 2의 일종의 '전사'(prequel)라 할 수 있다. 즉 『제인 에어』가 주로 제인과 로체스터의 낭만적인 로맨스에 초점을 맞춘다면, 『드넓은 사르가소

영화 〈제인 에어〉의 한 장면. 『제인 에어』가 주로 제인과 로체스터의 낭만적인 로맨스에 초점을 맞춘다면, 『드넓은 사가소 바다』는 로체스터가 제인을 만나기 이전의 상황과 그가 아내를 다락방에 감금한 이유에 초점을 맞춘다. 좀 더 정확히 말하자면, 『드넓은 사가소 바다』는 '다락방에 갇힌 미친 여자'의 '비참한 일대기'라 할 수 있다.

바다』는 로체스터가 제인을 만나기 이전의 상황과 그가 아내를 다락방에 감금한 이유에 초점을 맞춘다. 좀 더 정확히 말하자면, 『드넓은 사가소 바다』는 '다락방에 갇힌 미친 여자'의 '비참한 일대기'라 할 수 있다.

『제인 에어』에서 가장 극적인 사건은 제인과 로체스터의 결혼 직전 다락방에 감금되었던 로체스터의 아내 '버싸'의 존재가 드러나는 순간이다. 숨겨졌던 그녀의 존재가 드러나 제인과 로체스터의 결혼은 결국 무산된다. 제인은 그 충격으로 쏜필드 저택을 떠나고, 버싸는 저택에 불을 지르고, 로체스터는 버싸를 구하다가 육체적으로 불구가 된다. 라캉의 용어로 말하면, 이 사건은 『드넓은 사르가소 바다』와 『제인 에어』라는 서로 다른 텍스트를 하나로 이어주는 '누빔점'이라 할 수 있다. 즉 왜냐하면 이 사건은 『드넓은 사르가소 바다』에서는 거의 마지막 장면에 해당하고(실제로 화재가 일어나는 것은 아니고 버싸의 꿈속에서만 재현된다), 『제인 에어』에서는 시작장면은 아니지만 제인과 로체스터의 '불안했던' 사랑이 끝나고, 그들의 진정한 사랑이 '확인되는'(confirmed) 과정의 출발점이기 때문이다.

『제인 에어』에서 제인은 게이츠헤드, 로우드, 쏜필드, 무어 하우스, 펀딘을 거치면서 인간적으로 더욱 성숙해지고, 경제적으로도 막대한 유산을 물려받게 된다. 그리고 마침내 '진정한' 사랑까지 얻고 원했던 화목한 가정을 꾸린다. 이제 제인은 고집 세고 못생기고 가난한 고아가 아니라, 인격적으로도 성숙하고 경제적으로도 풍족한 빅토리아 시대의 '신여성'으로 탈바꿈한다. 단순화하자면, 『제인 에어』는 제인의 성장소설이자 그녀의 '성공담'이라 할 수 있다.

『제인 에어』는 1940년대의 영화부터 비교적 최근의 영화에 이르기까지 여러 차례 영화화되었다. 그 가운데 프랑코 제피렐리 감독, 샤를로트 갱스부르와 윌리엄 허트 주연의 1996년 버전과 캐리 후쿠나가 감독, 미아 와시코브스카와 마이클 패스벤더 주연의 2011년 버전이 익숙하다. 두 편의 제작 사이에

짧지 않은 시간적 차이가 있기 때문에 두 영화는 차이를 보이지만, 두 편 모두 제인과 로체스터의 로맨스에 초점을 맞추고 있고 버싸가 영화의 내러티브에서 소거되거나 '타자화'된다는 점에서는 큰 차이는 없다. 이처럼 버싸는 원작 소설에서나 영화에서나 '다락방에 갇힌 미친 여자'로 호명되어, 제인의 순수함을 돋보이게 하거나, 로체스터의 비인간성과 냉혹성을 드러내는 표상으로만 기능할 뿐이다.

『제인 에어』에서 제인과 로체스터의 사랑은 신분, 나이, 경제적 차이 등 세속적인 모든 조건을 초월한 숭고한 사랑으로 승화된다. 반면에, 버싸의 존재는 더욱 희미해져간다. 실제로 버싸는 정략결혼으로 재산도 빼앗기고, 이름도 빼앗기고, 강제로 이주당하고, 다락방에 갇힌 피해자임에도 불구하고, 『제인 에어』에서 그녀는 제인과 로체스터의 사랑을 방해하는 '타자'로만 간주될 뿐이다.

『제인 에어』는 세속적인 모든 조건을 초월한 남녀의 지고지순한 로맨스로 읽힐 수 있지만, 결혼을 비즈니스의 일환으로 간주하던 빅토리아 시대의 영국 귀족 사회의 세태 보고서로도 읽힐 수 있다. 조금 극단적으로 말하면, 『제인 에어』는 당시 영국신사의 품위를 유지하기 위해서라면 정신병 병력을 지닌 여인조차도 며느리 또는 아내로 마다하지 않는 영국 귀족 사회의 냉혹한 단면을 보여준다.

『제인 에어』에서 로체스터는 자신의 저택의 다락방에 아내를 감금하고, 그곳에서 여러 사람을 초대해 파티를 열고 있으면서도 아무런 죄책감도 느끼지 않는다. 실제 그 파티는 그가 아내를 고르기 위해 많은 여성을 초대한 자리다. 오히려 그는 자신이 피해자라고 생각한다. 결혼식 직전 버싸의 존재가 드러난 상황에서도 그는 제인에게 자신의 '정부(情婦)'로서 함께 지내자고 말한다. 제인 역시 자신을 속인 로체스터에 대해 분개하기보다는 오히려 그를 안타깝게 여긴다. 이처럼 『드넓은 사르가소 바다』에서 앙뜨와네트였던 버싸는 『제인 에어』에서 철저히 타자화된다.

고전은 감동하기 위해서, 혹은 남에게 자랑하기 위해서 읽는 게 아니라, 새로운 사유의 씨앗을 얻기 위해서 읽는 것임을 고려한다면, 『제인 에어』를 다른 시각에서 읽어보기를 제안한다. 제인과 로체스터의 로맨스를 완전히 걷어내자는 게 아니라 버싸, 아니 앙뜨와네트의 시각에서 바라본다면, 지금까지 읽어왔던 『제인 에어』가 아닌 또 다른 『제인 에어』를 읽을 수도 있다. 고전의 힘은 바로 여기에 있고, 고전을 읽는 이유도 여기에 있다.

『더버빌가의 테스』
: '순수한' 시골처녀에서 '매혹적인' 도시녀로

　　토머스 하디의『더버빌가의 테스』(1891)는 이상을 지향하는 '순수한' 여주
인공 테스의 비극적인 일생을 통해 당대 영국의 현실을 날카롭게 비판한다.
테스는 무능한 아버지와 속물적인 어머니를 대신해 생계를 책임져야 하는 무
거운 운명을 걸머졌다. 하지만 그녀는 돈으로 귀족 가문의 성을 산 '가짜 귀
족' 알렉에게 유린당하고, 아기를 잃고, 사랑하는 에인절로부터 버림받고, 결
국 자신을 파멸에 이르게 한 알렉을 살인한 죄로 형장의 이슬로 사라진다. 여
성의 순결을 강조하는 빅토리아 시대 가부장제 이데올로기와 편협한 종교는
가난이라는 '운명'과 '환경'에서 벗어나려 몸부림치는 테스를 좌절하게 만든
다. 다시 말하면 그녀의 '자유의지'는 테스의 '운명'을 바꾸지 못했다.

　　『더버빌가의 테스』에서 테스는 자신의 '운명' 또는 주어진 '환경'과 타협을
거부하는 '순수함'으로 인해 비극적인 결말에 이른다. 테스의 순수함은 양면
성을 갖는다. 그녀의 순수함은 한편으로 악의는 없지만, 비현실적이며, 주변
에 대한 배려가 부족하고, 현실 개선을 위한 노력이 빠진 미성숙의 표징으로
볼 수 있고, 다른 한편으로 인위적인 종교나 산업화를 거부하고 순수한 자연
을 추구하는 이상주의자 에인절을 매료시킨 개인적 미덕으로 읽힐 수 있다.
즉『더버빌가의 테스』에서 테스의 순수함은 아름다운 사랑과 동시에 비극의

원천이기에 독자의 가슴을 더욱 먹먹하게 한다.

『더버빌가의 테스』는 1891년에 출간되었다. 이때는 시기적으로 빅토리아 시대의 끝자락에 해당된다. 하디는 자신의 고향 웨섹스를 작품의 공간적 배경으로 삼아, 당시 영국 남서부 지방 농촌 사회와 농촌 사람들의 '신산한' 삶을 사실적으로 그렸다. 특히 그는 당시 여성의 부당한 성적, 경제적 억압, 자연적인 성 본능과 결혼 제도 및 관습 사이의 갈등에 주목했고, 이런 주제 의식은 『더버빌가의 테스』와 그의 또 다른 대표작인 『무명의 주드』(1895)에 잘 나타난다. 하지만 『더버빌가의 테스』가 빅토리아시대 당시의 도덕주의와 정면으로 충돌해 출판사와 적잖은 마찰을 일으켰고, 『무명의 주드』 또한 공공도서관에 비치되어서는 안 될 금서로 지정되면서 그는 소설가로서 절필을 선언한다. 그 후 그는 시작에 전념한다. 그렇기 때문에 하디는 영국 문학사, 아니 세계문학사에서 드물게, 19세기에는 소설가로, 20세기에서는 시인으로 분류된다. 주제 면에서 당대 사회와 제도를 비판한 하디의 작품은 주로 남녀 간의 로맨스와 사랑에 초점을 맞추었던 오스틴, 브론테 자매의 작품과 종종 비교된다. 분위기에 있어서도 오스틴과 브론테 자매의 소설이 비교적 밝고 따뜻한 분위기라면, 하디의 작품은 빅토리아시대 말기의 암울하고 음산한 분위기가 깃들어 있다.

『더버빌가의 테스』는 『오만과 편견』이나 『제인 에어』와 마찬가지로 여러 차례 영화화되었다. 영화뿐만 아니라 TV 드라마로도 여러 차례 제작·방영되었다. 아마도 그 가운데 가장 유명한 것은 로만 폴란스키 감독, 나스타샤 킨스키 주연의 〈테스〉(1979)일 것이다. 이 영화는 그해 최고의 영화에 선정될 정도로 평단과 관객들로부터 주목을 받았다. 폴란스키의 〈테스〉는 『테스』를 원작으로 한 다른 작품들과 다르다. 예컨대 TV 드라마로 제작된 〈테스〉가 주로 작가 하디의 의도를 시대에 맞게 조정하며 원작에 충실하려고 애쓴 반면, 폴란스키의 〈테스〉는 하디의 원작 소설을 대폭 각색했다. 무엇보다도 여주인공

TV 드라마로 제작된 〈테스〉가 주로 작가 하디의 의도를 시대에 맞게 조정하며 원작에 충실하려고 애쓴 반면, 폴란스키의 〈테스〉는 하디의 원작 소설을 대폭 각색했다. 즉 폴란스키의 테스는 농촌의 피폐한 현실에 찌든 시골 처녀가 아니라, 도시적인 흰 피부에 흰 옷을 입은 화사하고 매혹적인 20세기 후반을 지배하는 육체와 자본의 미학의 화신이다.

테스를 19세기 말의 영국의 빈농 웨섹스 지방에서 완전히 분리했다. 다시 말하면, 폴란스키의 테스는 농촌의 피폐한 현실에 찌든 시골 처녀가 아니라, 도시적인 흰 피부에 흰 옷을 입은 화사하고 매혹적인 20세기 후반을 지배하는 육체와 자본의 미학의 화신이다.

　　〈테스〉를 『더버빌가의 테스』와 차별을 두려는 폴란스키의 의도는 영화의 제목에서부터 읽힌다. 그는 영화의 제목을 '더버빌가의 테스'가 아닌 '테스'로 택했다. 즉 그는 처음부터 원작 소설이 갖는 웨섹스의 '지역성'을 소거하고 대신 테스의 '여성성'에 천착한다. 그리고 자신의 의도를 극대화하기 위해 음악, 시각적인 영상, 회화적인 이미지, 카메라 워크 등 다양한 영화적 장치를 이용한다. 예컨대 영화 전편에 흐르는 밝고 따뜻한 음악은 원작의 음습한 분위기에 화사함과 촉촉함을 더해준다. 또한 정교한 장면 연결, 카메라에 담긴 다양하고 웅장한 자연은 세련되고 몽환적인 느낌을 배가한다.

영화 기법뿐만 아니라 주제 면에서도 폴란스키의 〈테스〉는 『더버빌가의 테스』와 이를 바탕으로 한 다른 〈테스〉들과 차별성을 보인다. 즉 하디의 테스가 부와 권력의 유혹에 굴복하지 않고 순수함을 무기로 지고지순한 사랑을 주장하며 자본주의가 기승을 부리기 이전의 근대적 이데올로기를 대변한다면, 폴란스키의 테스는 관능미, 화려함을 이상적 가치로 여기는 20세기 후반의 자본주의를 대변한다.

『더버빌가의 테스』에서 테스는 죄책감 또는 악화된 가족 경제 상황 때문에 어쩔 수 없이 알렉의 집으로 일을 하러 가고, 그것 때문에 육체적, 정신적 고통을 겪게 된다. 즉 경제적 고통이 테스의 비극의 출발점이자 궁극적인 원인이다. 그러나 폴란스키는 테스의 비극의 원인을 가난으로부터 분리한다. 오히려 그는 테스의 순수함, 알렉의 교활함, 에인절의 열정 등 등장인물의 개인적 감정이 서로 얽히고설키는 게 비극의 궁극적인 원인이라고 파악한다.

폴란스키는 영화 〈테스〉에서 테스를 가난뿐만 아니라 폭력이나 형벌에서도 분리하려 한다. 즉 테스가 알렉을 살해한 죄로 처형되는 장면에서 감옥의 깃발은 삭제되고, 거석 기둥을 배경으로 빛과 그림자의 조화로 경건한 분위기가 고조되어, 마치 그녀의 죄에 대한 처벌보다는, 그녀의 숭고함을 기리는 장엄한 '의식'을 연상케 한다. 형장으로 걸어가는 테스에게서는 순수함을 넘어서 '숭고함'이 느껴질 정도다.

전술했듯이, 영화 〈테스〉는 흥행과 비평 면에서 대체로 성공을 거두었지만, 몇몇 비평가들은 〈테스〉에 혹평을 쏟아내기도 했다. 감독의 개인적인 이야기는 차지하더라도, 폴란스키가 테스에게 농촌에 어울리지 않는 백옥 같은 피부와 몽환적인 분위기를 투사해, 그녀를 남성 관객에게는 '욕망의 대상'으로, 여성 관객에게는 주체성이 소거된 '수동적인 여성'으로 전락시켰다는 비난이 일었다. 테스 역을 한 나스타샤 킨스키의 순진무구하지만 무기력하고, 나약하고, 겁에 질린 표정은 원작의 테스가 지닌 강인함을 크게 약화했다는 비판 또한 일었다. 그러나 무엇보다도 영화에 대한 가장 큰 비판은 원작 소설이 담고 있는 영국의 비참한 농촌 현실과 파괴된 자연에 대한 고발이 영화에서는 크게 두드러지지 않고, 대신 영국 현실과는 무관한 육체와 자본의 미학이 전경화된다는 점이었다. 실제 이 작품은 영국이 아닌 프랑스에서 촬영되었는데, 혹자는 폴란스키 감독이 비참한 영국의 자연을 몽환적인 프랑스 자연으로 낭만화했다고 비판했다.

원작 소설을 바탕으로 영화가 만들어질 때 관객들 대부분 원작 소설에 대해 이미 알고 있기에 주로 영화의 완성도를 원작 소설과의 근접성으로 판단한다. 그러나 영화가 원작 소설을 얼마만큼 잘 반영하고 있느냐가 영화적 완성도의 절대적인 준거가 될 수는 없다. 그보다는 관객들로부터 얼마만큼 공감을 끌어낼 수 있느냐가 관건이다. 개인에 따라서는 영화 〈테스〉는 부, 권력, 계급 제도 등 외부 환경에 굴하지 않고 순수한 자연을 표상하는 테스가 자본과 육체를 환기시키는 욕망의 대상으로 전화되기 때문에, '몸' 담론과 자본주의의 영향 아래 있는 현재 상황에 보다 공명한다고 긍정적으로 평가할 수 있다. 그럼에도 원작 텍스트가 갖고 있는 사회 비판적 요소가 소거되거나 약화된 것은 아쉬움으로 남는 게 사실이다.

하지만 개인적으로 영화 〈테스〉는 자본주의 이데올로기를 비판하는 원작을 '감정의 얽힘' 과 '진실한 사랑'이라는 도식으로 풀어내어 관객이 모두 공감할 수 있는 심리적인 사실주의로 새로운 문화의 장을 열었다고 조금 거창하게 의미부여를 하고 싶다. 하지만 이런 평가는 시간이 흐르면 바뀔 수 있다. 그리고 그렇게 바뀐 평가 역시 시간이 흐르면 또다시 바뀔 수 있다.

시대를 지나면서 어떤 작품은 의미가 커지기도 하고, 어떤 작품은 쇠락해 완전히 잊히기도 한다. 시간이 지나면서 그 존재감이 더욱 커지는 작품을 보통 '고전'이라 부른다. 고전은 시간과 공간을 거슬러 보편성을 획득한다. 사람들은 새로운 관점 또는 새로운 사유의 씨앗을 얻기 위해 고전을 읽는다. 다시 말하면 고전은 새로운 사유를 끊임없이 촉발한다. 상식적인 차원에서 말하자면, 고전은 화석화 되거나 의미가 결정된 텍스트가 아니라 끊임없이 재해석될 수 있는, 그렇게 되어야만 하는 텍스트이다. 그런 면에서 하디의 『더버빌가의 테스』와 폴란스키의 〈테스〉는 명백히 고전에 속한다.

사족으로 한 문장을 덧붙인다. 이 글을 쓰면서 찾아보니, 『더버빌가의 테스』를 시공간적 배경을 현대 인도로 옮겨 만든 〈트리쉬나〉(2011)라는 영화가 있다. 당연하게도 〈트리쉬나〉의 내용은 『더버빌가의 테스』와 비슷하다. 이 영화는 부유하지만 철없는 호텔 사장의 아들 '제이'와 발리우드 댄서를 꿈꾸는 가난한 오토릭샤 운전사의 딸 '트리쉬나'의 운명적인 사랑, 집착, 증오, 파멸 등을 보여준다. 즉 〈트리쉬나〉는 『더버빌가의 테스』와 〈테스〉가 그랬던 것처럼 트리쉬나라는 한 여인의 파란만장한 삶을 담아내고 있다. 고전은 이처럼 시간뿐만 아니라 공간을 가로지른다.

오스카 와일드, 예술에 갇혀 버린 **천재**

　오스카 와일드는 19세기 '예술을 위한 예술'을 표방한 '유미주의' 혹은 '탐미주의' 운동의 선도적 역할을 한 아일랜드 출신의 시인, 극작가, 소설가, 그리고 평론가다. 그의 아버지는 더블린 대학의 교수이자 안과 의사였고 그의 어머니는 유명한 시인이었다. 그 역시 더블린의 트리니티 칼리지를 거쳐 옥스퍼드에 진학할 정도로 지적으로 뛰어났다. 또한 그는 뛰어난 재기와 화려함으로 늘 세간의 시선을 끌었다. 그는 점잖은 척하는 귀족, 상류층, 보수주의자들을 신랄하게 조롱하고 비판해 그들에게는 주의할 인물이었다. 반면 당시의 젊은이들에게 와일드는 '댄디 보이'로서 우상이자 숭배 대상이었다.

　'데카당스' 예술을 이끈 선도자답게 와일드의 삶은 한마디로 '반사회적'이었다. 그는 빅토리아 사회의 상류층의 위선과 허위의식을 신랄하게 풍자하고 조롱하며 당대의 온갖 사회의 규범과 윤리를 거부했다. 하지만 그는 1895년 앨프리드 더글러스 경과의 남색 사건으로 기소되어 2년 동안 갇힌다. 와일드의 수감은 빅토리아 시대의 귀족 또는 상류층의 성윤리 혹은 성도덕이 얼마나 위선적이며 경직되어 있었는지를 보여주는 단적인 사건이었다.

　와일드는 다양한 장르의 문학 작품을 남긴 작가로서 날카롭고 재치 있는 언어로 빅토리아 시대의 통속적인 도덕과 양식을 조롱하고 공격했다. 그의 작품 속에서 드러나는 관능적이고 퇴폐적인 색채는 추함, 악, 병폐 등에서 시적인 아름다움을 찾고자 했던 탐미주의 예술가로서의 면모와 점잔 빼는 영국 사회에 대한 반항아로서의 면모를 잘 보여준다.

와일드의 세기말의 탐미적이고 퇴폐적인 취향을 가장 잘 보여주는 작품은 그의 대표작이자 유일한 장편 소설인 『도리안 그레이의 초상』(1891)이다. 소설의 내용은 잘 알려져 있듯이, 미모의 청년 도리언 그레이가 쾌락의 나날을 보내다 악덕의 한계점에 이르러 마침내는 파멸한다는 이야기이다. 끝 모를 쾌락과 아름다움에 집착하는 주인공 도리안 그레이의 비극적 결말에서 작가 와일드의 불안하면서도 위태로운 운명이 읽혀진다. 즉 도리안 그레이는 그의 분신이고 그의 비극은 어쩌면 작가 자신의 불길한 운명의 전조라고도 할 수 있다.

와일드의 탐미주의적인 경향을 보여주는 또 다른 작품으로 희곡 『살로메』(1893)를 들 수 있다. 주지하듯, 『살로메』는 성서에서 연원한다. 기원후 30년경에 벌어졌던 유대의 왕 헤롯의 세례자 요한 참수 사건을 다루고 있는 '살로메 이야기'는 성경의 마태복음 14장 6절부터 11절에 걸쳐 실려 있다. 성서에 따르면, 헤롯 왕은 정치적으로 실각한 형 빌립보의 아내 헤로디아와 결혼한다. 그런데 세례자 요한이 그들의 결혼을 근친상간으로 비난했고, 이를 못마땅하게 여긴 헤롯은 요한을 지하 우물에 가둔다.

빌립보와 헤로디아 사이에는 살로메라는 딸이 있는데, 헤롯은 의붓딸인 살로메에게 흑심을 품고 있다. 그는 자신의 생일잔치에서 살로메에게 흥을 돋우기 위해 춤을 추라고 명령한다. 그리고 그에 대한 보상으로 그녀에게 원하는 모든 것을 들어주겠다고 약속을 한다. 그러자 살로메는 헤로디아가 시키는 대로 요한의 머리를 요구한다.

사실 성서에 살로메라는 이름은 나오지 않는다. 단지 헤로디아의 딸로만 언급될 뿐이다. 그러나 성서에 나오는 이 짧은 이야기는 후대 예술가들에게 끊임없는 예술적 영감을 주어 수많은 예술 작품의 소재가 되었다. 무엇보다도 자신이 제공한 즐거움의 대가로 사람의 목을 요구한 살로메는 끊임없이 예술가들의 상상력을 자극했다. 많은 작품 속에서 살로메는 아름답지만 그 아름다움에 탐닉하다보면 파멸을 불러오는 위험한 여성, 즉 '팜므파탈'로 재현된다. 살로메는 여성의 아름다움과 매력을 남성의 타락과 파멸의 시작으로 보는 남성들의 집단적 공포감이 투사된 징표라 할 수 있다.

세기말의 퇴폐주의에 심취한 와일드에게도 살로메 이야기는 매력적인 소재였다. 와일드의 『살로메』는 먼저 불어로 쓰였고, 나중에 그의 동성 연인이었던 더글러스 경에 의해 영역되었다. 이 극은 처음에는 성서를 모독했다는 이유로 공연이 금지될 정도로 사회적 파문을 불러왔다. 와일드는 『살로메』를 쓰면서 성서의 이야기에 약간의 각색을 시도했다. 즉 그는 살로메가 어머니의 복수를 위해서가 아니라, 자신의 사랑을 거부한 요한에 대한 복수심과 그의 육체를 소유하고자 하는 욕망 때문에 그의 목을 원하는 것으로 각색했다. 와일드는 이와 같은 각색을 통해 세기말의 퇴폐적인 감성을 잘 담아냈다. 와

성서에 살로메라는 이름은 언급되지 않는다. 단지 헤로디아의 딸로만 언급될 뿐이다. 그러나 성서에 나오는 이 짧은 이야기는 후대 예술가들에게 끊임없는 예술적 영감을 주어 수많은 예술 작품의 소재가 되었다. 많은 작품에서 살로메는 아름답지만 그 아름다움에 탐닉하다보면 파멸을 불러오는 여성, 즉 '팜므 파탈'로 재현된다. 한 마디로 살로메는 여성의 아름다움과 매력을 남성의 타락과 파멸의 시작으로 보는 남성들의 집단적 공포감이 투사된 징표라 할 수 있다.

일드는 『살로메』에서 사랑하는 사람의 목숨도 빼앗고 자신의 목숨마저 빼앗는 사랑의 파멸적인 힘을 괴기스러우면서도 아름답게 극화했다.

『살로메』에서 살로메는 의붓아버지 헤롯을 포함한 남성들이 자신을 관음적인 시선으로 바라보는 것에 염증을 느끼다가 요한을 만나 그의 강직함에 빠져든다. 독자 또는 관객들은 헤롯의 행위가 도덕적으로 잘못된 것임을 잘 알고 있고 그를 비난하면서도, 헤롯 못지않게 살로메의 육체적 매력에 끌린다. 와일드는 어쩌면 관객들의 이런 이중성을 조롱하고 싶었는지 모른다.

살로메는 요한의 마음을 그토록 갈망했지만 결국 얻지 못한다. 일곱 베일의 춤을 춘 대가로 헤롯은 공작, 보석뿐 아니라 왕국의 절반을 주겠다고 했지만 그녀가 원한 것은 오직 요한의 머리였다. 갖지 못할 바에야 부숴버리겠다는 그녀의 집념은 이미 참수되어 죽은 요한의 머리를 부둥켜안으며 키스하는 데서 광기로 표출된다.

와일드는 『살로메』에서 사랑이 아닌 집착과 탐닉을 나타내는 반복적인 대사와 상징적인 신비감을 통해 은밀하게 등장인물들의 비정상적인 성 심리를 보여주고 있다. 특히 살로메는 병적일 정도로 요한의 입술에 대해 집착한다. 요한이 그녀의 관심과 사랑을 거부하자 그녀는 광기어린 복수로 사랑을 쟁취한다. 그녀는 죽은 요한의 입술에 키스한다. 또한 자신을 사모하다 결국 자살하는 젊은 호위대장의 피 위에서 춤을 추기도 한다. 그녀는 그 어떤 죄책감도 느끼지 않고 오로지 자신의 욕망에 탐닉한다.

헤롯 역시 살로메를 음욕의 눈길로 바라보았지만 애태우던 살로메의 마음을 얻지 못한다. 자신을 외면한 채 요한의 죽은 머리에 입 맞추는 엽기적인 살로메를 보고, 헤롯은 방패로 눌러 죽이라 명령함으로써 살로메를 향한 욕망은 결국 비극으로 치닫는다.

살로메 이야기는 와일드에게 뿐만 아니라 세기말의 많은 예술가들에게 예술적 영감을 주었다. 특히 음악적으로 변주된 리하르트 슈트라우스의 오페라

〈살로메〉는 관능적이며 퇴폐적인 줄거리와 현란하고 화려한 음악으로 선풍적인 인기를 얻었다.

살로메는 오페라의 소재로서 뿐만 아니라 영화적 소재로도 이용되었다. 사실 살로메는 예수를 제외하면 신약성서의 그 어떤 인물보다도 영화에 많이 출연했다. 1918년 테다 바라 주연의 무성영화를 시작으로 지금까지 살로메를 소재로 많은 영화가 제작되었다. 특히 리타 헤이워드가 주연한 〈살로메〉(1953)는 그 어떤 살로메 영화보다도 큰 파문을 일으켰다. 이 영화에서 살로메는 성서나 와일드의 작품과 달리 독실한 신앙심을 가지고 요한을 구하는 '매력적인' 인물로 그려진다. 이 영화는 한 마디로 리타 헤이워드를 위한 영화였다. 그래서 영화의 내용과 완성도보다도 리타 헤이워드의 춤에 시선이 집중되었고 덕분에 전 세계적으로 흥행에 성공했다.

찾아보니 가장 최근에는 알 파치노의 〈와일드 살로메〉(2011)라는 작품도 있다. 이 영화에서 알 파치노는 와일드의 희곡을 직접 각색하고 연출했다. 심지어 헤롯의 역할까지 맡고 있다. 이 외에도 영국의 켄 러셀이나 스페인의 페드로 알모도바르와 같은 감독들도 자신들만의 독특한 해석으로 살로메를 영상화했다. 이처럼 살로메는 와일드를 비롯해 수많은 예술가들에게 예술적 영감의 원천이 되면서 영화, 연극, 오페라 등 다채롭게 재현되었다.

어느 오페라 평론가의 말로 글을 맺는다.

"우리는 바라는 것을 갖지 못해서 생기는 안타까움이나 그것을 얻은 후에 찾아오는 비극의 아이러니를 '살로메'를 통해 확인할 수 있다. 그러고 보면 우리가 진정 바라고 갈망하는 것은 대상이 아니라 그것을 향한 나의 마음 그 자체가 아닐까."

『암흑의 핵심』: **자전적 체험**의 탐구

조지프 콘래드는 영국 출신은 아니지만, 주류 영국 문학사에 편입된 독특한 이력을 가진 작가다. 그는 폴란드어를 쓰는 우크라이나 지방에서 폴란드 부모 사이에서 출생했으나 폴란드 독립운동에 참가했던 그의 아버지가 북러시아로 유형당한 끝에 죽자 삼촌에게 양육되었다. 그 후 그는 선원이 되어 세계 각지를 항해하다가 영국에 정착하면서 '전업 작가'가 되었다. 그는 자신의 특이한 인생 역정에 걸맞게 평생 '아웃사이더'로, 그 자신의 표현을 빌자면 '이중 인간'(homo duplex)으로 살았다. 콘래드의 소설이 대부분, 영국 이외의 지역을 배경으로 하는 것은 오랜 기간에 걸친 선원 생활과 평생 아웃사이더일 수밖에 없었던 개인적인 체험에서 비롯한다.

영국으로부터 시작하여 유럽, 아시아, 러시아, 남아메리카, 서인도 제도를 거쳐 아프리카로 이어지는 콘래드의 거대한 소설 공간이 현재 광범위하게 진행되고 있는 '문화연구'나 '탈식민주의' 논의의 집중적인 조명을 받는 것은 아웃사이더로서의 그의 작가적 위상과 그것을 바탕으로 한 그의 소설 세계의 풍성함에 힘입은 바 크다. 지구촌 곳곳을 누비고 다닌 콘래드의 선원으로서의 경험은 그가 후에 쓰게 될 소설들의 풍요로운 원천이 되었다. 어떤 의미에서 보면, 바다는 T. S. 엘리엇의 표현을 빌자면, 콘래드의 정신세계에서 형성되는 관념을 표현하기 위한 일종의 '객관적 상관물'이라 할 수 있다.

　콘래드의 다층적인 정체성은 언어, 특히 '영어'와 밀접한 관련이 있다. 전술한 그의 삶의 이력에서 알 수 있듯이, 그는 선원이 되기 위해 성인이 된 후 영어를 배웠기 때문에 당연히 영어보다는 프랑스어에 능통했다. 게다가 그는 실제적인 필요성으로 영어로 말하는 것보다는 영어로 쓰고 읽는 데에 치중했다. 보다 엄밀하게 말하면, 그는 영어로 말하는 것을 극도로 꺼렸다. 강한 폴란드어 억양은 심지어 그의 가족들조차도 그의 영어를 이해하는데 어려움을 겪게 했다. 그런 이유 때문인지 그는 성격적으로 종종 침울해했고 사회적으로 불편해했다.

　언어 구사력에서 보았을 때 영어는 폴란드어, 프랑스어 다음이었다. 그래서 콘래드에게 있어, 영어로 소설을 쓴다는 것은 두 언어로부터의 번역 과정을 거치는 정교하고도 복잡한 작업이었다. 『암흑의 핵심』(1902)을 비롯해 『로드 짐』(1900), 『노스트로모』(1904)등 그의 대표작들은 모두 작가 자신의 이런 내적 번역 과정의 산물이다. 요컨대 콘래드의 작품들은 제1차 세계대전 이후의 실존주의적 인간관과 엄격한 정치 인식을 환기한 바, 현재 콘래드는 영국 문학 더 나아가 세계 문학에서 19세기와 20세기를 연결하는 중요한 작가로 인식된다.

　콘래드가 실제 삶에서 콩고강을 왕래하는 기선의 선장을 맡았다는 사실은 중요하다. 왜냐하면 그는 콩고에서 식민지 생활의 처절함을 직접 목격한 뒤 제국주의에 대해 매우 비판적으로 혹은 비관적으로 인식하기 때문이다. 즉 콘래드의 콩고 경험은 그의 정신적인 삶에서 전환점을 이루었고, 또한 선원에서 작가로 삶을 전환하는 계기가 되었다. 한 마디로 『암흑의 핵심』은 콘래드의 자전적 체험의 기록인 동시에 그의 인생을 전환하는 계기가 된 작품이다.

　『암흑의 핵심』은 서술자 말로의 체험담으로 시작한다. 그는 젊은 시절 숙모의 도움으로 벨기에 통치령 콩고, 사실은 벨기에 국왕 레오폴드 2세의 사유지에서 오지를 운항하는 증기선의 선장이 된다. 콩고에 도착한 말로는 며칠을 초조하게 기다린 끝에 무역기지의 감독관이 있는 곳으로 출발한다. 그런데 말로가 도착하자 감독관은 그가 운행하기로 되어 있던 증기선이 며칠 전에 가라앉았다고 말한다. 결국 그는 증기선을 수리하는 동안 하릴없이 기다린다. 그 사이 말로는 현지 책임자 커츠에 대한 소문을 전해 듣는다. 소문에 따르면, 커츠는 원주민들을 탁월하게 '교화'하고 동시에 엄청난 양의 상아를 육지로 실어 보내는 뛰어난 현지 주재원이다. 말로의 임무는 그런 커츠를 콩고의 오지로부터 육지로 데리고 나오는 일이다.

말로는 어렵게 수리한 배를 타고 감독관과 함께 커츠를 찾아 나선다. 하지만 오지로 통하는 뱃길은 험난하기 짝이 없다. 수심도 낮을뿐더러, 안개마저 자주 끼어 앞이 잘 보이지 않는다. 또한 원주민들로부터의 공격 위협에 노출되어 있기 때문에 항상 위험하다. 말로는 우여곡절 끝에 힘겹게 목적지에 도착하고, 러시아 여행객으로부터 커츠가 아주 심각하게 아픈 상태라는 소식을 전해 듣는다. 그런데 말로는 그곳에서 커츠가 원주민들을 문명화시키기는커녕, 그들과 다름없는 야만 상태가 되었으며, 상아를 얻기 위해서 사람들을 죽이는 등 온갖 야만적인 짓들을 서슴지 않았다는 사실을 알게 된다. 그는 커츠가 죽인 원주민들의 두개골이 오두막 주위의 막대기에 꽂혀 있는 모습을 망원경으로 직접 확인한다. 감독관과 말로는 병에 걸린 커츠를 송환하려고 증기선에 태우려 하는데, 증기선이 수리되는 동안 커츠는 내면에 도사리고 있는 악과 '어둠의 심연'을 깨닫고 "무서워! 무서워"라고 절망적인 회한의 통곡을 내뱉으며 죽는다.

말로는 콩고의 오지에서 빠져나온 후 유럽으로 돌아온다. 그리고 1년쯤 후, 벨기에에 사는 커츠의 약혼녀를 찾아간다. 그녀는 아직도 커츠가 고귀한 사명을 띠고 아프리카로 파견되었다고 믿고 있다. 그녀는 말로에게 커츠가 마지막으로 한 말이 무엇이었느냐고 묻는다. 말로는 진실을 말해주는 대신, 커츠가 마지막에 그녀의 이름을 부르며 죽었다고 전한다. 이야기를 마친 말로는 명상하는 부처의 모습으로 앉는다.

『암흑의 핵심』은 영국 문학사, 또는 영국 소설사에서 정전 중의 정전이라고 할 만큼, 많은 사람들에게 읽히는 작품이다. 그러나 이 작품은 일반 독자가 이해하기 쉽지 않을 뿐더러, 비평가들 사이에서도 여전히 많은 논란과 다층적인 해석을 불러일으킨다. 최근 들어 탈식민주의 논의가 활발해지면서, 이 작품은 그 논의의 중심적인 텍스트로 자리 잡고 있다. 하지만 이 작품은 탈식민주의 관점에서뿐만 아니라, 복잡하고 다층적인 인간의 내면 심리, 때에 따라서는 상징주의 기법과 철학적 측면에서도 심층적인 연구가 가능할 정도로 해석의 확장성이 크다. 이 작품을 제대로 이해하기 위해서는 무엇보다도 작가 콘래드의 독특한 스타일과 그의 전기적인 배경에 주목해야 하지만 그것만으로 충분하지 않다. 이 작품을 보다 심층적으로 이해하기 위해서는 작품에 대한 내재적인 접근이 필요하다.

『암흑의 핵심』을 읽는 데 가장 큰 어려움 중 하나는 역시 콘래드의 다른 소설과 마찬가지로 '화자'의 문제다. 이 소설은 두 개의 틀로 구성되어 있다. 템스강에 떠 있는 넬리 호의 갑판에 앉아 말로의 이야기를 듣고 있는 익명의 화자가 서술하는 이야기가 외면적인 틀이라면, 그 화자가 전하는 말로의 이야기는 내면적인 틀이다. 따라서 두 틀의 상관관계를 파악하는 것이 이 작품을 이해하는 데 있어 무엇보다도 중요하다.

표면상 『암흑의 핵심』의 말로의 이야기는 아프리카 체험담이다. 말로는 야만인들과 만남, 위험한 정글, 포악한 야만성, 식민주의 등에 대해 이야기하지만, 이는 피상적인 것에 불과하다. 사실 말로의 주요 관심사는 문명화된 유럽의 잔혹함과 탐욕, 그리고 야만적인 상황과 환경에서 발생하는 복잡다단한 문제들이다. 말로는 커츠를 통해 자신을 비롯한 유럽 식민주의자들의 위선과 허상을 보게 된다. 원주민들을 문명화시킨다는 명분으로 아프리카 오지로 들어

간 커츠는 힘없는 원주민들을 착취하여 상아를 수집하고 강탈해 백인사회로 실어 보내는 임무를 수행한다. 하지만 그 과정에서 그는 자신이 야만인이라고 생각한 아프리카 원주민보다 더 '야만적인' 백인이 된다. 커츠가 대변하는 백인의 속성은 말로 자신도 부정할 수 없는 당시 유럽인의 보편적 정서에 불과하다. 요컨대 『암흑의 핵심』에서 커츠는 개별적인 인물이라기보다는 유럽 식민주의자들을 대변하고 포괄하는 전형적인 인물이라 할 수 있다.

따라서 말로가 커츠에게 강박적으로 집착하는 것은 자신이 커츠와 은연중에 공모관계에 있다는 일종의 죄책감에서 비롯한다. 말로는 커츠가 어떤 사회적·문화적 억압 기제도 없는 극한 상황에서 정신 착란 상태에 빠져 결국 온갖 사악하고 타락한 행위를 저지르게 되었다고 나름대로 결론을 내린다. 마지막에 "오! 오!"하며 죽는 커츠의 죽음을 지켜보며 말로는 커츠가 자신의 내부에 도사리고 있는 '암흑의 핵심'을 깨달았다고 생각하며 그에게 공감한다. 그러나 동시에 말로는 이 지점에서 자신과 커츠를 분리한다. 즉 말로는 커츠와 달리 자신은 이성의 힘으로 감정과 행동을 억제해 광기의 나락으로 내몰리지 않았다고, 아니 그렇지 않았을 것이라고 커츠와 선을 긋는다.

『암흑의 핵심』은 인간의 본질에 대한 근본적인 것들을 끝없이 탐색하고, 이 악을 행하고 그것에 탐닉할 가능성 등을 효과적으로 암시하고 있다. 역설적으로 이 작품에서 진실은 인간에게 '빛' 대신 '어둠'을 가져다준다. 말로가 마지막 장면에서 커츠의 약혼녀에게 진실을 밝히지 않은 것은 그가 진실의 속성을 파악하고 있기 때문일 것이다. 말로에게 있어 진실은 피할 수 없는 암흑이다. 결국 『암흑의 핵심』은 말로의 그런 이야기를 듣고 전하는 익명의 화자가 어둠을 인식하는 장면으로 끝난다.

말로, 더 나아가 콘래드가 의혹과 환멸의 시선으로 바라본 대상은 당시 벨기에의 잔혹한 제국주의에 국한되지 않는다. 고대 시대 영국을 침략해 정복했던 로마인들이 당시 최고의 문명인이었음에도 경제적·정치적 이익을 위해 폭력 행위를 저질렀다는 말로의 언술은 서구 문명의 밑바탕에는 기본적으로 탐욕과 야만이 내재해 있다는 비판으로 읽힌다. 이는 말로의 이야기를 전하는 익명의 화자가 19세기 말 세계 최강국인 대영제국의 찬란한 과거와 현재에 대해 느끼고 있던 자부심과 낙관론을 송두리째 뒤흔드는 발언과도 공명한다. 이렇게 역사적으로 반복되는 거짓과 위선, 폭력과 야만에 대한 콘래드의 비판적 성찰은 프랜시스 포드 코폴라 감독의 영화 〈지옥의 묵시록〉(1979)으로 이어진다.

〈지옥의 묵시록〉: **역사의 본질**에 대한 성찰

　　오슨 웰스의 영화 〈시민 케인〉(1941)은 제작된 지 70년이 훨씬 넘었음에도 여전히 영화 역사상 최고의 영화 가운데 하나로 손꼽히고 있다. 예컨대 '미국 영화 연구소'와 '영국 영화 연구소'에서는 〈시민 케인〉을 몇십 년 동안이나 최고의 영화로 꼽았다. 비록 영국 영화 연구소의 가장 최근의 조사에서는 1위 자리를 앨프리드 히치콕의 〈현기증〉에 내주긴 했지만 말이다. 영화라는 매체가 사라지지 않고 계속 존재하는 한 〈시민 케인〉은 앞으로도 최고의 영화로 자리매김할 것이다. 그런데 더욱 놀라운 사실은 이 영화가 당시 24세에 불과

영화 〈시민 케인〉의 한 장면. 웰스의 〈시민 케인〉은 영화 역사상 최고의 영화 가운데 하나로 손꼽힌다. 영화라는 매체가 사라지지 않고 계속 존재하는 한 〈시민 케인〉은 앞으로도 최고의 영화로 자리매김할 것이다. 웰스는 〈시민 케인〉에서 『암흑의 핵심』의 핵심 모티프를 차용하고 있다. 예컨대 주인공의 감추어진 행적을 추적하는 구성이나, 주인공이 마지막에 외치는 '최후의 절규'는 두 작품의 공통점이라 할 수 있다.

했던 웰스 혼자서 제작, 각본, 감독, 주연 등 영화의 거의 모든 작업이 이루어졌다는 것이다.

〈시민 케인〉에 나타난 기념비적인 영화 기법을 일일이 열거하는 것은 너무나 벅찬 일이기에 차치하고, 대신 감독이자 주연을 맡은 웰스에 대해서만 간단히 살펴보자. 웰스는 자신의 첫 영화로 원래 『암흑의 핵심』을 원작으로 하려고 한 것으로 전해진다. 하지만 계획대로 그 영화가 성사되지는 못했고, 대신 그는 〈시민 케인〉에서 『암흑의 핵심』의 핵심 모티프를 차용하고 있다. 예컨대 주인공의 감추어진 행적을 추적하는 구성이나, 주인공이 마지막에 외치는 '최후의 절규'는 두 작품의 공통점이라 할 수 있다. 『암흑의 핵심』을 직접적인 원작으로 한 가장 유명한 영화는 그로부터 30년이 훨씬 지난 1979년이 되어서야 나오는데, 그것은 다름 아닌 또 다른 영화 거장 프랜시스 포드 코폴라 감독의 역작 〈지옥의 묵시록〉이다.

콘래드의 『암흑의 핵심』은 출간 후 끊임없는 논쟁의 대상이 되어 왔다. 최근에는 탈식민주의의 또 다른 관점에서 콘래드가 제국주의자였다는 비판의 목소리가 높다. 대표적으로 아프리카 출신의 소설가 치누아 아체베와 타예브 살리흐는 콘래드가 『암흑의 핵심』에서 아프리카를 부정적으로 묘사하고 왜곡했다고 비판의 목소리를 견지한다.

코폴라의 〈지옥의 묵시록〉 역시 개봉 후 지속적으로 다양한 논쟁을 불러 일으켰다. 〈지옥의 묵시록〉이 제기하는 여러 문제점 가운데 역시 가장 주목해야 할 점은 콘래드의 소설과의 연관된 각색의 문제다. 예컨대 콘래드가 『암흑의 핵심』에서 인간 정신, 도덕과 윤리, 인간의 내부에 있는 어둠 등을 상징적으로 탐색하기 위해 벨기에령 콩고의 식민지(주의)를 이용한 것처럼, 코폴라도 〈지옥의 묵시록〉에서 베트남이라는 공간을 좀 더 보편적인 인간의 문제에 대한 성찰의 메타포로 이용한다. 즉 콘래드의 소설과 코폴라의 영화는 시간과 공간의 틈을 초월하여, 두 작품 모두 인간의 보편적인 진리를 전달하고 인간의 문제에 대해 성찰한다.

내러티브 면에서 『암흑의 핵심』과 〈지옥의 묵시록〉은 크게 보았을 때 상당 부분 일치한다. 즉 『암흑의 핵심』에서 말로가 커츠를 오지에서 데리고 나오는 임무를 받고 힘겹게 현지에 도착해 그곳에서 끔찍한 광경을 목격한 것처럼, 〈지옥의 묵시록〉의 윌라드 대위도 상부로부터 커츠 대령을 처단하라는 임무를 받고 캄보디아 국경지대로 향한다. 그 과정에서 그는 목숨의 위협도 받고 심지어 동료들까지 잃는다. 그리고 현지에 도착해서는 더 이상 군인이 아니라 마치 교주와도 같은 커츠 대령을 보고 정신적 충격과 혼란에 빠져드는데, 그런 윌라드 대위의 모습은 『암흑의 핵심』의 말로의 모습과 크게 다르지 않다. 하지만 코폴라의 영화는 진리의 규명과 인간에 대한 성찰에서 한 걸음 나아가 역사적 사실의 비판에까지 이른다. 인간에 대한 성찰도 나름대로 큰 의미가 있지만, 그 성찰이 더 큰 의미가 있기 위해서는 비판으로 나아가야 한

내러티브 면에서 『암흑의 핵심』과 〈지옥의 묵시록〉은 크게 보았을 때 상당부분 일치한다. 하지만 코폴라의 영화는 진리의 규명과 인간에 대한 성찰에서 한 걸음 더 나아가 역사적 사실의 비판에까지 이른다. 인간에 대한 성찰도 나름대로 의미가 있지만, 그 성찰이 더 큰 의미가 있기 위해서는 비판으로 나가야 한다는 감독의 의중을 읽을 수 있다. 왜냐하면 성찰을 통해 비판하고, 비판을 통해 실수를 반복하지 않을 때, 역사는 비로소 앞으로 나아가기 때문이다.

다는 감독의 의중을 읽을 수 있다. 왜냐하면 성찰을 통해 비판하고, 비판을 통해 같은 실수를 반복하지 않을 때, 역사는 비로소 앞으로 나아가기 때문이다.

그런 점에서 코폴라 감독이 〈지옥의 묵시록〉을 추가 복원한 〈지옥의 묵시록 리덕스, 이하 리덕스〉(2001)는 더 유의미하고 주목할 필요가 있다. 왜냐하면 코폴라는 〈리덕스〉의 새롭게 추가된 장면을 통해 스토리라인을 좀 더 명확하게 하는 데 그치지 않고, 〈지옥의 묵시록〉에서 빠졌던 '역사적 리얼리티'를 보강함으로써 자신의 영화를 보다 더 구체적인 역사적 맥락 안에 놓으려고 노력했기 때문이다. 〈리덕스〉는 이처럼 현대 미국의 역사적·문화적·정치적 문맥 안에서 베트남 전쟁을 파악할 뿐만 아니라, 콘래드 텍스트와의 대화를 통해 미국에 윤리적·이데올로기적 비판을 가한다.

사회적·문화적 관점에서 보았을 때 〈리덕스〉는 베트남 전쟁에 대한 영화가 아니라 베트남 전쟁을 통해 드러난 미국 군대 혹은 미국 정부를 비판하는 '반정부 영화'다. 코폴라 감독 스스로 〈리덕스〉와 관련된 인터뷰에서 〈지옥의 묵시록〉의 주제는 '거짓말'이라고 지속적으로 말했다. 그는 "미국 정부가 월남전에서 우리에게 끊임없이 거짓말을 했다"고 주장한다. 즉 콘래드가 『암흑의 핵심』에서 벨기에 식민주의의 '잔혹하면서도 터무니없는 거짓말'을 폭로한 것처럼, 코폴라 또한 〈리덕스〉에서 베트남 전쟁에 개입한 미국의 거짓과 위선을 폭로하고 비판한다. 바로 이런 점에 있어 코폴라는 콘래드와 문제의식을 공유한다고 할 수 있다.

코폴라는 영화에서 베트남 전쟁과 관련해서 미국 대통령을 포함해 정치인들이 계획적으로 오랫동안 거짓말을 해왔다고 주장한다. 〈지옥의 묵시록〉에서는 은연중에 미국 정치인을 비판했다면, 〈리덕스〉에서는 좀 더 직접적으로 그리고 좀 더 강도 높게 베트남 전쟁과 미국 정부를 비판한다. 예컨대 새로 추가된 영화의 마지막 장면에서 커츠 대령은 컨테이너에 갇혀 있는 윌라드 대위에게 실제 『타임』(Time) 지의 베트남 전쟁 관련 기사를 읽어준다. 이 기사에는 베트남 전쟁과 관련해 당시의 미국 대통령 린든 존슨이 베트남 전쟁 보고서 공개를 허락하지 않을 것이라는 사실이 언급된다.

코폴라 감독은 이 장면을 통해 개봉 당시 명시하지 않았던 영화 속 현실의 시간을 분명히 함으로써 영화적 리얼리티를 강화했다. 요컨대 콘래드가 『암흑의 핵심』에서 지리적 공간을 명시하지 않음으로써 '암시성'과 '환상성'을 부여하려 했다면, 코폴라는 〈리덕스〉에서 역사적 시점을 명시함으로써 이 영화가 미국의 구체적인 시대의 역사적 산물임을 강조한다. 〈리덕스〉는 이처럼 역사적 맥락을 명확히 함으로써 『암흑의 핵심』과 차별화하고, 〈지옥의 묵시록〉에서 빠졌던 부분을 채워 넣음으로써 보다 비판적 텍스트로 자리매김한다.

거듭 말하지만 〈리덕스〉의 영화적 주제는 '거짓말'이다. 베트남 전쟁이 교착상태에 빠져들자 미 행정부는 의회, 언론, 국민을 상대로 대대적인 홍보 캠페인을 펼쳤다. 그 주된 내용은 '공산군의 세력이 약해지고 있으며 미국이 전쟁에서 이기고 있다는 사실'이었다. 하지만 얼마 뒤 그 선전은 거짓임이 드러난다. 영화 속에서 커츠 대령은 윌라드 대위에게 미국 정부의 베트남 전쟁에 대한 낙관론이 어떻게 광범위하게 유포되었는지를 들려준다. 감독은 이 장면을 통해서 전쟁터의 추악하고 부조리한 현실, 동떨어진 낙관주의의 허구성, 그리고 정부의 언론 조작 행태 등을 비판한다.

〈리덕스〉에서 커츠 대령이 윌라드 대위에게 베트남 전쟁 기사를 들려주는 장면 못지않게 주의 깊게 보아야 할 또 다른 장면은 코폴라 감독이 영화에 직접 카메오로 출연하는 장면이다. 감독은 영화의 첫 전투 장면에서 TV 카메라 팀의 프로듀서로 등장하는데 그는 육지에 상륙한 윌라드 대위 일행에게 "카메라를 쳐다보지 말라"고 소리친다. 이 장면은 베트남 전쟁의 본질을 잘 예거한다. 베트남 전쟁은 TV로 방송된 최초의 전쟁으로, 이제 미국인들은 TV에서 방송되는 뉴스를 통해 전쟁 소식을 접하게 되었다. 그러나 TV를 통해 접하는 전쟁은 전체가 아닌, 단지 TV가 제공하는 전쟁의 단편적인 이미지일 뿐이다. 그리고 그 단편적인 이미지조차도 사실이 아닌 왜곡 또는 편집의 가능성이 크다. 결국 영화 속 TV의 존재는 전쟁 또는 진실의 전모가 아니라 단편만을 보여주는 TV 보도의 한계성을 함축적으로 나타낸다. 전쟁 관련 TV 보도는 베트남 전쟁 당시의 미국뿐만 아니라 시간과 공간을 초월해 오늘날까지 전 지구적으로 지속하고 있기에 〈리덕스〉의 이 장면은 역사적 보편성을 갖는다고 말할 수 있다.

〈지옥의 묵시록〉에서 가장 인상적인 장면을 꼽자면, 역시 전쟁광 킬고어 대령의 부도덕하고 부조리한 모습이 단적으로 드러나는 '해변의 베트콩 마을을 공습하는 시퀀스'다. 최근에는 한 TV 제품 광고에 이 장면을 사용해 논란이 일었다. 표면상 킬고어 대령이 마을을 공습하는 이유는 윌라드 대위 일행의 초계정을 그곳까지 안전하게 호위하기 위해서이지만, 그에게 공습이 더욱 중요한 이유는 그 마을의 해변에서 유명한 서핑 선수의 묘기를 보기 위해서이다. 그에게 공습은 게임의 일환이다. 그렇기 때문에 그의 헬기 부대가 이륙할 때 나팔수는 마치 아메리카 원주민을 토벌하기 위해 기병대의 출동을 알리듯 나팔을 불어댄다. 미군 헬기의 공격이 시작되기 전 카메라는 잠깐 전형적인 베트남 마을의 평화로운 풍경을 보여줌으로써 킬고어 대령의 광기에 희생될 베트남인들을 부각한다. 킬고어 대령은 적들에게 두려움을 불러일으키기 위해 헬기 확성기를 통하여 리하르트 바그너의 〈발퀴레의 기행〉을 틀어댄다. 이 음악은 미군에게는 사기를 진작시키는 '진군가'이지만, 베트남인들에게는 광기와 살육의 메시지를 전달하는 '공포의 전주곡'이 된다. 특히 킬고어 대령은 베트남인들을 "야만인"이라고 부르거나 경멸하는 호칭들을 사용하는데, 이는 『암흑의 핵심』에서 유럽인들이 아프리카 원주민들을 터무니없이 "범죄자", "반역자" 등으로 몰아세웠던 장면과 그대로 겹쳐진다.

베트남 전쟁은 또한 미국의 '아메리카 원주민'(Native-American)의 학살을 환기한다. 예컨대 킬고어 대령이 쓰고 있는 검은색 기병대 모자와 미군 위문공연 장면에 등장하는 플레이보이 버니 걸들의 복장은 이를 방증한다. 즉 미군들은 베트남인들을 잔혹한 아메리카 원주민으로, 자신들은 정의를 수호하는 기병대 또는 카우보이로 치환했다. 그러나 미국 역사에서 베트남 전쟁은 백인이 저지른 아메리카 원주민 대량 학살처럼 선과 악의 경계가 모호함을 증명하고, 세계의 경찰을 한다고 믿는 미국의 어두운 과거를 환기할 뿐이다. 이런 시각에서 보면 세계 최강 미국도 폭력과 야만의 역사 위에 세워진 국가이고, 『암흑의 핵심』에서 언급되는 로마 제국이나 대영제국과 다를 바 없다는 해석 또한 가능하다.

1979년 개봉 당시 〈지옥의 묵시록〉이 베트남 전쟁이라는 역사적 사건을 신화적 방식을 도입해 비역사화했다는 비판이 뒤따랐지만, 이런 비판은 〈리덕스〉에서는 더 이상 유효하지 않다. 왜냐하면 〈리덕스〉에서 새로 복원된 에피소드에는 역사적·정치적 재문맥화를 통해 영화적 리얼리티를 강조하기 때문이다. 특히 미국이 역사상 가장 무의미한 싸움을 하고 있다는 비판은 영화의 정치적 깊이를 더해주는 강력한 메시지로 작용한다.

결론적으로 콘래드 소설의 현대적 해석을 통해 탄생한 코폴라의 〈리덕스〉는 '과거를 통해 현재를 살피고 더 나아가 미래를 살펴야 한다'는 역사적 가르침을 환기한다. 뿐만 아니라 "선한 전쟁은 그 어디에도 없다"는 평범한 진리를 다시 한번 확인시켜준다.

'동화'와 '우화' 사이

어렸을 때 읽었던 소설을 한참 시간이 흐른 뒤 다시 읽었을 때 드는 느낌은 대체로 어렸을 때의 좋은 기억을 떠올리며 추억에 젖거나, 아니면 다소 혼란 스럽거나 둘 중 하나다. 동화의 경우에는 다시 읽어도 예전의 느낌과 크게 다 르지 않지만, 우화의 경우에는 다시 읽으면 예전과 달리 정서적 혼란을 느끼 게 된다. 심지어 '내가 속은 게 아닌가', 하는 자괴감이 들 수도 있다.

서양의 고전 중 실제로 읽었을 때 일반적으로 생각했던 것과 다른 경우가 제법 많다. 예컨대 소설사적으로는 근대 소설의 효시로 꼽히고, 내용적으로 는 '모험 소설'로 알았던 다니엘 디포의 『로빈슨 크루소』(1719)는 사실 영국 의 청교도 교리를 설파하는 작품이다. 주지하듯, 이 작품은 주인공 로빈슨 크 루소가 아버지의 말을 듣지 않고 바다로 나갔다가 난파를 당하고, 무인도에 도착한 뒤에는 새벽에 일어나서 기도하고, 일기를 쓰고, 농사를 짓고, 무인도 에서 만난 원주민 프라이데이에게 글과 기독교 교리를 가르친 뒤, 마침내 영 국으로 되돌아오는 이야기다. 실화를 바탕으로 하고 있는 이 작품의 플롯은 '죄→벌→회개→구원'이라는 청교도 교리로 단순하게 도식화될 수 있다. 따 라서 혹자는 『로빈슨 크루소』를 근대 소설의 시발점으로 보는 데에 의문을 제 기하고, 대신 사무엘 리처드슨의 『파멜라』(1742)를 근대 소설의 효시로 본다.

『로빈슨 크루소』와 더불어 또 하나의 모험 소설로 알려진 조너선 스위프트의 『걸리버 여행기』(1726)도 『로빈슨 크루소』와 비슷한 경우다. 역사적으로 17세기 중반부터 18세기 중반까지 영국은 정치적·종교적으로 상당히 혼란스러운 시기였다. 따라서 이 시기 영국 작가들도 정치적 상황에 따라 부침이 컸는데, 『걸리버 여행기』의 작가 스위프트도 마찬가지였다. 그의 대표작 『걸리버 여행기』는 크게 4부, 즉 '소인국', '거인국', '하늘을 나는 섬나라', '말의 나라'로 구성되어 있다. 그 가운데 우리나라에서는 '소인국'과 '거인국' 편만 소개되어, 『걸리버 여행기』가 어린이들을 위한 '동화'로 잘못 알려졌다. '하늘을 나는 섬나라'와 '말의 나라' 편은 나중에 소개되었다. 그런데 스위프트가 이 작품에서 말하려는 핵심은 '소인국'과 '거인국'보다는 '하늘을 나는 섬나라'와 '말의 나라'에 담겨 있다.

스위프트는 『걸리버 여행기』에서 인간과 인간사회의 모순과 부조리를 신랄하게 풍자한다. 그뿐만 아니라 당시 영국의 아일랜드에 대한 부당한 착취를 비판한다. 사실 그는 『걸리버 여행기』 이전부터 영국의 식민 정책에 의해 수탈당하는 아일랜드의 현실에 천착했다. 예컨대 그는 『드레피어의 편지』(1724)를 통해서 영국의 아일랜드 내에서의 통화 유통 계획을 비판했고, 『걸리버 여행기』 이후 출간된 『온건한 제안』(1729)에서도 아일랜드의 경제문제를 해결하기 위해 유아를 영국인에게 식용으로 팔자는 역설적인 제안을 함으로써 영국정부의 아일랜드에 대한 잔혹한 수탈상황을 통렬히 비난했다.

『걸리버 여행기』는 17, 18세기 영국의 정치 현실을 신랄하게 풍자한 정치적 '우화'다. 참고로 스위프트가 활동하던 17, 18세기 영국 문학에서 풍자는 지배적인 문학 수법이었고, 당시 많은 작가들은 직설적으로 비판하기보다는 상대방을 넌지시 비꼬는 풍자의 수법을 너나 할 것 없이 구사했다. 하지만 당대 그 누구도 풍자의 대가 스위프트를 넘어서지 못했다.

이처럼 17, 18세기 영국의 문학 작품들은 당대의 정치, 종교와 밀접한 관련을 맺고 있기 때문에 당시의 시대적 상황 속에서 작품에 접근해야 의의를 찾을 수 있다. 이 시기만 그런 게 아니라 시대를 조금 더 넓혀 16세기의 셰익스피어 시대뿐만 아니라 20세기 초 빅토리아 시대 작품도 마찬가지다. 요컨대 영국의 문학 작품들은 단순히 문학 작품으로 그치지 않고 당대의 정치, 종교, 경제, 사회, 문화를 반영하는 거울로 기능한다고 말할 수 있다.

영국 문학사에서 양적으로나 질적으로나 문학적으로 가장 풍성한 시기는 19세기 중후반이다. 이 시기 영국은 정치적으로 제국주의가 정점에 달하는 시기다. 따라서 이 시기에는 작가들도 제국주의에서 자유로울 수가 없었다. 그 가운데 특히 소설가 조지프 러디어드 키플링과 시인 앨프리드 테니슨은 본인들이야 억울할 수 있겠지만 영국의 제국주의를 옹호했다고 나중에 혹독한 비판을 받게 된다.

키플링은 '뛰어난 관찰력, 풍부한 상상력, 넘치는 아이디어, 다양한 등장인물의 탁월한 성격화 능력'으로 당시 최연소로 노벨문학상을 수상한다. 참고로 그는 아직도 최연소 노벨문학상 수상자다. 키플링은 자신이 태어난 인도를 포함해 아시아의 다양한 문화를 직접 경험했고, 그 경험에 제국주의적 서구 문화를 조화롭게 버무렸다. 여기에 독특한 상상력을 더해 작가로서 탁월한 능력을 키워나간다. 더 나아가 그는 유색인종과 미개한 야만인들을 위해서 모든 백인이 유럽의 '개화된'(Enlightened) 문명을 전파해야 한다는 작가적 사명감을 더한다. 키플링의 그런 작가적 소명의 산물 가운데 하나가 바로 『정글북』(1894)이다.

간단히 소개하면, 『정글북』은 작가가 태어난 인도를 배경으로 하고 있고, 모글리라는 늑대 소년이 역경을 이겨내고 결국 진정한 어른이 되어 정글의 일원이 된다는 내용이다. 『정글북』은 여러 단편으로 구성되어 있고, 그 가운데 「모글리의 형제들」, 「카아의 사냥」, 「"호랑이다! 호랑이!"」가 잘 알려졌다. 많은 사람이 알고 있겠지만 줄거리는 간략하게 다음과 같다.

호랑이 쉬어칸에게 잡아먹힐 뻔한 아기 모글리는 늑대 부부에 의해 '늑대소년'으로 키워진다. 모글리는 곰 발루와 흑표범 바기라와 함께 정글의 법칙을 배워나간다. 어느 날 모글리는 반달로그라는 원숭이 무리에게 납치당한다. 발루와 바기라는 큰 뱀 카아에게 도움을 요청하고, 셋은 힘을 합쳐 원숭이들을 물리치고 모글리를 구출한다. 모글리는 늑대 무리에서도 배척당할 위기에 처하지만 '불'을 가지고 와서 쉬어칸을 혼내주고, 쉬어칸은 복수를 다짐하며 모글리 주위를 맴돈다. 사람들과 같이 살려고 마을로 내려간 모글리는 쉬어칸을 무찌르는 과정에서 악마라는 오해를 받자 마을을 떠나 쉬어칸의 가죽을 늑대들 앞에 펼쳐놓으며 당당한 정글의 일원이 된다.

편집자들에 따라 세부 내용이 조금씩 다르기는 하지만, 『정글북』은 정글에서 살아가는 생명체들의 모습을 생생하게 그린 작품으로, 아이들은 물론 어른들에게 상상력의 유희를 마음껏 펼치게 하는 키플링의 대표작이다.

예전에 『정글북』을 읽었을 때 필자의 느낌도 이와 크게 다르지 않았던 것 같다. 그런데 이 글을 쓰기 위해 『정글북』을 다시 읽고 최근에 개봉한 영화 〈정글북〉(2016)을 보면서는 다소 혼란스러웠다. 영화의 내용이 원작 소설과 크게 다르지 않은데도 말이다. 영화 내용은 대략 이렇다.

영화 〈정글북〉의 한 장면. 키플링은 자신이 태어난 인도를 포함해 아시아의 다양한 문화를 직접 경험했고, 그 경험에 제국주의적 서구 문화를 조화롭게 버무렸다. 여기에 독특한 상상력을 더해 작가로서 탁월한 능력을 키워나간다. 더 나아가 그는 유색인종과 미개한 야만인들을 위해서 모든 백인이 유럽의 '개화된'(Enlightened) 문명을 전파해야 한다는 작가적 사명감을 더한다. 키플링의 그런 작가적 소명의 산물 가운데 하나가 바로 『정글북』이다.

늦대 소년으로 성장한 모글리는 늦대 무리와 잘 지낸다. 하지만 다른 동물들은 모글리를 인간의 아들이라고 경계하고 거리를 둔다. 이때 상처 입은 호랑이 쉬어칸이 나타나 모글리를 내놓지 않으면 해를 끼치겠다고 늦대 무리를 위협한다. 늦대들은 모글리를 늦대 무리에 계속 두어야 할 것인지를 두고 회의를 벌인다. 모글리는 자신 때문에 늦대 무리에 분열이 생기자 늦대 무리를 떠나 인간 세계로 돌아가겠다고 말한다. 쉬어칸은 마을을 떠나는 모글리를 뒤쫓지만 결국 놓치고 만다. 모글리는 인간 세계로 돌아가는 도중 만난 뱀 카아로부터 쉬어칸이 왜 자신을 죽이려 하는지 이유를 듣게 된다. 쉬어칸은 모글리의 아버지 때문에 상처를 입게 되었고 모글리에게 복수하기 위해 그를 뒤쫓는 것이다. 모글리는 인간 세계로 돌아가는 도중에 원숭이 무리에게 잡히지만 곰 발루와 표범 바기라의 도움으로 탈출한다. 또한 그는 '불'(red flower)로 정글을 쉬어칸으로부터 지켜내고 정글의 신인 코끼리로부터도 존경을 받게 된다. 결론적으로 모글리 덕분에 정글에 평화가 찾아온다.

영화 〈정글북〉은 기술적인 면에서 훌륭하다. 실사와 애니메이션 장면이 이물감 없이 잘 결합되어 있다. 특히 CG로 구현한 동물들의 미세한 움직임과 감정 표현은 기술적으로 뛰어나다. 내용 면에서도 전체적으로 꿈과 희망을 전해주는 밝고 따뜻한 이야기이기에 큰 거부감이 없다. 그럼에도 영화를 보는 내내 마음이 편치 않았다. 그리고 머릿속으로는 자꾸만 〈정글북〉과 다른 이야기가 그려졌다.

비행기가 불시착했다. 비행기에 타고 있던 모든 사람이 죽고 기적적으로 한 아이만 살아남았다. 마을 사람들은 그를 불쌍히 여겨 데려다 키운다. 그는 마을의 구성원으로 잘 자란다. 그런데 그는 커가면서 자신이 마을 사람들과 다르다는 사실을 알게 된다. 어렸을 때 같이 놀던 친구들조차도 그를 멀리한다. 마을 사람들은 그가 마을에 위험을 가져올 것이라면서 그를 경계한다. 왜냐하면 그는 피부색뿐만 아니라 사고와 행동에 이르기까지 그들과 다르기 때문이다. 보다 정확히 말하자면 그는 다른 사람들보다 지적 능력이 뛰어나다. 마을 사람들은 그를 두고 토론을 벌인다. 결국 그는 마을을 위해 마을을 떠나기로 한다. 하지만 마을을 떠나는 과정 또한 쉽지 않다. 곳곳에 그를 노리는 자객들이 깔려있다. 그리고 마을을 벗어나는 순간 마을에 어려움이 닥치는 것을 직감하고 그는 마을로 돌아가 마을을 구한다. 마을 사람들은 이제 그를 받아들인다. 마지못해 받아들이는 것이 아니라 진심으로 그를 환영한다. 그리고 그는 마을의 단순한 일원이 아니라 마을의 지도자가 된다. 지도자로서 그는 그 나름의 방식으로, 즉 '문명'을 통해서 마을을 바꿔나간다.

다시 말하지만 영화를 보는 내내 〈정글북〉이 늑대 소년과 정글의 동물들 이야기가 아니라, 그냥 사람들 사이의 이야기로 읽어도 크게 다르지 않을 것 같다는 생각이 떠나질 않았다. 아니 사람들 사이의 이야기에 가깝다는 생각이 더욱 강하게 들었다. 그리고 모글리의 모험보다도, 앞으로 정글의 모습이 모글리에 의해 어떻게 바뀌어 갈지가 더욱 궁금해졌다.

그런 맥락에서 〈정글북〉에서 한 장면이 인상적이었다. 모글리는 바위에 있는 꿀을 채취하기 위해 자신만의 방식으로 도구를 만들고 바기라에게 자랑한다. 하지만 바기라는 모글리에게 "잔재주를 부리지 말라"고 꾸짖는다. 즉 바기라는 모글리에게 편리함과 효용성보다는 원래 살아가는 방식을 지키라고 역설한다. 늑대 무리를 떠나기 전 모글리가 강가의 물을 마실 때 자신이 만든 바가지를 이용하자, 모글리에게 아버지와 같은 아켈라 역시 그에게 바기라와 비슷한 이야기를 한다. 즉 바기라와 아켈라 모두 모글리의 행동을 '잔재주'라고 규정하고 그에게 정글의 방식을 따르라고 강요한다. 그러나 정글의 법을 따른 아켈라는 쉬어칸에게 죽임을 당하고, 힘에서 바기라는 쉬어칸에게 상대가 되지 못한다. 결국 모글리가 쉬어칸을 무찌르고 정글에 평화를 가져오는데, 원동력은 물리적인 '힘'이 아니라 다름 아닌 모글리의 '잔재주'와 '붉은 꽃'이었다. 영화 속에서 붉은 꽃은 다름 아닌 불이다. 다시 말하면 정글을 적으로부터 지키고 더 살기 좋은 곳으로 만드는 것은 '정글의 법'이 아니라 '불'이다. 불은 사전적으로 두 가지 의미가 있다. 불은 'fire'이며 동시에 'light'이기도 하다. 요컨대 영화 〈정글북〉에서 모글리는 불(fire)로 쉬어칸을 무찌르고 정글에 불(light)을 가져왔다. 불을 가져온다는 것은 당연히 '문명화'(Enlightenment)를 뜻한다.

영화 초반과 마지막 장면에서 "법을 준수하면 번영할 것이고 위반하면 죽을 것이다"라는 늑대의 계율이 언급된다. 첫 번째는 아켈라가 모글리에게 늑대의 계율을 지키라는 맥락으로, 두 번째는 마침내 정글에 찾아온 평화를 지속하라는 맥락으로 읽을 수 있다. 즉 각각 '질서'와 '조화'로 이해된다. 그냥 넘어 갈 수도 있는 부분이겠지만 보고 난 뒤에도 계속 걸렸다.

영화 〈정글북〉은 분명히 '동화적인' 해피엔딩으로 끝나는데도 불구하고 보는 내내 혼란스러웠다. 모글리와 정글의 동물들 관계에서 '문명의 충돌'을 읽는다면 지나친 것일까. 더 나아가 이 영화에서 월트 디즈니의 정치적 보수주의를 떠올린다면 더욱 지나친 것일까. 여러모로 〈정글북〉은 혼란스러운 영화였다.

내가 알고 있는 **조이스** 문학

아일랜드 더블린에서 출생한 제임스 조이스는 20세기 영미 소설사, 더 나아가 세계 문학사에서 가장 혁명적인 작가로 평가받는다. 조이스는 생전 많은 작품을 남겼고, 그에 대한 연구는 그가 활동하던 20세기뿐만 아니라 현재까지도 여전히 폭넓게 이루어지고 있어 '조이스 산업'이라고 불릴 정도이다. 조이스에 대한 관심은 학문적으로만 그치지 않는다. 예컨대 더블린에서 6월 16일은 '블룸스데이'(Bloom's Day)라고 불린다. 블룸은 조이스의 대표작 『율리시즈』(1922)에 등장하는 주인공 이름이고, 6월 16일은 『율리시즈』의 시간적 배경이 되는 날이다. 『율리시즈』는 블룸이 하루 동안 더블린 시내를 거닐면서 보고 듣고 생각하고 행동하는 이야기, 즉 '블룸의 이야기'(Bloom's Story)다. 더블린에서는 조이스와 『율리시즈』를 기념하기 위해 6월 16일 온 종일 라디오에서 『율리시즈』가 낭송된다고 한다. 이처럼 조이스와 그의 작품은 학문의 영역을 넘어서 더블린의 일상을 차지하고 있다.

조이스는 예수파의 학교에서 가톨릭교의 사제 교육을 받고 성직에 종사할 생각까지 할 정도로 종교에 심취했으나 결국 성직자의 길을 포기하고 예술가의 길을 택하게 된다. 그는 버나드 쇼와 예이츠와 마찬가지로 아일랜드인이었지만 그들과는 다른 길을 걷는다. 그는 아일랜드 민족의식 고취를 작가적 본령으로 삼은 예이츠를 비롯한 다른 아일랜드 작가들처럼 '아일랜드 문예 부흥 운동'(Irish Literary Renaissance Movement)에 참가하지 않았다. 대신 그는 고향 더블린을 떠나 37년간이나 '망명객'(exile)으로서 국외를 방랑하였다. 그는 빈곤과 고독 속에서 눈병에 시달리면서도 전인미답의 문학작품을 계속 집필하였는데, 작품 대부분은 아일랜드, 더블린, 더블린 사람들을 대상으로 하고 있다. 이처럼 조이스는 평생 동안 고향 더블린을 떠나 있었지만, 의식 속에는 항상 자신이 자라온 더블린의 비참한 빈민굴이 자리 잡고 있었다. 아일랜드의 종교와 전통은 조이스의 소설의 주된 배경이 되었고, 그의 개인적인 경험과 고뇌는 그의 작품 속에 고스란히 녹아 있다.

조이스는 자전적 소설 『젊은 예술가의 초상』(1916)에서 종래의 사실주의 기법에서 벗어나 인상주의 기법을 사용하고 있으며 또한 '의식의 흐름'(Stream of Consciousness) 기법을 사용하고 있다. 이 작품은 조이스 자신의 젊은 날의 자전적 요소를 반영하고 있고, 자신의 예술관을 극명하게 보여준다. 『젊은 예술가의 초상』은 주인공 스티븐 디덜러스가 겪는 정신적 혼란과 성장을 그리고 있지만, 조이스 자신의 예술가적 성장담이기도 하다. 스티븐은 자신의 저항과 비판적인 태도로 여러 가지의 외부적 압력에서 벗어나 마침내 자기 해방의 길, 즉 예술가의 길을 걷게 되는데, 이는 또한 예술가로서 조이스 자신의 정신적 편력과도 일치한다.

조이스의 개인적 예술관은 『율리시즈』에서 정점을 이룬다. 『율리시즈』는 조이스의 문학적 노력의 집대성 결과이며, 현대 소설계를 경탄하게 만든 모더니즘의 결정판이기도 하다. 작품의 제목에서 알 수 있듯이, 『율리시즈』는 호머의 장편 서사시 『오디세이』와 대위법적 구성을 취하고 있다. 즉 『오디세이』가 비범한 영웅 오디세우스의 20년에 걸친 모험적인 귀환 이야기를 다루고 있다면, 『율리시즈』는 평범한 유대인 레오폴드 블룸의 특별하지 않은 평범한 일과를 다루고 있다. 블룸은 온 종일 더블린 일대의 술집, 화장실, 목욕

탕, 산부인과 병원, 매음굴 등을 돌아다닌다. 조이스는 이 과정에서 더블린 사람들의 추악한 면을 솔직하게 때로는 과감하게 보여준다. 따라서 이 작품은 너무나 과감하고 사실적인 묘사로 인해 외설 시비에 휘말리기도 했다. 때문에 조이스는 당시 영국인들에게는 말할 것도 없고, 심지어는 동포인 아일랜드 사람들에게조차도 '이방인'으로 취급받았기 때문에, 결국 자신을 '망명객'으로 가둘 수밖에 없었다.

그러나 실제로 조이스는 자신을 둘러싼 주위의 모든 대상에 대한 강렬하고도 독특한 애정을 지닌 작가이다. 특히 그는 자신의 조국 아일랜드가 처한 현실에 대한 관심을 자신의 문학 세계의 주요한 주제로 택하여 조국에 대한 끊임없는 애정을 보인 '낭만적 애정'과 '고전적 지성'을 겸비한 작가라고 할 수 있다. 조이스는 아일랜드 문예 부흥 운동을 이끈 예이츠와는 다른 방식으로 아일랜드와 아일랜드인에 대한 사랑과 애정을 드러냈다. 즉 예이츠를 비롯한 다른 아일랜드 작가들은 아일랜드의 추악한 모습을 드러내기보다는 아일랜드의 이상화에 주력했다면, 조이스는 아일랜드의 미래에 대해 진지하게 고민했다.

『율리시즈』에서 조이스가 보여주는 탁월한 다양한 기법은 오직 조이스의 소설에서만 볼 수 있는 독창적인 면이다. 이 작품은 외부적으로 잡다한 현대의 일상사가 전통적인 호머의 이야기와 독특한 구조로 연결되어 있고, 내부적으로는 작가의 해박한 지식과 아일랜드인 특유의 감성이 결합하여 종래의 소설 기법과 전통을 뛰어넘어 새로운 스타일을 실현한 기념비적인 작품이다.

조이스는 20세기 전반기에 걸쳐 서구를 풍미하였던 모더니즘 문학을 주도한 대표적인 작가이다. 그는 '현현'(epiphany), '의식의 흐름' 등의 용어를 문학 용어 사전에 처음 편입시키며 현대 문학에 커다란 변혁을 가져왔다. 한 마디로 그의 작품은 현실과 환상, 추억과 욕망이 서로 뒤엉킨 현대인의 정신적 갈등과 방황을 다루고 있다. 그뿐만 아니라 조이스의 『율리시즈』의 그림자는 서구의 소설에서뿐만 아니라 우리 문학에도 짙게 드리운다. 박태원, 최인훈, 주인석의 소설『소설가 구보 씨의 일일』은『율리시즈』에 큰 문학적 빚을 지고 있다.

조이스 문학의 특성은 무엇보다 독창적인 실험성에 있다. 첫 작품에서부터 마지막 작품에 이르기까지 구사된 신화적 상징, 몽타주와 패러디, 시간의 현대적 개념 구사, 환상과 무의식의 세계, 다양한 문체, 다원적 세계관, 서술 기법의 끊임없는 변화, 독창적인 어휘 창조 등은 그의 지칠 줄 모르는 실험 정신을 잘 반영한다. 그것은 단순히 일시적인 전위적 유행을 반영하기보다는 삶과 그 삶에서 추출되는 문학 세계의 본질을 밑바닥까지 헤쳐 보려는 작가의 투철한 장인정신에서 비롯된다. 예컨대 조이스는『더블린 사람들』(1914)의 각각의 단편을 통해 정신적으로 마비되고 황폐화한 현대인의 모습을 신랄하게 비판하는데, 한 마디로 이 작품은 '안주하지 않는 삶의 영원한 모색'이라는 그의 인생관과 '소설 형식에서 무한한 실험'이라는 그의 작가관을 잘 예거한다.

오래전에 소설『율리시즈』를 바탕으로 한 영화 〈율리시즈〉(1967)를 본의 아니게 두 번이나 보았다. 배우 이름도 감독 이름도 기억나지 않고, 다만『율리시즈』를 원작으로 한 영화라는 것 외에는 기억에 없다. 검색해도 그 영화에 대한 정확한 정보를 얻을 수 없다. 오래전 기억이기에 확신이 들지는 않지만 그래도 영화에 대해 말하자면, 이 작품의 두 개의 플롯이 병렬적으로 구성되어 있다. 그리고 각각의 플롯은 독자적으로 개연성 없이 병치 되는 듯 보이지만, 결국은 '블룸'이라는 등장인물의 탐색과정으로 귀결되고 있다.

기술적으로 보았을 때 〈율리시즈〉는 한 장면을 중심으로 플롯이 진행되기보다는, 오히려 짧은 쇼트와 쇼트를 교차 편집시킴으로써 효과를 극대화하고 있다. 그리고 원작처럼 하나의 사건이 시간의 순차적인 흐름에 따라 진행되는 것이 아니라, 사건의 흐름보다도 주인공의 '의식'에 따라 진행된다. 내용

면으로 보면, 영화는 원작의 중압감 때문인지 아니면 원작을 보다 충실하게 살리려는 감독의 의도인지 분명하지는 않지만, 거의 원작을 그대로 옮겨 놓고 있다.

그런데 얼마 전에 제임스 조이스의 삶과 사랑을 다룬 영화가 있다는 사실을 우연히 알게 되었다. 팻 머피가 감독하고 이완 맥그리거가 주연한 〈노라〉 (2000)라는 영화다. 사실 노라는 제임스 조이스의 아내 이름이다. 그녀는 조이스가 세계적인 작가로 설 수 있게 한 원동력이다. 그럼에도 많은 이들은 그녀의 이름을 기억하지 않는다. 아니면 의도적으로 그녀의 이름 '노라 바나클'을 망각하고, 심지어 그녀의 존재를 지우려고 한다. 찾아보니 이 영화는 '아일랜드의 문호 제임스 조이스의 인생과 사랑을 그린 드라마'라고 설명되어 있다. 영화에서도 노라는 조이스의 아내로만 존재한다. 예전에 이 영화를 우연히 볼 기회가 있었는데, 나중에 보려고 숙제로 남겨놓았더니 지금은 보고 싶어도 볼 수가 없어서 너무나 아쉽다. 역시 숙제는 제때에 해야 한다는 말이 맞다.

버지니아 울프, **신화가 되어버린** 여성

한 잔의 술을 마시고
우리는 버지니아 울프의 생애와
목마를 타고 떠난 숙녀의 옷자락을 이야기한다
— 박인환, 「목마와 숙녀」 부분

버지니아 울프로 이야기를 시작하자. 버지니아 울프라는 이름을 처음 접하게 된 계기는 어렸을 때 우연히 읽은 한 시집이었다. 그 당시 『목마와 숙녀』(1976)라는 시집에 실린 박인환의 여러 시는 도대체 읽어도 무슨 말인지 알수가 없었다. 대신 「목마와 숙녀」라는 시 속에 나오는 '버지니아 울프'라는 이름을 입으로 소리 내어 읽었을 때 전해지던 무언가 좋은 느낌은 기억이 난다.[1] 한 참의 시간이 흐른 뒤 그녀의 작품을 읽으면서 그녀의 삶과 문학이 궁금해졌고, 영화 〈올랜도〉(1994)를 보면서 버지니아 울프에 대해 더욱 관심을 갖게 되었다.

얼마 전 우연히 영화 〈올랜도〉를 다시 보았다. 그리고 소설 『올랜도』(1928)

---

1) 그래서 이 글에서는 예외적으로 울프가 아니라 버지니아 울프로 표기한다.

도 읽었다. 내용면에서 볼 때 영화 〈올랜도〉와 소설 『올랜도』는 큰 차이가 없다. 모두 올랜도라는 한 인물의 모험, 사랑, 그리고 삶을 담고 있다. 주인공 올랜도는 특이하게도 400년 동안 남자의 삶과 여인의 삶 모두를 경험한다. 즉 엘리자베스 시대의 젊은 귀족이었던 올랜도는 찰스 2세 때는 오스만 제국의 영국 대사가 되고, 시대가 바뀌어 18세기에는 여성이 되어 알렉산더 포프와 존 드라이든과 교제한다. 19세기에는 결혼하여 아들도 낳고 나중에는 작가가 된다. 영화를 처음 볼 때는 그런 생각이 안 들었는데 이번에 볼 때는 영화의 만듦새가 그렇게 훌륭하지는 않다는 생각이 들었다. 그리고 예전에 볼 때는 몰랐는데 이번에 보면서 영화 속 올랜도 역할을 한 배우가 놀랍게도(?) 틸다 스윈턴이라는 사실을 알게 되었다.

『올랜도』의 작가 버지니아 울프는 영국 문학, 더 나아가 세계 문학에서 모더니즘 시대를 대표하는 뛰어난 소설가이자 비평가, 그리고 사상가다. 특히 그녀는 제임스 조이스와 더불어 현대 소설의 가장 중요한 본령인 '의식의 흐름' 기법을 확립했다고 평가받는다. 『자기만의 방』(1929), 『등대로』(1927), 『댈러웨이 부인』(1925)과 같은 작품들은 그녀의 뛰어난 지성과 탁월한 문학성을 예증하기에 부족함이 없다. 하지만 그녀의 삶은 그녀의 문학적 성과만큼 찬란하지 않았기에, 아니 너무나 비극적이었기 때문에, 많은 이들이 그녀의 삶과 죽음을 안타까워했다.

버지니아 울프는 그녀는 철학자이자 『영국 인명사전』의 편저자이기도 한 레슬리 스티븐과 줄리아 덕워스 사이에 태어났다. 그녀는 진보적인 아버지 덕분에 당시에는 예외적으로 고등교육까지 받을 수 있었다. 즉 그녀의 아버지는 버지니아가 여자아이였지만 총명했기에 그녀에게 남자아이와 차별 없이 고등 교육을 받도록 했다. 사실 빅토리아 시대에는 '빅토리아 에인절', 즉 남편을 잘 받들고 자녀를 잘 키우는 여성이 이상적인 여성상이었기에 상류층에서는 대부분 여성에게 전문적인 교육을 시키지 않았다.

버니지아는 부모가 죽은 뒤에는 런던의 블룸즈버리로 이사하고, 그곳에서 남동생 에이드리언을 중심으로 하는 케임브리지 출신의 학자, 문인, 비평가 집단 '블룸즈버리 그룹'의 일원으로 활동한다. 그녀는 빅토리아 시대 최고의 지성들이 모인 환경 속에서 지적 세례를 받으며 작가로서 성장한다.

버지니아는 30세 때 평론가 레너드 울프와 결혼한다. 레너드는 그녀의 아버지가 그랬던 것처럼 그녀가 작품 활동에 전념할 수 있도록 도움을 준다. 그녀는 처녀작 『항해에 나서서』(1915) 등으로 문단의 주목을 받았고, 『제이콥의 방』(1922), 앞에서 언급한 『댈러웨이 부인』, 『등대로』와 같은 작품을 통해 '의식의 흐름'을 추구하는 내면 묘사와 시적 문체로 모더니즘 문학의 기수로서의 확고한 지위를 차지한다.

이후 버지니아 울프는 독창적인 상상력에 바탕을 둔 전기적 소설 『올랜도』, 이른 아침부터 초저녁까지 변화하는 파도의 묘사와 너불어 여섯 남녀의 내적 독백을 이어간 『파도』(1931), 시인 엘리자베스 브라우닝의 애견을 주인공으로 하여 부인의 생활을 그린 『플래시』(1933), 어느 중류 가정의 일가를 통하여 1880년 이래의 약 50년간, 3대에 걸친 세상과 인생을 다룬 『세월』(1937)을 발표하며 소설가로서 지위를 더욱 확고히 한다.

버지니아 울프는 "가부장제와 성적 불평들에 맞서 여성문학의 가능성을 모색한 페미니즘의 정전"이라고 평가받는 『자기만의 방』(1929)을 통해 소설가로서뿐만 아니라 비평가, 사상가로서도 탁월한 역량을 발휘한다. 그러나 그녀는 제2차 세계대전 중 독일 공군의 런던 폭격이 한창일 때 최후의 작품 『모간』(1941)을 남기고는 돌연 강에 몸을 던져 자살한다.

사실 버지니아 울프는 어려서부터 정신질환 증세를 보였고 성격 또한 예민하고 늘 우울해했다. 게다가 의붓오빠에게 성추행을 당한 어린 시절의 경험은 그녀가 평생 성과 남성, 심지어 자신의 몸에 대해서까지 병적인 수치심과 혐오감을 느끼도록 했다. 그녀의 정신 질환, 예민한 성격, 어린 시절에 겪은 성추행 등은 평생 그녀를 괴롭혔다. 결국 그녀는 고통을 이기지 못하고 자신을 강에 던지고 말았다.

다층적인 버지니아 울프의 문학성을 간단하게 규정하기는 어렵다. 그래도 그녀의 문학에서 중요한 키워드를 꼽자면 역시 '페미니즘'과 '모더니즘'이다. 페미니즘하면 때로는 과격하고 극단적인 이미지, 예컨대 남성과 여성의 평등, 더 나아가 대립, 투쟁 등이 연상되지만, 그녀의 페미니즘은 극단적 페미니즘과 사뭇 다르다. 그녀는 여성 참정권 운동가들에 대해 매우 회의적인 태도를 보였다. 대신 그녀는 작품 곳곳에서 남녀의 합일을 상징하는 양성성을 반복해서 주장했다.

특히 여성 독자들이 버지니아 울프의 작품을 좋아하는데, 그 이유는 아마도 그녀가 여성의 내밀한 의식을 예리하게 잘 표현했기 때문일 것이다. 그녀의 작품은 공적이고 업적 지향적인 남성 중심의 문화 속에서, 자기 삶의 의미를 찾지 못하고 때로는 열등의식에 시달리는 여성들에게, 여성들의 일상이 들여다볼 만한 가치가 있으며, 또 남성들이 애써 얻은 잘난 업적들보다 더 중요하고 가치 있다고 역설한다. 요컨대 버지니아 울프의 모더니즘은 여성 원칙을 새로 검토하는 실천적 방식이며 여성의 내면세계에 빛을 비추는 페미니즘적 시도로 규정된다.

앞서 말했듯이 버지니아 울프의 삶과 문학은 너무나 극적이다. 그렇기 때문에 당연하게도 그녀의 삶과 문학은 많은 이들의 주목을 받았다. 그 가운데 그녀의 극적인 삶과 문학을 잘 보여주는 작품은 마이클 커닝햄의 『세월』(1998)이다. 이 작품은 기본적으로 버지니아 울프의 삶과 그녀의 문학과 밀접하게 관련되어 있다. 실제로 『세월』 속에 버지니아 울프가 등장하고, 그녀의 『댈러웨이 부인』이 작품 속 서로 다른 등장인물을 하나로 연결한다. 또한, 이 작품의 한국어 제목 '세월'이라는 점 또한 이 작품이 버지니아 울프와 무관하지 않다는 점을 보여준다. 제2차 세계대전의 와중에서 '일상의 삶과 예술의 불가능한 요구 사이에서 좌절감을 느끼고' 고독과 함께 때때로 자신에게 찾아드는 광기를 두려워하며 스스로 삶을 마감한 버지니아 울프의 삶과 그녀의 문학이 『세월』에 투영되어 있다.

개인적으로는 소설 『세월』보다 스티븐 달드리가 연출한 영화 〈디 아워스〉(2002)를 먼저 보았다. 소설과 영화 모두 큰 줄기는 1923년의 버지니아 울프와 1949년의 로라 브라운, 그리고 1999년의 클래리사 본이라는 세 여인의 이야기다. 버지니아는 『댈러웨이 부인』을 쓰고, 로라는 『댈러웨이 부인』을 읽고, 클래리사는 주변 사람들로부터 댈러웨이 부인이라고 불린다. 그들은 서로 다른 시간을 살아가고 있지만, 시공간을 초월해 '여성'으로 연결되어 있다.

〈디 아워스〉에서 버지니아는 『댈러웨이 부인』을 쓰고, 로라는 『댈러웨이 부인』을 읽고, 클래리사는 댈러웨이 부인이라고 불린다. 그들은 서로 다른 시간을 살아가고 있지만, 시공간을 초월해 연결되어 있다. 차이가 있다면 소설 『세월』에서는 세 여인의 이야기가 각각의 장으로 분절되어 있는데 반해, 영화 〈디 아워스〉에서는 세 여인의 삶이 교차 편집되어 마치 한 사람의 삶처럼 유기적으로 연결된다.

차이가 있다면 소설『세월』에서는 세 여인의 이야기가 각각의 장으로 분절되어 있는데 반해, 영화 〈디 아워스〉에서는 세 여인의 삶이 교차 편집되어 마치 한 사람의 삶처럼 유기적으로 연결된다.

영화 〈디 아워스〉는 버지니아의 이야기로 시작된다. 1923년 영국 리치먼드 교외의 '어느 하루' 버지니아(니콜 키드먼 분)는 '오늘'도 집필 중인 소설『댈러웨이 부인』과 주인공에 관한 이야기로 머릿속이 복잡하다. 그녀는 자신을 너무나 사랑하는 남편 레너드의 보호를 받으며 언니의 방문을 기다리고 있다. 하지만 저녁 식사 시간을 앞둔 버지니아는 무작정 집을 뛰쳐나가 런던행 기차역으로 간다. 그러나 급하게 그녀를 쫓아온 남편의 부축을 받으며 집으로 다시 돌아간다. 그녀는 잠깐이나마 일상에서 벗어나고 싶었다는 사실을 남편에게 털어놓지 못한다. 기차표도 그녀의 품 안에 그대로 있다.

1951년 미국 LA의 '어느 하루' 로라(줄리앤 무어 분)는 버지니아 울프의 소설『댈러웨이 부인』에 빠져있다. 그녀는 둘째를 임신한 채 세 살 된 아들 리처드와 함께 남편의 생일 파티를 준비하고 있다. 그녀의 '오늘'은 어제와 다를 바 없이 평온하다. 오늘도 남편은 그녀를 깨우지 않기 위해 자신의 생일날에도 아침을 손수 차렸다. 아들 리처드와 함께 남편의 생일 케이크를 만들던 로라는 갑자기 자신의 일상에 염증을 느낀 나머지 아들을 이웃에 맡겨놓은 채 무작정 집을 나선다. 그녀는 호텔 방에 누워 자살을 생각한다. 그러나 다시 부랴부랴 남편과 아들이 기다리고 있는 자신의 집으로 돌아와 케이크를 만든다. 그녀는 둘째를 낳은 후엔 자신의 인생을 찾아 떠나겠다고 다짐한다.

2001년 미국 뉴욕의 '어느 하루' '댈러웨이 부인'이라는 별명으로 불리는 출판 편집자 클래리사(메릴 스트리프 분)는 '오늘' 옛 애인 리처드(에드 해리스 분)의 문학상 수상을 기념하는 파티를 준비하고 있다. 어린 시절 자신을 버린 엄마 로라에 대한 상처를 가슴에 묻고 살아온 리처드는 지금 병으로 죽어가고 있다. 클래리사는 꽃도 사고 음식도 준비하는 등 파티 준비를 마치고 리처드를 찾아가지만, 그는 그녀와의 행복했던 추억을 이야기하며 클래리사가 보는 앞에서 5층 창밖으로 뛰어내린다.

소설 『세월』과 영화 〈디 아워스〉에는 내용 면에서 볼 때, 모두 버지니아 울프의 문학에서 나타나는 삶과 시간의 '가치 없음'은 자살을 계획하는 로라, 그리고 실제로 자살을 감행한 리처드에게로 전이되고 극적 긴장감이 고조된다. 그럼에도 감정적으로 크게 흔들리거나 과장되지 않는다. 소재로 보았을 때 자살 시도, 자살 계획, 실제 자살, 사랑의 부조리한 열정, 동성애와 에이즈, 리처드와 클래리사 사이의 딸 줄리아의 히피적 페미니즘 등 사회적으로 휘발성이 강한 소재를 다루고 있음에도, 독자 혹은 관객에게 감정을 고조시키기보다는 등장인물의 내면적 심리의 섬세한 결을 따라가도록 한다.

소설 『세월』과 영화 〈디 아워스〉에서 등장인물들은 극한 상황을 담담히 받아들인다. 특히 아들 리처드의 자살을 담담하게 받아들이는 로라의 모습이 인상적이다. 그녀는 아들의 죽음 앞에서 오열하지 않고 감정을 절제한다. 또한 그녀는 잠자리를 내어준 손녀 줄리아와 대화하면서도 시종일관 평정심을 유지한다. 그녀가 감정을 절제하고 평정심을 유지하는 것은 아마도 아들의 삶에 깊은 슬픔을 드리운 그녀의 죄책감과 그에 따른 고통이 헤아릴 수 없을 정도로 너무나 크기 때문이 아닐까, 라는 생각을 문득 해 본다.

시인을 찾아서

    T. S. 엘리엇의 「황무지」의 첫 구절을 조금 비틀어 말하면, 우리에게 "10월
은 잔인한 달이다." 왜냐하면 10월부터 각 분야의 노벨상 수상자가 며칠 간격
으로 발표되기 때문이다. 특히 문학상의 경우에는 더욱 그렇다. 늘 기대와 아
쉬움이 교차한다. 과문한 탓인지 화학이나 물리학 등 과학 분야의 경우에 우
리나라에서 수상이 유력하다는 학자를 아직 언론 보도를 통해 듣지 못했다.
그러나 문학상의 경우에는 몇 년 전부터 고은 시인의 수상이 유력하다고 언
론에서 보도해왔다. '올해도 마찬가지였다.'[1]

    고은 시인은 수상이 아주 유력하지는 않지만 그래도 후보 가운데 한 명으
로 꼽혔다. 참고로 올해 유력한 수상 후보로 일본의 소설가 무라카미 하루키
와 미국의 필립 로스 등이 꼽혔다. 그러나 막상 수상자가 발표되었을 때는 모
두 놀랐다. 아니 놀라움을 넘어 충격이었다. 왜냐하면 수상자는 다름 아닌 미
국의 포크 가수 밥 딜런이었기 때문이다. 그 후 미국뿐만 아니라 우리나라에
서도, 특히 문학인들 사이에서 밥 딜런의 노벨 문학상 수상을 두고 크고 작은
논쟁이 벌어졌다.

---

1) 참고로 이 글은 2016년 가을에 쓴 글이다.

거칠게 말해 밥 딜런의 노벨 문학상 수상 논쟁의 핵심은 가수가 지녀야할 능력과는 별개로, 그의 노래 가사를 과연 '문학'으로 볼 수 있느냐, 하는 점이다. 자연스럽게 '문학이란 무엇인가?', 라는 질문을 던지지 않을 수 없다. 주지하듯, 문학의 정의는 너무나 다양하기 때문에 뭐라 하나로 규정할 수 없다. 시대에 따라서, 문학인에 따라서 문학의 정의는 다를 수 있기 때문이다. 그럼에도 단순화를 무릅쓰고, 문학, 특정적으로 '시'의 정의를 내리자면, '시란 읽는 혹은 듣는 사람의 마음을 움직이는 것'이다. 누구나 시를 쓸 수는 있지만, 누구나 사람의 마음을 움직이는 시를 쓸 수는 없다. 마찬가지로 누구나 노래를 부를 수 있지만, 누구나 사람의 마음을 움직이는 노래 가사를 쓰고 부를 수는 없다. 그렇다면 누군가가 밥 딜런의 노래를 듣고 그 가사에 마음이 움직였다면, 그것도 엄연히 시, 더 나아가 문학이라 부를 수 있지 않을까. 밥 딜런의 노래 가사의 수준이 노벨 문학상을 받을 정도가 아니라면 그의 수상을 둘러싸고 벌어지는 노벨 문학상 논쟁은 타당하다. 그러나 그가 가수이기 때문에 노벨 문학상 수상 자격이 없다고 말한다면 온당치 않다는 생각이 든다.

　밥 딜런에 대한 궁금함으로 그의 자서전 『바람만이 아는 대답』(2005)을 손에 들었다. 이 책의 역자는 밥 딜런을 "평화와 자유를 갈구하는 영원한 가수"라 칭한다. "그[딜런]의 노래는 들으면 들을수록 열정적인 연주와 이상하게 느껴지는 목소리, 그리고 시적인 가사에 점점 빠져들게 하는 기묘한 매력이 있다"고 덧붙였다. 밥 딜런에 대한 일반적인 평가도 이와 크게 다르지 않아 보인다. 밥 딜런의 노래의 본령이자 정수는 역시 '평화와 자유'와 '시적인 가사'다.

　실제로 밥 딜런의 노래 가사는 미국의 고등학교와 대학교 교과서에 실릴 정도로 문학적 가치를 인정받는다. 우리에게는 그의 노벨문학상 수상이 충격이지만, 사실 그는 몇 해째 계속 후보에 올랐고, 마침내 올해 노벨문학상을 받게 된 것이다. 참고로 밥 딜런 자서전 한국어 제목은 그의 대표곡 중 하나인

〈Blowing In The Wind〉의 후렴구 "The answer is blowing in the wind"를 번역한 것이다.

밥 딜런은 1960년대부터 미국의 저항 음악을 상징했고 우리나라 학생운동에도 큰 영향을 끼쳤다. 가수로서 그는 미국의 포크 음악사에서 가장 중요한 가수 중 한 명으로 꼽힌다. 그는 대중적인 인기와 명예를 누렸으며 조앤 바에즈, 피터 폴 앤드 메리 등 동시대의 미국 가수들뿐만 아니라 김민기, 양희은 등 우리나라 가수들에게도 큰 영향을 끼쳤다. 그의 노래 가사는 잭 캐루악, 앨런 긴즈버그 등 미국의 '비트' 시인에게 영향을 받아 반전과 사회적인 저항을 지향한다. 참고로 밥 딜런의 본명은 로버트 앨런 짐머맨이다. 딜런이라는 이름이 서부극 〈건 스모크〉의 등장인물 '마셜 맷 딜런'의 이름에서 차용했다는 설도 있지만, 웨일스의 시인 '딜런 토머스'의 이름에서 따왔다는 게 보다 일반적이다. 개인적으로도 그렇게 믿고 싶다.

그 때문인지 밥 딜런의 삶 못지않게 시인 딜런 토머스의 삶도 궁금해졌다. 영국문학에서 딜런 토머스는 자신의 체험과 정서와 관능, 초현실주의 기법과 프로이트와 융의 심리학을 원용하면서 강렬한 이미지와 언어 유희에 결부시키는 시를 썼다고 평가받는다. 그에게 시는 내부의 불안과 공포에서 자신을 구출하기 위해서 만들어내는 주문이었다. 그는 언어의 관습과 법칙 그 자체도 저항하고 언어를 왜곡하고 힐책하며 그 약속도 지키지 않았다. 그는 지성으로 시를 쓰고 지식인과 특권계급의 지성에 의한 이해를 목표로 하는 소위 '주지시', 혹은 '모더니즘 시'에 저항했다. 그는 시의 비정치성을 주장했고, 서정성과 음악성을 회복해서 낭독으로 직접 귀에 호소하는 시를 지향했다. 따라서 토머스의 시는 1950년대와 그 이후의 영국 시의 발전에 큰 영향을 주었다고 평가받는다.

토머스의 시는 몇 편 읽어보았지만 사실 그의 시와 그의 삶이 잘 연결이 되지 않았다. 그런 와중에 그의 삶을 다룬 영화, 좀 더 정확히 말하자면, 그의 전기 영화는 아니고 그가 주요인물로 등장하는 영화를 우연히 알게 되었다. 〈사랑의 순간〉(The Edge of Love, 2008)이라는 영화다. 제목을 통해 이 영화가 사랑에 관한 영화라고 쉽게 예상할 수 있다. 영화는 4명의 남녀, 즉 웨일스 출신의 시인 딜런 토머스(매튜 리즈 분), 그의 아내 케이틀린 맥나마라(시에나 밀러 분), 딜런이 사랑하는 여인 베라 필립스(키이라 나이틀리 분), 베라를 사랑하는 장교 윌리엄 킬릭(킬리언 머피 분) 사이의 사랑, 우정, 외로움, 질투 등 다양하고 복잡한 심리와 감정을 집요하게 파고든다. 사실 이 영화는 베라와 윌리엄의 손녀의 아이디어로 제작되었고, 영화에서 베라로 분한 키이라 나이틀리의 엄마가 각본을 썼다고 전해진다.

영화의 내용은 이렇다. 딜런과 베라는 어린 시절 서로 사랑했지만, 딜런은 케이틀린과 결혼했고, 베라는 오래 망설인 끝에 윌리엄과 결혼한다. 그들은 서로 불편한 사이지만 가깝게 지낸다. 특히 딜런과 베라는 각자 아내와 남편이 있음에도 예전처럼 가깝게 지낸다. 케이틀린과 윌리엄은 그런 딜런과 베라를 불안함과 질투로 바라본다.

경제적으로 늘 어려움을 겪고 있는 딜런과 케이틀린은 윌리엄이 전쟁터로 떠난 뒤에는 베라의 집에서 그녀와 함께 지낸다. 정확히 말하면 그들은 베라에게 얹혀산다. 베라와 케이틀린은 딜런

가수 밥 딜런은 1960년대부터 미국의 저항 음악을 상징했고 우리나라 학생운동에도 큰 영향을 끼쳤다. 그의 노래 가사는 잭 캐루악, 앨런 긴즈버그 등 미국의 '비트' 시인에게 영향을 받아 반전과 사회적인 저항을 지향한다. 밥 딜런의 본명은 로버트 앨런 짐머맨이다. 딜런이라는 이름이 서부극 〈건 스모크〉의 등장인물 '마셜 맷 딜런'의 이름에서 차용했다는 설도 있지만, 웨일스의 시인 '딜런 토머스'의 이름에서 따왔다는 게 보다 일반적이다. 개인적으로도 그렇게 믿고 싶다. 사진은 딜런 토머스의 삶과 사랑, 그리고 그의 시를 다룬 영화 〈사랑의 순간〉의 한 장면.

의 첫사랑과 현재 부인으로서 딜런을 사이에 두고 아주 '쿨'한 '절친'처럼 보이지만 사실은 서로 불편하다. 베라는 딜런에 대한 마음이 아직 정리되지 않아 케이틀린을 대하기에 껄끄럽고, 케이틀린은 그녀대로 남편이 아직 베라를 잊지 못하는 것을 알기에 불안하고 불편하다. 딜런의 태도는 더욱 모호하다. 사실 그는 더 이상 베라를 사랑하지 않으면서도 그녀에게 자신에 대해 변치 않는 마음을 가져달라고 부탁한다. 그는 케이틀린에게도 마찬가지다. 케이틀린을 사랑하지 않으면서도 그녀를 떠나지 않는다. 아니 그녀를 놓아주지 않는다. 딜런은 무책임하게 베라와 케이틀린 사이를 오가며 그녀들의 불안함을 방치 혹은 조장한다. 한 마디로 딜런과 베라, 그리고 케이틀린은 그렇게 불안한 혹은 불편한 동거상태다.

하지만 윌리엄이 전쟁에서 돌아오면서 딜런, 베라, 케이틀린의 위태롭고 불안한 관계에 균열이 발생한다. 정신적인 불안감에 시달리던 윌리엄은 계속해서 딜런과 베라 사이를 의심하고 마침내 총기로 딜런과 케이틀린을 위협한다. 그들의 경찰 신고로 윌리엄은 법정에 서게 된다. 베라는 딜런에게 윌리엄을 위해 우호적 진술을 해달라고 부탁하지만, 딜런은 배상금을 받기 위해 그녀의 부탁을 외면한다. 윌리엄은 전쟁영웅이라는 공로와 살인 의도가 없었다는 점이 참작되어 무죄로 풀려나지만, 딜런과 케이틀린, 베라의 관계는 파국에 이른다. 딜런과 케이틀린은 떠나고 베라는 자신의 마음을 윌리엄과 아이에게 쏟는다. 그럼에도 베라는 딜런과 케이틀린을 마음속으로 쉽게 떠나보내지 못한다.

영화 〈사랑의 순간〉은 중간중간 토머스의 시가 흐르고, 그가 시를 쓰는 장면이 잠깐 나오기는 하지만, 시인으로서의 토머스를 좀 더 알 수 있을 거라는 기대를 채우기에는 부족하다. 사실 영화를 보기 전에는 시인 토머스에 대한 문학사적 평가와 영화 속 딜런의 모습이 어떻게 공명할지 궁금했다.[2]

토머스는 천재적인 시적 재능으로 온갖 위선에 대항하고 전쟁도 증오했다. 하지만 그는 늘 가난에 시달렸고 음주, 기행 등으로 늘 주변 사람들과 불화를 일으켰다. 영화는 이런 딜런 토머스의 모습만을 확인시켜줄 뿐이다. 개인적으로는 그의 힘겹고 고단한 삶이 그의 시에 어떻게 투영되는지 궁금했는데 영화에서 그 과정이 충분치 설명되지 않는다. 게다가 토머스의 어떤 면이 밥 딜런에게 영향을 끼쳤을지도 궁금했는데, 이 역시 영화를 통해서 그런 궁금증은 채워지지 않는다.

오히려 〈사랑의 순간〉을 보는 내내 토머스의 시가 전편에 흐르던 영화 〈솔라리스〉(2003)와 〈인터스텔라〉(2014)가 떠올랐다. 이 영화들은 딜런 토머스의 생애를 직접 다루고 있지는 않지만, 그의 시가 지배하는 영화들이다. 스티븐 소더버그의 〈솔라리스〉는 전설적인 러시아 영화감독 안드레이 타르코프스키의 〈솔라리스〉(1972)의 리메이크작이다. 소더버그의 영화에 대한 호불호는 논외로 하고, 이 영화에는 그 유명한 딜런 토머스의 「죽음은 우리를 지배하지 못하네」라는 시가 전편에 흐른다. 이 시에서 화자는 죽음을 거부하고 있는데 이는 통상적인 종교의 바탕에서 나온 것이 아니다. 오히려 삶과 죽음은 별개가 아니라 연속선상에 있는 것이라는 인식에서 비롯된 것이다. 토머스는 이 시를 통해 생성과 파멸은 일체이며 자연과 인간도 일체라는 생각을 역설한다. 또한 크리스토퍼 놀란의 〈인터스텔라〉에는 「어두운 밤을 쉬이 받아들이지 마시오」라는 딜런 토머스의 시가 마찬가지로 전편에 흐른다. 시적 화자는 각 연에서 "꺼져가는 빛을 향해 분노, 또 분노하라"고 일갈하는데, 분노에 가득 찬 그의 목소리에서 시인 토머스의 분노, 좌절, 절박함 등이 느껴진다.

한두 편의 시로 토머스의 시 세계를 온전히 이해할 수는 없지만, 그래도 영

---

2) 이 글에서 시인으로서의 딜런 토머스는 '토머스'로 영화 속 딜런 토머스는 '딜런'으로 구분한다. 그리고 밥 딜런은 시인 토머스와 영화 속 딜런과 구분하기 위해 밥 딜런으로 명명한다.

화 속 시를 통해 그의 시 세계 혹은 그의 삶에 좀 더 가깝게 다가간 것 같은 느낌이 든다. 시를 통해 영화 〈사랑의 순간〉의 딜런에 좀 더 가깝게 다가갈 수 있을 것 같기도 하다. 하지만 여전히 딜런 토머스에서 밥 딜런으로 가는 길은 아직 찾지 못했다. 그 길을 어쩌면 밥 딜런의 자서전에서 찾을 수 있을지도 모른다는 생각으로 『바람만이 아는 대답』을 다시 꺼내 읽는다. 이 글을 쓰기 위해 최근 한동안 들었던 밥 딜런의 노래 〈Blowing In The Wind〉와 〈Like a Rolling Stone〉이 계속 귓가에 맴돈다.

'치명적인 **사랑**' 혹은 '**막장** 드라마'

중년의 매력적인 두 여성이 있다. 그들은 아주 어렸을 때부터 소위 '절친'이다. 그리고 그들에게는 매력적인 아들이 각각 있다. 그들 역시 어렸을 때부터 '절친'이다. 네 사람은 한 가족처럼 '잘' 지낸다. 그러던 중 두 여성은 친구의 아들과 각각 관계를 맺게 된다. 여자 입장에서는 '나와 친구의 아들', 남자 입장에서는 '나와 엄마의 친구'가 연인 관계가 된 것이다. 좋게 포장하면 그들은 치명적인 사랑, 운명적인 사랑에 빠진다. 하지만 사람들은 보통 그런 이야기를 '불륜' 또는 '막장드라마'라고 부른다. 뭐가 되었든 간에 보통 사람들의 상식과 이성으로 납득하기 어려운 것은 마찬가지다. 동서양을 떠나서 현실에서 그런 일은 도덕적·윤리적으로 용납되기 어렵다. 그런데 놀랍게도 실제로 이런 일이 있었고, 이를 바탕으로 한 소설도 있고, 이 소설을 원작으로 한 영화도 있다.

바로 〈투 마더스〉(2013)라는 제목의 영화다. 인터넷으로 검색해보니 이 영화가 2013년 여름을 뜨겁게 달구었다고 하는데, 개인적으로는 전혀 몰랐다가, 한 논문을 읽으면서 이 영화의 존재를 알게 되었고, 영화를 찾아서 본 뒤이 글을 쓴다. 그리고 2016년에 이 영화의 원작 소설이 뒤늦게 한국어로 번역되어 나왔다. 순서로 보자면 먼저 논문을 읽고, 그다음에 영화를 보고, 마지막으로 원작 소설을 읽었다. 보통은 소설을 읽고 영화를 보고 논문을 읽거나, 아니면 소설을 읽고 논문을 읽고 영화를 보는데, 어찌하다 보니 순서가 바뀌었다.

영화 〈투 마더스〉는 2007년 노벨 문학상 수상 작가 도리스 레싱의 「할머니들」(The Grandmothers, 2003)을 원작 소설로 하고 있다. 참고로 국내에는 『그랜드마더스』(강수정 옮김, 예담, 2016)로 번역되었다. 각본은 〈위험한 관계〉(1988), 〈어톤먼트〉(2007)의 각본을 쓴 크리스토퍼 햄프턴이 맡았고, 연출은 〈코코 샤넬〉(2009)을 감독한 안느 퐁텐이 맡았으며, 배우로는 나오미 왓츠와 로빈 라이트가 각각 릴과 로즈로 출연한다. 미리 말하자면 이 영화는 원작 소설, 각본, 감독, 배우 등 영화의 외적인 면을 봤을 때는 분명 시선을 사로잡을 만한데, DVD로 출시하면서 수위를 조절하느라 '파격적인' 장면을 모두 덜어냈는지 개인적인 '기대와는 달리' 조금 밋밋하다.

먼저 소설 「그랜드마더스」에 대해 이야기해 보자. 이 작품은 두 여성의 우정, 결혼, 이혼 그리고 이후의 이야기를 다룬 레싱의 중편소설이다. 주인공 로즈와 릴은 초등학교 개학 첫날부터 서로를 보호하고 돌보면서 자매처럼 또는 쌍둥이처럼 성장한다. 둘은 어릴 적부터 사이가 너무나 좋아 사람들로부터 레즈비언 커플로 오해를 받을 정도다. 그들은 육체적으로는 결혼을 해서 따로 살고 있지만, 정신적으로는 여전히 동거상태다. 그래서 얼핏 보면 이 작품은 누구도 방해할 수 없는 두 여성의 불후의 우정 또는 사랑을 다루고 있는 것처럼 보인다. 하지만 이 작품은 겉으로 드러나는 것 외에 여러 가지 생각 거리를 던져준다.

「그랜드마더스」에서 겉으로 드러나는 등장인물의 관계 외에 주목할 요소는 바로 작품의 '서술자'와 '공간적 배경'이다. 먼저 이 작품에서 서술자는 할머니가 된 로즈와 릴, 그리고 각각의 아들인 톰과 이안, 그리고 그들의 손녀인 앨리스와 셜리로 구성된 6명의 일행을 지켜본다. 또한 작가는 그들을 바라보

소설 「그랜드마더스」에는 부모에게서 독립하지 못한 아들의 오이디푸스 콤플렉스가 엿보이기도 하지만, 전체적으로는 '어머니와 아들의 관계'가 잘 형상화되어 있다. 그리고 가족관계에서 아버지의 부재를 전경화하며 부성의 문제, 더 나아가 '온전한 가족'의 개념과 범주에 대해 의문을 제기한다. 반면 영화 〈투 마더스〉에서는 오로지 '사랑', 그것도 동등한 관계에서 오는 사랑보다는 한 쪽이 상대방에게 일방적인 사랑, 즉 '흠모'에 가까운 사랑이 형상화된다. 영화 속에서 당연히 나이 어린 남자가 나이 많은 여자에게 그런 사랑을 쏟는다. 그래서 영화의 원제가 'love'가 아니라 'adore'인지 모른다.

는 서술자를 전지적으로 바라본다. 즉 이 작품은 서술자가 로즈와 릴을 바라보는 틀과, 작가가 서술자를 바라보는 또 다른 틀이라는 이중구조를 취하고 있다. 따라서 서술자의 목소리는 작가에 의해 통제된다. 즉 작가는 전적으로 신뢰하기 어려운 서술자를 내세워 서술자가 바라본 모든 것이 전체가 아니며, 동시에 외부에 묘사된 것 이면에 다른 의미나 사건이 담겨있을 가능성을 제기한다. 따라서 작가는 등장인물의 심리 묘사와 그들 사이의 갈등 상황에 보다 초점을 맞추고 있다.

「그랜드마더스」에서 공간적 배경은 실제 일어나는 사건의 예측 불가능성과 극단의 대조를 이루며 이야기의 긴장감과 놀라움을 제공한다. 작가는 공간적 배경을 영국에서 멀리 떨어진 어느 해변의 곳이라고 말할 뿐 장소에 대해 구체적으로 명시하지 않는다. 벡스터 가든 카페라는 특정 공간, 즉 "졸리는 듯 만족스러운 장면"을 구현하는 이 모호한 장소는 지상의 행복이 구현된 장소, 즉 엘리시움으로 형상화된다. 요컨대 「그랜드마더스」에서 모호한 서술자와 배경은 목가적인 분위기 이면에 은닉한 비밀, 즉 "공언되지 않은 비밀" 또는 "공언할 수 없는 비밀"이 있음을 암시한다.

「그랜드마더스」는 노년이 된 두 할머니, 로즈와 릴이 자신들의 과거를 회상하는 이야기 구조를 취한다. 로즈와 릴은 친한 친구 사이지만 우여곡절을 거치며 각각의 아들과 연인관계를 형성하고, 그들이 결혼한 이후에도 비밀관계를 지속한다. 그러던 어느 날 로즈는 친구 릴의 아들 이안과 비밀스러운 관계를 유지하다가 며느리 메리에게 들킨다. 그럼에도 그녀는 당황하기보다는 웃음을 터뜨린다. 그리고 그 사실을 이미 알고 있는 그녀의 아들 톰과 그와 비밀 관계를 맺고 있는 친구 릴, 그리고 옆에 앉은 그녀의 연인이자 친구의 아들 이안은 침묵을 지키고 있다.

시어머니와 친구 남편의 불륜을 목격한 메리는 남편 톰과 친구 한나의 남편 이안을 분노에 찬 눈으로 바라보지만, 결국 단 한마디 말도 못 하고 자신의 딸 앨리스와 한나의 딸 셜리를 끌고 자리를 박차고 일어난다. 로즈는 멀어지는 메리의 뒷모습을 바라보며 또다시 웃음을 터뜨린다. 로즈의 웃음소리는 시어머니 릴과 대면할 용기가 부족해 먼발치서 메리를 기다리는 한나를 몸서리치게 한다. 한나는 견디다 못해 소리 지르며 자신의 딸을 데리고 도망친다. 사건의 진상이 드러난 후 로즈의 거친 그리고 승리에 찬 웃음소리는 메리와 한나를 사정없이 후려치는 채찍질과도 같다.

이제 로즈와 릴은 '악마'로 규정된다. 하지만 그들이 처음부터 악마였던 것은 아니다. 그들에게서 악마적 공포의 어머니 양상이 출현하는 것은 순탄하고 남 부러울 것 없던 그들의 결혼생활이 와해하는 사건과 맞물려 있다. 대학 교수인 로즈의 남편 해럴드는 영국 북부의 한 대학에 자리를 얻게 되자, 그녀에게 이사할 것을 제안한다. 로즈가 이사를 망설이자, 그는 그녀가 릴과 떨어지는 것 때문에 망설인다고 생각하고, 릴이 자신들의 결혼생활을 방해한다고 분개한다. 반면 로즈는 해럴드가 자신과 릴의 관계를 이해하지 못한다고 분노하고, 결국 둘은 결별한다.

한편 릴은 남편 테오와 행복한 결혼 생활을 하는 것처럼 보이지만, 사실 그녀는 결혼생활에서 결핍감을 느낀다. 그녀는 테오가 바람을 피우는 것을 알면서도 묵인한다. 테오는 출장 중 자동차 사고로 사망한다. 잠시 머물다 떠난 손님처럼 남편들이 떠난 뒤, 로즈와 릴은 마치 그들의 인생에서 남편은 중요한 존재가 아니었다는 듯이 예전처럼 서로 가깝게 지낸다. 그리고 그들은 두 아들 외에 그 누구도 들어오지 못하게 자신들만의 '배타적' 공간을 구축한다.

「그랜드마더스」에서 로즈와 릴은 사회적으로도 능력 있고, 육체적으로도 매력적인 여성으로 묘사되고 있다. 예컨대 릴은 죽은 남편의 사업을 성공적으로 이어받아 운영하고, 연극을 전공한 로즈는 대학에서 드라마를 가르치며 무대감독으로서 탁월한 역량을 발휘한다. 그래서 그들이 서로의 아들을 연인으로 삼을 때 그들은 이기적이거나 병리학적으로 문제가 있는 것처럼 보이지지 않는다. 마치 그들은 자기 아들들을 바라볼 때 육욕의 시선이 아닌 창조주의 시선으로 바라본다. 사실 이안과 톰은 처음부터 어머니에게 '사로잡힌' 아들이자 연인으로 규정된다. 즉 이안은 까다롭고 불면증에 시달리는 감수성이 강하고 의존적인 성향을 보이고, 톰은 어머니의 과대한 영향 때문에, 즉 어머니의 적극적인 영향력 때문에 기를 펴지 못한다.

톰과 이안이 성인이 되자 로즈와 릴은 주변 이웃 사람들의 시선을 의식해 그들을 각각 메리, 한나와 결혼시킨다. 하지만 그들은 톰과 이안을 결혼시켜 독립시키기보다는 결혼을 통해 영원히 그들의 영향 아래에 두려한다. 때로는 톰과 이안은 결혼을 통해 자신들의 어머니로부터 벗어나 독립하려 시도하지만 결국 실패하고 만다.

「그랜드마더스」는 사랑, 그중에서도 '금지된 사랑'을 소재로 다룬다. 따라서 이 작품에서 당연히 '사랑'이 차지하는 비중이 크다. 그러나 소설의 방점은 사랑보다는 그 사랑, 또는 관계 이면에 내재해 있는, 우리 현대인이 진단하고 재고해야 하는 '가족'에 찍힌다. 「그랜드마더스」에는 부모에게서 독립하지 못한 아들의 오이디푸스 콤플렉스가 엿보이기도 하지만, 전체적으로는 '어머니와 아들의 관계'가 잘 형상화되어 있다. 그리고 가족관계에서 아버지의 부재를 전경화하며 부성의 문제, 더 나아가 '온전한 가족'의 개념과 범주에 대해 의문을 제기한다.

반면 영화 〈투 마더스〉에서는 오로지 '사랑', 그것도 동등한 관계에서 오는 사랑보다는 한 쪽이 상대방에게 일방적인 사랑, 즉 '흠모'에 가까운 사랑이 형상화된다. 영화 속에서 당연히 나이 어린 남자가 나이 많은 여자에게 그런 사랑을 쏟는다. 그래서 영화의 원제가 'love'가 아니라 'adore'인지 모른다.

'권력투쟁'과 '주체성'으로 살펴본 『귀향』

    제2차 세계 대전 이후 영국 연극계에서 "버나드 쇼 이후 영어로 최고의 희극적 재능을 펼치는 작가"로 평가받는 해럴드 핀터는 몇몇 비평가들에 의해서는 '키친 싱크'(kitchen sink) 계열의 사실주의 극작가로 평가된다. 원래 키친 싱크 드라마는 영국의 중하층 계급의 말투와 주거 공간을 배경으로 하는 연극을 특별히 구별하여 지칭하던 용어로서 언론에서 처음 사용되었다. 특히 1956년 로열 코트 시어터에서 존 오스본의 『성난 얼굴로 돌아보라』의 성공 이후에는 영미 희곡의 한 전형적인 하위 장르가 되었다. 키친 싱크 드라마는 제2차 세계 대전 이전의 보수적이고 부르주아적인 영국 연극의 관습을 탈피한 혁신적인 극 장르로 규정된다.

    기본적으로 핀터의 작품은 사무엘 베케트와 외젠 이오네스코 등과 같이 목적이나 의미를 상실한 현대인의 불안과 소외된 삶을 다루는 '부조리극'(Theatre of the Absurd) 전통을 따른다. 그럼에도 핀터는 부조리 작가들과 차별성을 갖는다. 즉 대부분의 부조리 극작가들이 인간관계에서 비롯되는 의사소통의 '불가능' 또는 '무익함'에 대해 천착하는 데 반해, 의사소통의 불가능 또는 무익함을 가족 간의 갈등과 반목을 반영하는 도구로 간주한다는 점에 있어, 그는 다른 부조리 극작가와는 차별된다. 부조리극 비평가 마틴 에슬린 역시 핀터의 작품이 극도로 사적인 세계를 다루지만, 힘의 사용과 악용, 생존 공간을 위한 투쟁, 잔인성, 공포와 같은 공적인 문제를 다루고 있다고 평한 바 있다.

핀터는 한편으로는 '소통의 부재' 또는 '소통의 불능'을 특징으로 하는 부조리극 계열의 작가로 규정되지만, 또 다른 한편으로는 다른 부조리 극작가들과는 달리 하나의 잣대로 규정될 수 없는 다층적인 작가적 정체성을 지니고 있다. 그는 극작가로서 수많은 희곡 작품을 썼을 뿐만 아니라, 〈귀향〉(1973)과 〈프랑스 중위의 여자〉(1981)를 포함해 여러 영화의 각본을 썼고, 심지어 몇몇 영화에는 출연할 정도로, 다른 극작가들과는 달리 '소통'에 능했다. 다시 말하면 핀터는 노벨문학상을 받을 정도로 현대 영국의 가장 대표적인 극작가이지만 작품의 난해성으로 인해 일반 독자들뿐만 아니라 비평가들까지도 당혹스럽게 만든다. 하지만 그는 극작 활동 외에도 시나리오 작가, 배우로서 전 방위적인 예술 활동도 펼쳤다.

핀터의 『귀향』(1964)은 초기작이지만 작가 스스로 "나를 만족하게 하는 구조적 독립체에 어느 정도 근접해 있는 유일한 극"이라고 평할 정도로, 극의 내용에 있어 중요한 의미를 지니며, 극 언어의 특징을 잘 보여준다. 핀터의 작품에 사용되는 언어들은 일반적인 '지시적' 기능보다는 오히려 '대인 관계적' 혹은 '사회적' 기능이 강조되어, 등장인물 상호 간의 공격과 방어, 은폐 및 위장을 엮어내는 직접적인 수단이 된다. 핀터의 극 언어 자체가 그의 극의 직접적인 주제가 된다는 비평가들의 논평은 이런 맥락에서 이해될 수 있다.

핀터의 작품은 등장인물들의 소통 불가능한 대화를 통하여 불안한 자아를 드러내고, 일상적으로 체험되는 '헤게모니' 쟁취를 통해 인간 내면의 욕망을 투사한다. 또한 언어의 이질감 또는 괴리감을 인지한 인물들은 침묵을 통해 무언의 항변을 시도한다. 그들은 인간의 존재 방식과 사회 구조, 사회장치 사이에서 야기되는 부조리 속에서 본래의 자아를 찾기 위해 방황하고 고민한다.

핀터는 '침묵'(silence) 또는 '휴지'(pause)와 내러티브의 적절한 혼용으로 언어 사용에 대한 탁월한 재능을 보여준다. 그의 작품에서 침묵/휴지와 내러티브는 극 중 등장인물 간의 지배와 종속의 관계를 규정하는 언어전략이다. 『귀향』에는 여러 가지 면에서 이전의 핀터 극에서 찾아볼 수 없는 특장이 많이 포함되어 있다. 그중에서 가장 두드러지는 것은 핀터가 초기에 천착했던 등장인물의 신체적 영역과 심리적 영역 간의 상관관계를 통해 형성되는 인물 간의 관계로의 회귀다.

핀터 극의 주요한 특징 가운데 하나인 '권력투쟁'은 물리적 공간과 추상적 권력을 차지하기 위한 주도권 다툼에서부터 '성욕'(sexuality)에서 우위를 차지하려는 남녀 간 갈등에 이르기까지 다양하고 다층적이다. 특히 최근 비평가들이 핀터의 극을 성욕과 '성'(gender) 문제와 관련하여 조명하려고 시도하면서 이 힘겨루기의 주요한 측면은 남성에서 여성으로 이동했다. 지금까지 남성 비평가들에 의해 여성의 육체와 성욕은 남성이 자신들의 욕망을 투영하기 위한 수단으로써만 사용되어왔다. 하지만 최근 페미니즘 비평가들은 오히려 여성의 육체와 성욕을 직접 드러내 보이고 이를 응시하는 남성을 동시에 보여줌으로써 기존 관념에 대한 전복을 시도하는데 이를 가장 잘 예증하는 작품이 『귀향』이다.

『귀향』의 주제는 극 중 유일하게 등장하는 여성 인물 루스를 두고 벌이는 남성들 간의 '권력투쟁'과 권력투쟁을 통해 루스의 '주체성'의 확립 과정으로 귀결된다. 이 작품은 구체적인 가족사를 재현하면서 보편적인 인간관계의 권력 구조 변화와 그 과정에서 파생되는 부조리성과 모순의 양상을 보여준다.

핀터 극에서 등장인물들은 자기보호본능에 따라 세상에 대처하며 상대방과 언어대결을 벌인다. 그들은 자신의 영역을 확보하기 위해 투쟁하고 폭력적인 언어를 조작해 낸다. 『귀향』의 남성 등장인물들은 침입자라 할 수 있는 루스의 출현 이전부터 이미 자기들끼리 언어 대결을 통해 권력투쟁을 벌여왔다. 또한 그들은 권력 투쟁에서 우위를 확보하기 위해 끊임없이 과거를 조작하며 현재를 이상화하려 하지만, 결국 맥스, 레니, 테디 등 모든 남성 인물들은 루스의 언어에 모두 굴복당한다. 루스가 『귀향』에서 보여주고 있는 언어는 즉각적인 반응을 이끌도록 조작된 직관적 언어로서 그녀의 남편 테디의 형이상학적인 언어와 대비되어 그 위력을 나타낸다. 이처럼 『귀향』은 언어의 폭력성뿐만 아니라, 언어의 조작이 추동하는 언어적 효과에 대해서도 예거하고 있다.

과거 여성의 육체와 성적 욕망이 남성들의 욕망을 충족시키기 위한 수단으로 사용된 것과 달리, 루스가 선택한 새로운 삶은 남성을 통제하고 때로는 복종시키는 지배 이데올로기로 제시됨으로써 여성에 대한 기존 관념을 전복한다. 루스는 기존의 강요된 여성의 역할에서 벗어나 새로운 정체성을 찾고 자신의 결정에 따른 삶을 살아가려는 능동적이고 주체적인 여성으로 제시된다. 루스는 허위와 위선에 가득 찬 현실, 즉 결코 행복하지 않음에도 불구하고 결혼이라는 사회제도로 인해 끊임없이 강요받고 희생당했던 어머니와 아내의 역할에서 벗어나 자신만의 진정한 삶을 추구하기 위해 분투하는 전형적인 '핀터적인' 인물로 발전한다.

결론적으로 루스는 더는 과거의 인습을 답습하는 수동적인 여성이 아니라, 자신이 원하는 바를 이루기 위해서라면 어떤 희생이라도 감수할 각오가 되어 있는 적극적이고 진취적인 여성이며, 기존의 극에서처럼 남성들의 싸움에서 승리자의 전리품이 아니라 남성들과 싸움에 직접 참여하는 능동적인 주체라는 점에 있어서, 핀터의 진일보한 여성관을 구현하고 있다.

1980년대 **영국의 명암**

2013년 마거릿 대처 전 영국 총리가 뇌졸중으로 타계했다. 그런데 영국에서 조금 놀라운 일이 벌어졌다. 모든 사람은 아니었을지라도 적지 않은 사람들이 거리로 뛰쳐나와 그녀의 죽음을 기뻐하며 환호했다. 그들의 '이상한' 행동이 당황스러웠다. 처음에는 우리와의 정서 차이 때문인가, 의구심을 가져보기도 했다. 그런데 이것저것 찾아보니 그들의 조금 이상한 행동이 이해가 되기 시작했다.

영화 〈철의 여인〉(2011)은 제목에서 알 수 있듯이 영국의 대처 총리의 이야기다. 영화는 대처(메릴 스트리프 분)가 남편 데니스와 사별한 후 그의 유품을 정리하는 며칠을 담고 있다. 영화 속에서 대처는 특히 포클랜

대처는 총리 재임 중 강한 노조와 지나친 복지 의존으로 무기력에 빠진 영국의 '영국병'을 치유해야 한다는 사명감을 가졌다. 그래서 그녀는 타협보다 원칙을 앞세웠고, 경제회복을 기치로 '자유'와 '경쟁'에 바탕을 둔 시장 경제 원리, 즉 '신자유주의' 경제 정책을 채택했다. 구체적으로 복지를 위한 공공지출삭감, 세금 인하, 노동조합 규제, 국영기업 민영화, 긴축을 통한 인플레이션 억제, 금융규제 완화, 작은 정부 등을 단행한다. 그녀의 이런 사회·경제 정책은 '대처리즘'으로 불렸고, 그런 그녀에게 '철의 여인'이라는 별칭이 따랐다.

드 전쟁을 승리로 이끌며 주위의 반대를 무릅쓰고 대처리즘을 밀어붙이는 강력한 지도자의 모습과 말년에 치매로 고독과 외로움을 겪는 나약한 여성의 모습을 함께 보여준다.

일단 영화 속에서 대처는 자기 확신이 강한 인물로 그려진다. 그녀는 어렸을 때부터 "생각이 말을 만들고, 말이 행동을 만들고, 행동이 습관을 만들고, 습관이 운명을 결정한다"고 확신하고 그런 확신을 행동으로 옮긴다. 그녀는 남자 친구의 프러포즈에 가정적이고 순종적인 여성상을 거부하고 "사람은 의미 있게 살아야 해"라고 역설한다. 하지만 그런 그녀도 늙고 병이 들었다. 그녀의 환각 속에 나타난 남편은 때로는 그녀를 조롱하기도 하고 때로는 격려하기도 한다. 영화는 더없이 강인했던 철의 여인 뒤에 숨겨져 있던 그늘에 주목한다. 실제로 그녀가 치매를 앓을 때 그녀의 자식들은 그녀를 찾아오지 않았다고 전해진다.

대처는 총리 재임 중 강한 노조와 지나친 복지 의존으로 무기력에 빠진 영국의 '영국병'을 치유해야 한다는 사명감을 가졌다. 그래서 그녀는 타협보다 원칙을 앞세웠고, 경제회복을 기치로 '자유'와 '경쟁'에 바탕을 둔 시장 경제 원리, 즉 '신자유주의' 경제 정책을 채택했다. 구체적으로 복지를 위한 공공지출 삭감, 세금 인하, 노동조합 규제, 국영기업 민영화, 긴축을 통한 인플레이션 억제, 금융규제 완화, 작은 정부 등을 단행한다. 그녀의 이런 사회·경제 정책은 '대처리즘'으로 불렸고, 그런 그녀에게 '철의 여인'이라는 별칭이 따랐다.

그러나 대처리즘은 영국인들의 삶을 뿌리째 흔들었다. 특히 대처의 집권기에 10대를 보낸, 일명 '대처 세대' 혹은 '대처의 아이들'의 삶은 크게 흔들렸다. 그들은 높은 실업과 낮은 임금에 따른 미래에 대한 불안감, 복지정책 축소로 인한 가정파괴를 겪었다. 그들은 정치에 무관심하고 흡연과 알코올에 의존하며 개인주의적이며 퇴폐적인 특성을 보였다. 대처의 죽음에 환호했던 이

1980년대 초 대처가 집권하면서, 한때 영국의 철강 산업의 중심지였던 셰필드 산업단지의 제철소는 '현대화'와 '경영합리화'라는 이름으로 폐쇄되고, 수많은 노동자는 해고를 당했다. 영화 〈풀 몬티〉는 당시 영국 남부 지방의 풍경을 영화 속에 담고 있다.

들이 바로 그들이다.

영국 경제는 대처리즘으로 1980년대 중반부터 지표상으로는 성장하기 시작한다. 하지만 동시에 많은 부작용을 낳았다. 공기업을 민영화하고 비효율적인 공공부문을 폐쇄하면서 수많은 실업자가 양산되었다. 노조를 힘으로 누르면서 많은 유혈사태가 발생하기도 했다. 특히 채산성이 떨어진다는 이유로 많은 제철소와 석탄 탄광을 폐광시키자, 당시 수 많은 노동자가 이에 반발했고, 결국 많은 사람들이 일자리를 잃었다. 당시의 영국의 혼란과 그늘을 잘 보여주는 영화가 바로 〈풀 몬티〉(1997)와 〈빌리 엘리어트〉(2000)다.

1980년대 초 대처가 집권하면서, 한때 영국의 철강 산업의 중심지였던 셰필드 산업단지의 제철소는 '현대화'와 '경영합리화'라는 이름으로 폐쇄되고, 수많은 노동자가 해고를 당했다. 〈풀 몬티〉는 당시 영국 남부 지방의 풍경을 영화 속에 담고 있다. 이혼남 가즈(로버트 칼라일 분)는 친구 데이브와 자신의 어린 아들 네이단과 함께 하릴없이 마을을 배회하면서 시간을 허비한다. 그리고 공장장이었던 제럴드도 아내에게 실직 사실을 숨기고 매일 회사에 나가는 것처럼 가장한다.

그러던 어느날 가즈는 여성 전용 클럽에 들렀다가 돈벌이를 구상하게 되는데, 그것은 다름 아닌 여자들을 위한 '스트립쇼'다. 가즈는 여러 사람을 모은다. 데이브와 제럴드 외에 몸에는 자신이 있다고 생각하는 가이, 자살을 시도하다 실패한 룸퍼, 그리고 노년의 댄서 호스를 끌어들인다.

리허설 도중 경찰에 체포되면서 그들의 계획은 무산 위기에 처한다. 하지만 그들의 스트립쇼 소문이 온 마을에 퍼지게 되고, 호기심 많은 수많은 여성들이 티켓을 사면서 그들은 쇼를 취소할 수 없는 상황에 놓인다. 결국 그들은 단 한 번 '홀딱 벗기'(풀 몬티)를 하는 것으로 합의하고 쇼를 감행한다.

예전에 이 영화를 개봉할 때 극장에서 보았고 최근 TV로 다시 보았다. 그 당시에는 몸이 안 되는 아저씨들이 나와 스트립쇼를 하는 '그냥 웃기는' 코미디 영화로만 생각했는데, 다시 보니 그게 다가 아니었다. 그때는 전혀 알지 못했던 것들이 보이기 시작했다. 특히 1980년대 영국의 정치·경제 상황을 조금이나마 알고 보니 더는 그냥 웃을 수가 없었다. 시쳇말로 웃기면서도 슬프다는 '웃픈' 생각이 들었다. 이게 그때 그들만의 이야기가 아니라 지금 우리의 이야기일 수도 있다는 생각이 드니 더더욱 웃을 수가 없다.

공간은 다르지만 〈빌리 엘리어트〉도 〈풀 몬티〉와 마찬가지로 1980년대 초 영국을 다루고 있다. 11살 소년 빌리(제이미 벨 분)는 영국 북부지방에 살고 있다. 광부인 형과 아버지는 파업 중이고, 가족의 명예를 회복하기 위해 빌리는 할아버지의 오래된 권투장갑을 끼고 체육관을 찾는다. 체육관에서는 권투교실과 발레 교실이 함께 열리고 있다. 권투 연습을 하던 빌리는 자신의 발이 손보다 훨씬 능란하게 움직인다는 사실을 알게 되고, 발레 선생인 윌킨슨 부

〈빌리 엘리어트〉는 단순히 권투를 하던 소년이 발레에 빠져드는 그렇고 그런 '동화'가 아니다. 천재적인 재능을 갖고 있었지만 그걸 몰랐던 소년의 기적과도 같은 성공 이야기는 더더욱 아니다. 감독 스티븐 달드리는 이 영화에서 개인과 사회의 관계에 대한 깊은 통찰을 통해 당시 영국 사회의 단면을 놀라울 정도로 사실적으로 보여준다.

인의 독려에 힘입어 권투를 그만두고 발레 교실로 옮기게 된다.

빌리의 아버지는 권투 대신 발레를 하려는 빌리를 만류하지만, 빌리는 포기하지 않고 자신을 격려해주는 윌킨슨 부인과 함께 런던의 로열 발레 학교 입학시험 오디션을 준비한다. 그리고 빌리의 춤을 본 아버지도 발레만이 빌리가 탄광에서 벗어날 수 있는 유일한 탈출구라는 사실을 깨닫고, 빌리를 런던으로 보내기 위해 그가 가지고 있는 모든 돈을 모으기 시작한다. 그리고 자신의 신념을 꺾고 동료들에게 욕먹으면서까지 파업을 중단하고 그 캄캄한 탄광으로 다시 돌아간다.

〈빌리 엘리어트〉는 단순히 권투를 하던 소년이 발레에 빠져드는 그렇고 그런 '동화'가 아니다. 천재적인 재능을 갖고 있었지만 그걸 몰랐던 소년의 기적과도 같은 성공 이야기는 더더욱 아니다. 감독 스티븐 달드리는 이 영화에서 개인과 사회의 관계에 대한 깊은 통찰을 통해 당시 영국 사회의 단면을 놀라울 정도로 사실적으로 보여준다.

　신자유주의가 '효율성'과 '경쟁'을 가장 큰 원칙으로 내세운다는 것은 상식이다. 그리고 그 이론적 실험이 바로 '대처리즘'과 '레이거노믹스'다. 대처는 프리드리히 하이에크와 밀턴 프리드먼의 신자유주의에 경도된 것으로 알려져 있다. 그런데 영화 〈철의 여인〉을 보면 대처는 신자유주의의 효율성보다도 개인의 성실함에 방점을 두고 있는 것처럼 보인다. 그녀는 처음부터 효율성을 높이기 위해 그런 일련의 경제 정책을 '계획적으로' 폈던 게 아니라, 사람들이 복지에 의존하지 말고 자신처럼 열심히 살아야 한다고 '순진하게' 역설한 것이다. 즉 자신이 열심히 살아서 성공했기 때문에, 다른 사람들도 열심히 살면 자신처럼 성공할 것이라고 믿고, 자신의 신념을 정책으로 구체화한 것이다. 그녀는 모든 것은 개인의 책임이라고 생각했다. 하지만 그녀는 자신의 정책이 가져올 결과를 예상하지 못했다.

　〈철의 여인〉을 보면서 선한 의도가 반드시 선한 결과를 가져오는 것만은 아니라는 생각을 하게 된다. 칸트, 롤스, 샌델의 책에서 읽었던 내용으로 머릿속이 뒤죽박죽이다. 대처의 예에서 보듯이 때로는 선한 의도가 예상치 못한 '엄청난' 부작용을 초래할 수도 있다. 결국 영화 속에서 대처는 말년을 쓸쓸히 보내면서도 사람들이 왜 자신을 반대하는지 그 이유를 알지 못한다. 죽은 뒤 수많은 사람들이 거리로 나와 자신의 죽음을 환호했다는 사실을 알았다면 그녀는 더욱 쓸쓸했을 것 같다.

제2부

미국
이야기

"인간은 **존재**한다. 따라서 **생각**해야 한다."

영화 〈한나 아렌트〉(2012)를 보면서 전에 읽은 책 한 권이 떠올랐다. 엘즈비에타 에팅거의 『한나 아렌트와 마틴 하이데거』(2013)라는 제목의 책이다. 이 책은 제목에서도 알 수 있듯이 철학자 한나 아렌트와 마르틴 하이데거를 다루고 있다. 그러나 초점은 그들의 딱딱하고 난해한 철학이 아니라, 그들의 은밀하고도 개인적인 '연애사'다. 그때문에 아렌트와 하이데거 전공자들은 불편할 수도 있다. 아니 실제로 번역자가 아렌트와 하이데거 전공자들에게 그 책에 대해 의견을 물었을 때, 그들 대부분이 아렌트와 하이데거의 철학에 집중해야지, 왜 개인적이고 지엽적인 부분에 천착하느냐며, 불편함을 토로했다고 한다. 그들의 주장을 거칠게 정리하자면, 철학자의 공적인 부분과 사적인 부분을 분리해서 생각해야 한다는 것이다.

기시감이 든다. 2000년대 초반 어느 유명한 시인의 친일행적에 대해 갑론을박이 펼쳐졌을 때, 그를 옹호하는 입장에서도 이와 비슷한 논리를 폈다. 그들은 그 시인의 '어쩔 수 없었던' 친일 행적과 그의 '탁월한' 시 세계를 분리해서 평가해야 한다고 주장했다. 그들은 문학 작품을 평가할 때는 모든 외적인 요소를 소거하고 '오직 텍스트'에만 집중해야 한다고 강력하게 주장했다. 그러나 작가의 작품 세계와 그의 사적인 부분을 엄격하게 구분하는 게 전적으로 가능할까? 그리고 그게 과연 온당한 비평일까? 의문이 든다. 철학도 마찬가지다. 철학자의 개인사와 그의 철학을 온전히 분리할 수 있을까? 사뭇 혼란스럽다.

다시 아렌트와 하이데거로 돌아가자. 아니 좀 더 정확하게 말하면 하이데거로 돌아가자. 하이데거는 제자인 아렌트와 조금 특별한 관계였던 것으로 알려졌다. 그들의 관계는 단순히 스승과 제자 사이를 넘었고, 그 관계는 일시적인 것이 아니라 아주 오랫동안 이어졌다. 항간에는 아렌트가 하이데거의 나치 부역 혐의를 벗는 데 결정적인 도움을 주었다는 말도 있다.

하이데거 개인사를 살펴보면 아렌트 외에도 주목할 만한 철학적 대가들이 여럿 등장한다. 그중 학문적 동지라고 할 수 있는 야스퍼스와 스승인 에드문트 후설은 하이데거의 개인사에서 빼놓을 수 없는 인물들이다. 특히 하이데거와 후설의 관계를 살펴보면 참으로 묘하다. 후설은 하이데거가 학문적인 토대를 쌓고 교수직을 얻는 데 불심양면으로 도움을 주었다. 그러나 나치즘의 광풍이 휘몰아치자 하이데거는 나치즘에 경도되고 더 나아가 나치즘을 적극적으로 찬양하고 옹호하기에 이른다. 그리고 그는 유대인 스승 후설을 배신하게 된다. 하지만 전쟁이 끝나자 그는 자신은 결코 나치즘에 동조한 적이 없으며 오히려 나치로부터 자신이 총장으로 있던 프라이부르크 대학과 학생을 지켜냈다고 항변한다. 이때 하이데거는 아렌트에게 도움을 요청하고, 아렌트의 증언이 결정적이었는지는 모르겠지만 하이데거는 나치 부역 혐의를 가까스로 벗는다.

하이데거는 철학자 에마뉘엘 레비나스와도 종종 비교된다. 레비나스는 후설의 현상학과 유대교 전통을 바탕으로 서구 철학의 전통적인 존재론을 비판하며 '타자'에 대한 윤리적 책임을 강조하는 '타자 윤리학'을 발전시켰다. 하이데거와 레비나스는 후설의 철학을 자신들의 철학적 기반으로 하고 있다는 점은 비슷하지만, 결정적으로 나치즘과 전쟁에 대한 견해에서 둘은 크게 나넌다. 레비나스는 근본적으로 전쟁에 반대했지만, 하이데거는 자신, 더 나아가 독일 민족의 당장 이익이 중요했고, 이를 위해서는 전쟁이 불가피하다고 보았다. 즉 하이데거는 '대의'(大義)를 위해 '소'(小)의 희생은 불가피하다고 보았다. 하이데거의 주장을 읽으며 갑자기 이런 궁금증이 생긴다. 그렇다면 무엇이 '대의'고 무엇이 '소'란 말인가? 그리고 누가 대의와 소를 정한단 말인가? 개인적인 면에서나 철학적인 면에서나 하이데거는 이해하기 어렵다.

혼란스럽기는 한나 아렌트도 마찬가지다. 유대인인 아렌트는 스승이자 연인이었던 하이데거가 나치의 반유대주의를 찬성하자 그를 비판하면서 떠난다. 그녀는 야스퍼스의 도움으로 학문을 이어 나가 박사 학위 논문도 제출하지만, 유대인이라는 이유로 독일에서 교수직을 얻지 못한다. 그녀는 그때부터 본격적으로 반유대주의를 연구하는데, 그 일로 그녀는 비밀경찰의 감시를 받는 요주의 인물이 된다. 결국 그녀는 파리로 근거지를 옮기고 그곳에서 또 다른 철학자 발터 벤야민을 만나 그와 친구가 된다. 그녀는 프랑스에서 유대인 망명자를 적극적으로 지지하고 돕는다. 하지만 제2차 세계대전이 발발한 뒤에는 그녀는 국적이 없었음에도 '적국적 거류 외국인'(enemy alien)으로 분류되어 나치 수용소에 갇히게 되고, 몇 주 후 가까스로 탈출한다. 프랑스에 비시 괴뢰 정부가 수립되자 그녀는 남편과 함께 미국으로 떠나 정착한다.

영화 〈한나 아렌트〉는 미국에 정착한 후의 아렌트의 삶을 보여준다. 무엇보다도 이 영화는 도입부가 인상적인데, 영화의 첫 장면에서 어느 어두운 시골길에서 한 남자가 트럭에 실려 납치된다. 그다음 장면에서는 한 여성이 어두운 거실에서 고뇌하며 담배를 피운다. 짐작하듯이, 영화 속에서 담배를 피우던 여자는 '한나 아렌트'고, 어둠 속에서 납치된 남자는 '루돌프 칼 아이히만'이다. 납치된 후 아이히만은 예루살렘에서 진행된 나치 전범 재판에 회부된다. 그의 재판은 전 세계적으로 시선을 끌었고, 아렌트는 그 재판을 취재하기 위해 예루살렘으로 파견된다. 그리고 그녀가 아이히만의 재판을 방청하면

영화 〈한나 아렌트〉에서 아렌트가 아이히만에 대해 놀란 것은, 아니 충격을 받게 된 것은 그의 '무감각'(apathy), '무도덕적'(amoral) 태도와 의식이다. 헤아릴 수 없을 정도의 많은 사람을 죽음에 이르게 했으면서도 자신의 죄를 뉘우치기는커녕, 자신은 아무런 죄를 짓지 않았으며 오히려 자신은 성실하게 임무를 수행했을 뿐이라고 말하는 한 남자를 통해 아렌트는 악의 본질에 대해 더욱 깊게 다가간다.

서 보고 느낀 것을 바탕으로 쓴 책이 그 유명한 『예루살렘의 아이히만』(1963)이다. 부제가 「'악의 평범성'(banality of evil)에 관한 보고서」일 정도로, 그 책에서 아렌트는 '악의 본질'에 대해 천착한다.

영화 〈한나 아렌트〉는 세 겹의 서사 층으로 구성되어 있다. 즉 '실제 아이히만 재판 장면', '아렌트가 그 재판 장면을 보고 느낀 점', 그리고 마지막으로 '아이히만 재판에 대한 기록 때문에 아렌트가 주변 사람들과 충돌하고 갈등하는 부분'으로 구성되어 있다. 영화 속에서 가장 인상적인 부분은 역시 아이히만의 행동과 태도다. 아이히만은 죄책감을 느끼기는커녕 재판 과정 내내 자신이 왜 이 자리에 와 있는지 도저히 이해할 수 없다는 표정을 짓는다. 그리고 재판 과정에서 나오는 질문에 대해 짜증 섞인 표정을 보인다. 그는 '자신은 그냥 받은 임무를 충실하게 수행했을 뿐'이라고 자신의 행동을 정당화한다. 아렌트가 놀란 것은, 아니 충격을 받게 된 것은 바로 그의 이런 '무감각'(apathy), '무도덕적'(amoral) 태도와 의식 때문이다. 헤아릴 수 없을 정도의 많은 사람을 죽음에 이르게 했으면서도 자신의 죄를 뉘우치기는커녕, 자신은 아무런 죄를 짓지 않았으며 오히려 자신은 성실하게 임무를 수행했을 뿐이라고 말하는 한 남자를 통해 아렌트는 악의 본질에 대해 더욱 깊게 다가간다.

아렌트는 『예루살렘의 아이히만』에서 아이히만에 대해 다음과 같이 논평했다.

> "아이히만이 아르헨티나에서나, 예루살렘에서 회고록을 쓸 때나, 검찰에게 또는 법정에서 말할 때나 그의 말은 언제나 같았고, 똑같은 단어로 표현되었다. 그의 말을 오랫동안 들으면 들을수록, 그의 '말하는 데 무능력함'(inability to speak)은 그의 '생각하는데 무능력함'(inability to think), 즉 타인의 처지에서 생각하는 데 무능력함과 매우 깊이 연관되어 있음이 점점 더 분명해진다. (…) 그와는 어떠한 소통도 가능하지 않았다. 이는 그가 거짓말을 하기 때문이 아니라, 그가 '말'(the words)과 '다른 사람들의 현존'(the presence of others)을 막는, 따라서 '현실 자체'(reality as such)를 막는 튼튼한 벽으로 에워싸여 있었기 때문이다."

아렌트는 아이히만의 악행을 개인의 문제로만 보지 않고 보편적인 인간 문제로 확대한다. 즉 그녀는 그 누구든지 아이히만과 비슷한 상황에 부닥치면 그와 다르지 않은 행동을 할 것이라고 결론을 내린다. 하지만 아이히만에 대한 그녀의 논평은 큰 논란을 불러일으킨다. 아렌트는 아이히만을 옹호했다고 많은 사람들로부터, 심지어는 주변의 아주 가까운 사람들로부터 호된 비판을 받는다. 유대인으로서 박해를 받았고 심지어는 유대인 수용소에 갇혔던 사람이 수용소 책임자였던 아이히만을 어떻게 옹호할 수 있냐는 호된 비판을 받는다. 그녀를 비판하는 사람들은 그 비판의 근원을 아렌트와 하이데거의 개인적 관계에서 찾으려 하기도 했다.

  하지만 찬찬히 생각해 보면 아렌트가 아이히만을 통해 말하려 한 것은 한 개인의 심리학적, 정신분석학적인 임상분석이 아니라, 인간의 '생각하지 않음', 아니 '생각하지 못함'으로 인해 큰 비극이 초래될 수 있다는 사실이다. 그녀는 바로 이 점을 경계한 것이다. 데카르트는 "인간은 생각한다. 따라서 존재한다"고 언명했다. 그러나 아렌트는 이 말을 이렇게 변주한다. "인간은 존재한다. 따라서 생각해야 한다." 즉 아렌트에게는 인간이 생각하는 것은 타고난 본능 또는 능력이 아니라 인간으로서 갖추어야 할 '당위'의 문제였다. 아렌트는 철학적으로 어떠한 환경에서라도 인간다움을 지켜낼 '인간의 조건'에 대해 고민했다. 그녀의 이런 철학적 고민은 비단 『예루살렘의 아이히만』뿐만 아니라 『인간의 조건』(1958)과 『전체주의의 기원』(1951)에서도 나타난다.

미국을 만든 책: '신화'에서 '역사'로

상당히 도발적인 제목을 가진 책에 대해 말하려 한다. 책 제목은 『미국을 만든 책 25』(2013)이다. 책의 저자는 미국 미시간 대학교 영문학 교수인 토마스 포스터다. 먼저 책 제목이 상당히 도발적이다. 원제를 살펴보면, 'Twenty-Five Books That Shaped America'다. 정관사가 붙지 않았다. 만일 정관사가 붙었더라면 미국을 만든 25권으로 획정되지만, 정관사가 붙지 않았기 때문에 이 목록은 상당히 주관적이다. 다시 말하면 다른 목록이 충분히 존재할 수 있다는 말이다. 저자도 서문에서 이 점을 분명히 밝히고 있다. 하지만 그가 선택한 책의 면면을 살펴보면 그의 선택에 어느 정도 수긍을 하게 된다. 『미국을 만든 책 25』는 '미국 탄생 후 집필된 책 가운데 미국이 형성되는데 영향을 끼친 문학작품'으로 간단히 규정될 수 있을 듯하다.

25권 모두 언급할 수는 없을 것 같고 몇 권에 관해서 이야기해보려 한다. 먼저 벤저민 프랭클린의 『프랭클린 자서전』(1784)이다. 혹자는 『프랭클린 자서전』은 데일 카네기의 『카네기의 인간관계론』(1936)과 더불어 미국에서 가장 많이 팔린다는 처세술 관련 서적이라고 말한다. 『프랭클린 자서전』의 체제는 일반적인 자서전의 그것과는 다르다. 자서전은 보통 사실에 바탕을 두고 집필되기에 읽을 때 상당한 리얼리티를 기대하기 마련이다. 하지만 저자는 이를 경계한다. 즉 이 책에서는 실재와 허구의 경계가 불분명하다. 아니 경계 구분 자체가 무의미할 수도 있다. 대신 방점을 책이 전하는 내용, 교훈에 두고 있다. 주지하듯 프랭클린은 미국의 대표적인 '자수성가형 인물'이자 미국 실용주의의 '아이콘'이다. 그는 제대로 된 정규교육은 못 받았지만 근면함과 성실성을 바탕으로 독학을 했고, 나중에는 경제적으로도 성공하고 미국 건국에도 기여해 '미국 건국의 아버지' 가운데 한 명이 되었다. 그는 대통령이 아님에도 불구하고 미국 화폐 100달러의 모델이 되는 영광도 누린다. 참고로 대통령이 아님에도 화폐 모델이 된 사람은 프랭클린과 토머스 제퍼슨의 정치적 라이벌이었던 미국 초대 재무장관 알렉산더 해밀턴 두 사람뿐이다. 해밀턴은 10달러의 모델이다.

프랭클린은 윤리학의 추상적인 문제들을 다루지 않고 도덕의 합리적이고 즉각적인 측면에 주목한다. 따라서 그가 이 책에서 주장하는 13가지 덕목, 즉 절제, 침묵, 질서, 결단, 검소, 근면, 성실, 정의, 중용, 청결, 평정, 순결, 겸손은 삶을 살아가는데 필요한 실용적인 덕목이자 그의 실용주의의 핵심 교의다. 한 덕목을 지키면 다른 덕목을 지키는데 훨씬 쉽고 이 모든 덕목을 지키면 성공에 도달하게 된다는 것이 그의 주장의 요체다. 근면과 성실을 바탕으로 한 프랭클린의 자수성가 성공 신화는 미국에서 거의 종교적 믿음에 가깝다.

헨리 데이비드 소로의 『월든』(1854)에는 이런 구절이 나온다. "나는 의미 있는 삶을 살고 싶어서 숲으로 갔다. 오로지 인생의 본질적 사실들만 대면하고, 인생이 내게 가르쳐주는 것을 배울 수 있는지 살펴보고, 또 내가 죽을 때 헛되게 살지 않았다는 것을 발견하기 위해서였다." 따로 설명이 필요 없을 정도로 유명한 구절이다. 영화 〈죽은 시인의 사회〉(1989)에서 학생들이 동굴에 모여 '죽은 시인의 사회'라는 모임을 재결성할 때 인용하는 구절이기도 하다. 이 구절은 소로의 인생관을 함축하고 있다. 그는 단순명료한 삶을 강조하고, 우리가 소유하고 있다고 생각하는 물건들에 의해 실은 우리가 지배당하고 있다고 말하며, 자만, 소유욕, 욕망 등이 아주 해로운 효과를 미친다고 설파한다. 소로가 현실적인 욕망을 떨쳐내고 숲속에서 성취한 것은, 혹은 성취하고자 한 것은 '현대적' 생활의 치장과 장식을 모두 걷어낸 '단순한 삶'이다. 소로의 말과 행동이 예거하듯, 때로는 가장 단순한 것이 가장 위대하고, 가장 아름답고, 가장 울림이 크다.

『미국을 만든 책 25』의 저자에 따르면, 미국 문학은 'BW'와 'AW', 즉 Before Whitman과 After Whitman으로 나뉜다. 사실 미국 문학과 미국 시는 바로 휘트먼 덕분에 현재의 모습과 소리를 갖추게 되었다고 해도 과언이 아니다. 그 정도로 휘트먼이 미국 문학에 드리운 그림자는 깊고 짙다. 좀 심하게 말하면, 휘트먼 이전 미국 문학은 유행이 뒤떨어진 영국 문학과 다름이 없었다. 예컨대 에머슨, 롱펠로, 브라이언트 등은 대체로 영국 낭만주의 문학 전통을 따랐다. 그러나 1855년 휘트먼은 『풀잎』으로 미국문학의 새로운 전환점을 마련한다. 다시 말하면 『풀잎』이후 미국 문학과 미국인은 나름의 목소리를 갖게 된다. 휘트먼은 시를 통해 미국인들에게 미국인이 되는 방법, 미국인의 정체성을 가르치고 일깨웠다. 저자에 따르면, 휘트먼은 미국인을 "개방적이고, 적극적이고, 자기주장을 할 줄 알고, 자신감에 넘치고, 미래 지향적이고, 두려움 없고, 소란스럽고, 논쟁적이고, 열정적인 사람이 되라고 격려했다." 이런 점을 고려해볼 때 휘트먼은 '미국의 국민시인'이라고 부르기에 부족함이 없다.

오늘날 미국 문학, 특히 미국 소설에 가장 큰 영향을 끼친 작가를 꼽으라면 마크 트웨인, 어니스트 헤밍웨이, F. S. 피츠제럴드, 윌리엄 포크너를 들 수 있다. 여기까지는 큰 이견이 없을 것 같다. 하지만 이 목록에 한 명 더 추가하라면 고민을 하게 되고, 논란이 있을 것 같다. 어떤 사람은 헨리 제임스를 꼽을 것 같고, 어떤 사람은 허먼 멜빌이나 너새니얼 호손, 또는 에드거 앨런 포를 추가할 수도 있을 것 같다. 그 정도로 위에서 언급한 네 명의 작가가 미국 문학, 특히 미국소설의 대가 중의 대가라 할 수 있다.

그 가운데 시기적으로 가장 앞선 마크 트웨인에 관해 이야기해보자. 이견이 있을 수 있지만, 그의 대표작은 『허클베리 핀의 모험』(1884)이다. 헤밍웨이는 "모든 미국 문학은 『허클베리 핀의 모험』에서 출발한다"고 말할 정도로 이 작품을 높이 평가했다. 이에 대해서는 피츠제럴드나 엘리엇도 동의하는 듯하다. 그 정도로 『허클베리 핀의 모험』이 미국 문학에 끼친 영향은 상당히 크다.

『허클베리 핀의 모험』은 열네 살짜리 미국 백인 소년 허클베리 핀(헉)과 도망 노예 짐의 모험담이다. 만약 이것이 영화였다면 '우정'을 핵심으로 하는 두 남자 친구의 사회적 모험담, 즉 '버디 영화'가 되었을 것이다. 헉은 미주리주 세인트피터즈버그 술주정뱅이의 아들이다. 그는 더글러스 과수댁에게 입양되어 교육받는 중에 돈을 벌었다는 소문을 듣고 나타난 아버지에게 유괴된다. 아버지에게 갇혀 있지만, 숲속 생활에 만족하던 헉은 술에 만취한 아버지의 폭력에 생명의 위협을 느끼고 탈출한다. 미시시피강에 있는 잭슨 섬에 숨어 있다가, 탈주 흑인 노예 짐을 만나 둘은 함께 홍수에 떠내려 온 뗏목을 타고 미시시피강을 따라 자유를 찾아 떠난다. 두 사람은 뗏목을 타고 여행하면서 다양한 사건에 연루되다가, 아칸소주 파이크스빌에 도착해서 마침 친척집에 온 톰 소여를 통해 왓슨 양이 유언으로 짐을 해방해주었다는 소식을 듣는다. 헉은 톰과 광야로 떠나겠다는 결심을 하며 소설은 끝난다.

『허클베리 핀의 모험』은 사회비평과 풍자가 가득하다. 주인공 헉은 거의 모든 것을 조롱한다. 지나친 가족 간의 의리, 인간의 어리석음, 미국의 인종차별, 행상인과 사기꾼과 그들의 피해자, 카스트 제도, 톰 소여가 좋아할 만한 모험, 종교, 기존의 도덕, 규칙 등을 비웃는다. 특히 그는 규칙을 조롱한다. 하지만 그의 조롱은 개인적인 '분노'에 머물지 않고 사회비판으로 나간다는 점에서 유의미하고, 바로 이 점이 후대 작가들에게 큰 영향을 주었다.

트웨인은 『허클베리 핀의 모험』에서 일인칭 시점을 사용한다. 따라서 주인공 또는 주인공의 관점에서 파악되는 인물에 대한 핵심 사항은 독자가 화자

보다 이 세상에 대한 지식이 더 많을 수 있다. 젊은이의 세상 인식과 독자들이 완벽하게 파악하는 외부 현실 사이의 괴리는 아이러니를 낳고, 그 아이러니는 다시 풍자와 애수를 가져온다. 예컨대 헉과 짐은 여행 초기부터 자유의 몸이었는데 그들은 그 사실을 알지 못한다. 만일 그들이 처음부터 그 사실을 알았다면 그들의 모험 자체가 불필요했을 것이고, 그러면 이 작품은 쓰이지 않았을 것이다.

『허클베리 핀의 모험』의 가장 큰 문학적 성취는 사투리와 비속어 표현을 마음껏 쓰면서도 '진지한' 글쓰기가 가능하다는 것을 보여준 데 있다. 『허클베리 핀의 모험』 이전에 사투리는 저급한 코미디, 저급한 계층, 저급한 수준 등 '저급'의 등록상표였다. 흑인을 조롱하는 '흑인 분장 쇼'에서처럼, 사투리는 그 언어를 사용하는 집단을 조롱하기 위해 쓰였다. 하지만 트웨인은 사투리가 다른 효과를 거둘 수 있다는 것을 보여주었다. 즉 트웨인은 문학 작품에 사용되는 언어가 반드시 '문학적 언어'이어야 할 필요가 없다는 것을 보여주었다.

거듭 말하지만 미국 문학사에서 트웨인은 상당히 중요하다. 트웨인은 미국 문학의 경계를 북동부에서 남부, 더 나아가 서부로까지 넓혔다. 트웨인 덕분에 미국 문학에 '지방색 문학'이 태동했다고 해도 과언이 아니다. 또한 그는 미국 문학의 세계 문학으로서의 가능성을 보여주었다. 사실 트웨인 이전까지 미국 문학은 유럽 문학에 대해 열등감과 동시에 부러움을 갖고 있었다. 하지만 트웨인을 계기로 유럽 문학은 미국 문학을 다시 생각하게 되고, 미국인들은 미국 문학에 대해 당당한 자신감을 갖게 된다. 이것 하나만으로도 미국 문학은 그에게 많은 것을 빚졌다. 그리고 그 모든 중심에 『허클베리 핀의 모험』이 있다.

1900년 이후의 미국 문학은 크나큰 발전을 한다. 『미국을 만든 책 25』의 저자에 따르면, 소설은 피츠제럴드, 헤밍웨이, 존 스타인벡, 포크너를 통해, 희곡에서는 손턴 와일더, 유진 오닐, 테네시 윌리엄스, 아서 밀러를 통해 눈부신 문학적 성과를 이룬다. 시는 거의 한 명이 주도했는데, 그는 다름 아닌 바로 로버트 프로스트다. 프로스트는 자연과 같은 일상적 소재를 택해 '쉬운'(plain) 구어체의 시어를 구사하며 엄격한 운율의 구조를 구축했다. 그렇기 때문에 그는 영국의 낭만주의 시인 윌리엄 워즈워스와 많이 비교된다.

주지하듯, 워즈워스는 "시는 강렬한 감정의 자연 발생적인 넘쳐흐름"으로 규정했다. 그의 시론에 따르면, 시는 결코 의도되거나 계획된 산물이 되어서는 안 된다. 그리고 시어와 일상어가 구분되어서는 안 된다. 즉 시는 일상 소재를 택해 일상어로 쓰여야 한다. 그러나 프로스트의 시에서 주목할 사항은 시가 '우연의 산물'이 아니라는 점이다. 프로스트의 시는 내용과 소재, 시 언어에서는 워즈워스의 시론을 따르고 있는 듯하지만, 시의 형식과 운율 면에서 '전통', 즉 영국의 낭만주의 이전의 형식과 운율을 따르고 있다. 즉 프로스트는, 형식 면에서는 전통을 거스르지 않고, 내용과 시적 언어에서는 쉽고, 시적 울림에서는 깊은 새로운 시를 창소해냈다.

따라서 프로스트는 일반적인 평가처럼 단순히 자연 시인이 아니다. 시인 자신도 '자연 시인'이라는 호칭에 반대했다. 그의 시는 자연에 대한 관조와 명상뿐만 아니라, 신이나 인간으로부터의 소외라는 측면을 담고 있다. 사실 프로스트의 관심은 자연보다는 자연 속 인간에 집중된다. 그의 시는 선악의 양면을 갖고 있기에 어느 한쪽 면, 일반적으로는 밝은 면만을 강조하는 것은 프로스트 시 읽기의 핵심을 벗어난 것이다. 그렇기 때문에 프로스트의 시는 쉬워 보이면서도 결코 쉽지 않다.

프로스트는 쉬운 언어로 일상생활의 모든 것을 노래한 시인이었다. 또 그 쉬운 시에 생명, 죽음, 광기, 온전한 정신, 결혼의 불화, 자연과의 갈등, 신과의 갈등, 우리 자신과의 갈등 등 존재의 모든 주제를 담았다. 그는 미국인들의 정체성과 국가관에 커다란 영향을 끼친 시인이다. 제2차 세계대전 동안 프로스트의 시집은 '왜 우리는 싸우는가'라는 문고판 시리즈 중 하나로 들어갔다. 그의 시는 참전 병사들의 시대와 장소를 완벽하게 표현하고, 이 땅과 사람들에 대한 그들의 연관 관계를 규명하고, 그들 모두를 껴안을 수 있는 방식으로 조국을 껴안았다. 프로스트가 말년에 케네디 대통령의 취임식 때 자작시를 낭송한 게 우연은 아니다. 프로스트에게 '미국의 국민시인'이라는 칭호는 단순히 노시인에 대한 예우 차원의 '수사'가 아니라, 그에 대한 미국인들의 진정한 사랑과 존경의 '헌사'라 할 수 있다.

『미국을 만든 책 25』에서 저자는 그 기준을 미국의 신화를 알려주는 책으로 설정했다. 그러면서 신화를 미국인 자신, 미국의 능력, 미국의 가치, 미국의 관심사, 미국의 가장 소중한 원칙들에 대한 우리의 생각이라고 정의했다. 그리고 그 신화는 신화로 그치지 않고 역사의 단계로 나아간다. 아니 그렇게 되어야 한다고 역설한다. 모순되어 보이지만 역사적 신화, 또는 신화적 역사의 단계로 나아간다. 단지 미국의 이야기로만 국한되지는 않을 것 같다. '한국을 만든 책 25'라는 목록을 만들어보면 어떨까. 당연히 그 목록은 획정된 것이 아니기 때문에 계속 변할 수 있다. 아니 당연히 변해야 한다. 또 그 목록이 문학작품이 아니라 영화가 될 수도 있다. 또한 거창하지 않게 '나를 만든 25권의 책 또는 25편의 영화'와 같은 목록을 만들어 보면 어떨까. 어떤 책과 영화를 골라야 할지 고민이 된다.

역사는 **반복**된다!

아서 밀러의 『시련』(1954)은 1692년 미국 매사추세츠주 세일럼에서 실제로 있었던 '마녀 재판'(Witch Trial)을 극화한 작품이다. 이 작품은 1690년대의 마녀재판과 1950년대 미국에서 반미 활동을 벌인 자들을 색출하려는 '매카시즘'(McCarthyism) 광풍 사이의 '유비'(analogy)를 통해 인간 본성의 본질적 문제들을 천착한다. 밀러는 이 작품을 통해 '반복되는' 역사적 사건이 벌어지는 사회 현상의 원인과 과정을 규명하고 그에 대한 정확한 인식을 촉구한다. 매카시즘의 광풍에 대해 밀러가 충격을 받은 이유는 그것이 집단적인 공포를 일으킬 뿐만 아니라 '새로운 주관적 리얼리티'를 조작하기 때문이었다. 그는 상대적인 것과 절대적인 것이 혼동되고, 주관적 리얼리티가 객관적 리얼리티로 전도되는 현상에 당혹해했다. 요컨대 매카시즘 광기뿐만 아니라 자신의 양심을 속이는 현대 미국인들의 모습에서 공포와 분노를 느꼈던 밀러는 전횡적인 정치세력이나 오도된 여론 또는 일부 광신적인 종교집단이 '벌거벗은 폭력'에 노출된 약자를 어떻게 억압하는지를 『시련』으로 극화했다.

밀러는 『시련』에서 극한 상황에 처한 인간이 겪는 행위와 자아 사이의 갈등을 주제화했는데, 그는 이런 갈등이 마녀사냥이 벌어진 세일럼 사회나 매카시즘에 경도된 미국 사회뿐만 아니라 인간의 이성과 상식을 폐기하도록 강요하는 모든 비이성적 사회 조건이 배경이 될 수 있음을 역설한다.

밀러는 『시련』에서 당연하고 절대적인 것으로 간주하는 사회적 전제들이 실제로는 지극히 주관적인 판단때문에 왜곡되고 조작된 허상이라는 점을 지적하고, 이것이 객관적 사실로 전화해 획득하게 되는 과정의 문제점을 예각화한다. 그는 집단적인 공포의 분위기 속에서 새로운 가치관을 조작·강요하는 (비)가시적인 제도를 폭로하고, 그것에 의해 희생되는 개인의 존엄성에 관심을 두었다. 즉 밀러는 이 작품에서 개인들 위에 절대적인 힘을 행사했던 당대의 매카시즘이나 세일럼을 지배했던 경직된 청교도주의가 자의적이고 임의적인 과정을 통해서 형성된 것임을 규명한다.

근본적으로 『시련』은 왜곡된 종교적 광기에서 출발하여 세일럼 주민 개인의 이해관계에 얽힌 사적 복수로까지 전화한 마녀재판에서 희생된 주인공 존 프록터의 투쟁과 고통을 통해 그의 비극성을 강조한다. 밀러는 미국인들의 역사적 트라우마로 남아있는 세일럼의 마녀재판을 재역사화함으로써 집단적 광기와 이데올로기 공세에 노출된 현대 지성인의 무력감을 극화했다.

또한 『시련』은 '이웃'에 대해 고찰할 수 있는 계기를 마련해준다. 밀러는 이 작품을 통해 이웃은 개인의 의도나 상태의 변화에 따라 언제든지 적으로 돌변할 수 있음을 시사한다. 소녀들이 장난으로 벌인 놀이, 즉 일종의 해프닝은 애비게일의 프록터에 대한 집착과 복수심, 퍼트넘 부인의 레베카에 대한 시기심, 퍼트넘의 토지와 권력에 대한 열망, 패리스의 세속적 욕망, 헤일의 학문에 대한 과신, 댄포스의 권위 의식과 같은 숨은 동기가 뒤엉켜 마녀재판이라는 끔찍한 결과를 초래했다. 그리고 여기에 마을 주민들의 증오와 원한이 더해진다. 마녀라는 희생양을 발견한 세일럼 주민들은 오랫동안 억압되어 온 욕구 불만을 악마에 대항해 싸운다는 명분으로 잔인하고 비열하게 퍼붓는다. 즉 마녀재판이 진행되는 과정에서 마을 사람들이 '이웃'에게 평소에 품었던 원한과 욕심, 시기와 같은 이기적인 욕망이 예기치 않게 분출한다. 이 지점에서 이웃은 지젝의 말처럼 "얼굴 없는 괴물"이 될 수 있다. 이때 마녀로 낙인찍히는 대상은 세일럼 마을에서 가장 힘이 없고 죄를 뒤집어씌워도 저항하지 않을 것이고, 마을 사람들의 반발도 가장 작을 것으로 예상되는 존재들, 일명 '호모 사케르'다. 요컨대 사회적 사건 이면에 복잡하게 얽히고설켜 있는 개인들의 이기심과 권력의 역학 관계가 『시련』의 중심에 자리 잡고 있다.

　인간은 사회적 동물이기에 대인 관계에서 상호 간의 신뢰, 동료에 대한 존경심은 당연하게 요구된다. 이는 누구도 부정할 수도 없고 부정되어서도 안 되는 당위적 명제다. 그러나 이런 당위적 명제도 극한 상황에서는 '벌거벗은 폭력'에 의해 파괴될 수 있음을 『시련』은 예증한다. 인간은 피해자와 가해자의 경계에 처해 있다. 그리고 그 경계선은 확고하지 않다. 따라서 인간은 본성적으로 악을 체득화하기보다는 상황에 따라 악을 내면화하고 상대방을 타자화하여 폭력적으로 변한다. 요컨대 『시련』은 용기와 정신의 명료성이 담보하는 궁극적인 힘을 재확인하는 것이다. 밀러는 이런 용기와 정신의 명료성이 가져오는 궁극적인 결과는 곧 '자유'임을 시사하고 있다.

　전술한 바와 같이 『시련』은 1690년대의 마녀재판의 광기가 침윤한 세일럼 마을과 매카시즘 광풍에 사로잡힌 1950년대 미국 사회를 유비하고 있다. 그렇기에 이 작품은 예술적 완성도를 떠나 사회적·정치적으로 큰

밀러의 『시련』은 1692년 미국 매사추세츠주 세일럼에서 실제로 있었던 '마녀 재판'을 극화한 작품이다. 이 작품은 1690년대의 마녀재판과 1950년대 미국에서 반미 활동을 벌인 자들을 색출하려는 '매카시즘' 광풍 사이의 '유비'를 통해 인간 본성의 본질적 문제들을 천착한다. 밀러는 『시련』을 통해 '반복되는' 역사적 사건이 벌어지는 사회 현상의 원인과 과정을 규명하고 그에 대한 정확한 인식을 촉구한다. 사진은 『시련』을 원작으로 한 영화 〈크루서블〉의 한 장면.

반향을 일으켰다. 따라서 이 작품에 대한 비평은 대체로 형식적으로는 정치적인 알레고리로 해석되었고, 내용상으로는 주인공 프록터의 숭고한 '개인주의적' 희생에 수렴되었다.

그러나 『시련』을 원작으로 한 동명의 영화 〈크루서블〉(1996)이 제작, 개봉되었을 때는 다른 측면에서 반향을 일으켰다. 원래 『시련』을 최초로 영화화한 것은 장 폴 사르트르가 각색한 〈세일럼의 마녀들〉(1957)이었다. 밀러는 직접 영화 〈크루서블〉의 시나리오를 썼는데, 그는 이 과정에서 단순히 원작 『시련』을 변용, 각색 작업을 했다기보다는 새로운 관점에서 작품을 재구성했다. 예컨대 원작에서는 크게 드러나지 않았던 이웃 간에 벌어지는 갈등과 불화가 영화 〈크루서블〉에서는 전경화되었다. 아무래도 그 이유는 영화가 개봉되었던 시대적 상황에서 찾아볼 수 있다. 90년대 중반은 정치적으로 비주류적 개인이나 집단 또는 비관습적 행태에 대한 사회적인 불관용이 편재한 사회 안에서 마녀사냥의 모티프가 일상화된 시기였다. 즉 당시 미국에서는 종교적 근본주의, 정치적 편협성, 외국인 공포증, 동성애 공포증, 비주류 문화의 탄압은 보편적이고 일상적인 현상이었다.

따라서 『시련』을 기존의 정치적 알레고리나 프록터를 중심으로 벌어지는 개인과 사회의 비극적 갈등 및 진실 추구의 문제로 작품을 분석했을 때는 분

〈더 헌트〉는 한 번 낙인찍힌 사람은 절대 공동체에 발을 들일 수 없다는 공동체의 가혹한 폭력성, 대중의 힘으로 가해지는 폭력의 무자비함, 개인의 행복을 앗아가는 그릇된 사회적 통념 앞에서 법은 무력하다는 것을 아프게 보여준다. 더 나아가 내가 낙인찍히지 않기 위해서는 먼저 누군가를 낙인찍어야 한다는 기제가 예전과 마찬가지로 지금도 여전히 작동되고 있다는 사실을 보여준다.

명 시대적 한계를 드러내기 때문에, 논의를 보다 유의미하게 확장하기 위해서는 주요 등장인물 프록터, 애비게일, 엘리자베스를 비롯한 세일럼 마을 사람들의 개인적 차원의 죄, 즉 개인적인 '원한', '증오', '복수'가 사회적 행위와 어떻게 연관되는지를 파악하고, 이웃 간의 불화 혹은 공동체의 붕괴가 어떤 비극적 결과를 가져오는지 고찰하는 것이 필요하다.

이웃 간의 불화, 혹은 공동체의 붕괴하니까 떠오르는 영화가 있다. 바로 〈더 헌트〉(2012)라는 영화다. 이 영화는 한 어린아이의 거짓말로 직장과 공동체로부터 배척당하는 한 남자의 이야기다. 영화는 선량한 한 남자 루카스의 삶이 아이의 시기와 질투로 공동체 안에서 어떻게 망가지는지를 잘 보여준다. 우여곡절 끝에 루카스는 무죄가 밝혀진 뒤 친구들이 열어준 파티에서 즐거운 시간을 보낸다. 그는 친구들의 제안으로 사냥에 나서는데, 어딘가에서 날아온 총알에 맞아 목숨을 잃을 뻔 한다. 루카스의 무죄가 밝혀졌지만 마을 사람들은 여전히 그 사실을 받아들이지 않는다. 바꿔 말하면 그들은 루카스를 비난했던 자신들의 잘못을 인정하고 싶지 않다. 대신 그들은 모든 책임을 루카스에게 돌린다.

〈더 헌트〉는 한 번 낙인찍힌 사람은 절대 공동체에 발을 들일 수 없다는 공동체의 가혹한 폭력성, 대중의 힘으로 가해지는 폭력의 무자비함, 개인의 행복을 앗아가는 그릇된 사회적 통념 앞에서 법은 무력하다는 것을 아프게 보여준다. 더 나아가 내가 낙인찍히지 않기 위해서는 먼저 누군가를 낙인 찍어야 한다는 기제가 예전과 마찬가지로 지금도 여전히 작동되고 있다는 사실을 보여준다.

미국 문학의 개척자: **워싱턴 어빙**

    미국은 18세기 말 영국으로부터 정치적으로 독립하고, 경제적으로도 자리를 잡아가면서, 차츰 '미국 문화' 또는 '미국 문학'에 대해 관심을 갖기 시작한다. 17세기 말 또는 18세기 초부터 이민사나 정치적·종교적 문서 형태로 출발한 미국 문학은 19세기 초까지 문학적으로 주목할 만한 성과를 내지 못했다. 여러 이유가 있었지만, 무엇보다도 문학을 죄악시하는 '청교주의'는 미국 문학의 발전을 더디게 했다. 특히 소설은 시와 산문에 비해 철저한 불모지나 다름이 없었다. 따라서 구세계와 결별하여 새로운 독자성을 확보하게 되는 미국 문학은 19세기 들어서야 가능했다. 다시 말해 미국 문학사에서 19세기는 '미국 문학의 형성기'라 말할 수 있다. 그리고 19세기 초반 미국 문학을 논할 때 반드시 두 명의 작가가 언급되는데, 그들은 다름 아닌 워싱턴 어빙과 제임스 페니모어 쿠퍼다.

    먼저 워싱턴 어빙은 '미국 최초의 전업 작가', '미국 단편 문학의 아버지' 또는 '미국 문학의 아버지'라 일컬어진다. 또한 그는 미국 작가 중 최초로 국제적인 명성을 얻은 작가이기도 하다. 「립 반 윙클」과 「슬리피 할로우의 전설」이 실린 그의 단편소설집 『스케치 북』(1820)은 영국과 미국에서 큰 인기를 누렸으며, 당시 신생국이었던 미국으로 하여금 정치적으로뿐만 아니라 지적·

문화적으로도 유럽의 열강으로부터 해방된 진정한 독립 국가로서 미국의 자존심을 세워주었다.

반면 쿠퍼는 뉴저지에서 태어나 뉴욕주 북부에 그의 아버지가 설립한 쿠퍼스 타운이라는 '개척지'에서 성장했다. 개척지와 그곳에서의 삶은 쿠퍼의 초기 소설인 『개척자』(1823)의 질료가 된다. 이 작품은 개척지에서의 아메리카 원주민, 미국인, 영국인 간의 토지 소유권에 대한 갈등을 소재로 하고 있지만, 무엇보다도 원주민과 같이 살면서 백인과 원주민 간의 매개적 역할을 하는 주인공 내티 범포라는 주인공을 탄생시켰다는 점에서 중요하다. 내티 범포는 인종과 문화 간의 경계선에 위치하여 타인종과 타문화에 대한 백인의 우호적 관계를 문학적으로 체화한 대표적인 인물로 꼽힌다. 쿠퍼가 창조한 내티 범포라는 인물은 미국문학사에서 허먼 멜빌의 『모비 딕』(1851)의 이쉬마엘, 마크 트웨인의 『허클베리핀의 모험』(1884)의 헉의 원형적 인물이라 할 수 있다.

이처럼 어빙과 쿠퍼가 19세기 미국 문학의 서두를 장식하는 까닭은 이들이 당대 미국의 열악한 출판 시장과 소설에 대한 부정적인 태도에도 불구하고 최초로 전업 작가로서의 가능성을 입증했을 뿐만 아니라, 이들과 더불어 미국과 미국인의 정체성에 대한 탐구가 시작되었기 때문이다.

하지만 조금 자세히 살펴보면 어빙과 쿠퍼의 문학은 상당한 차별성을 보인다. 어빙의 『스케치 북』은 총 32편의 단편으로 구성되어 있는데, 대부분 작품은 유럽적인 주제, 주로 영국적 주제를 형상화했다. 그 후의 많은 중요한 미국 작가들이 그랬듯이, 어빙은 구세계, 즉 유럽의 풍부하고 오래된 문화가 그의 작품의 소재를 제공한다고 생각했다. 그래서 그의 단편 중 스스로 '독창적으로' 창조한 것은 거의 없다. 그는 미국의 문학적 배경이 짧기 때문에 유럽의 재료를 모방, 재창조해야 한다고 주장했다. 그리고 더욱 중요한 사실은, 어빙이 미국 또는 미국 문학이라고 말할 때, 그 문학적 경계는 미국 전체가 아니라 뉴욕주에 머문다는 점이다.

반면 쿠퍼는 자신의 문학적 경계를 뉴욕주 뿐만 아니라 미국 전역으로 확장했다. 비록 그의 작품들이 문학적으로는 어빙의 작품만큼 훌륭하다고 평가받지는 못하지만, 작품 대부분 미국 사회에 대한 상당한 사려 깊은 비판의식을 담고 있다. 이처럼 어빙과 쿠퍼는 거의 비슷한 시대에 활동하면서 미국 문학의 토대를 마련했지만, 문학에 대한 태도, 더 나아가서는 미국 문학에 대한 지향점이 서로 달랐다.

　이 글에서는 주로 어빙의 소설 「슬리피 할로우의 전설」과 이를 원작으로 한 영화 〈슬리피 할로우〉(1999)에 대해서 살펴보려 한다. 먼저 「슬리피 할로우의 전설」을 살펴보자. 작품의 공간적 배경은 슬리피 할로우이다. 슬리피 할로우는 네덜란드계 후손들이 사는 조용하고 유서 깊은 마을인데, 이곳에는 '머리 없는 기사'가 밤마다 말을 타고 달린다는 기이한 이야기가 전해져 내려오고 있다. 사건은 주인공 이카보드 크레인이라는 인물에서 시작된다. 그는 학식이 있는 신사로서 마을 사람들로부터 존경을 받는 인물이다. 하지만 그는 날카로운 지성에도 불구하고 상상력이 풍부하여 신비한 이야기를 곧잘 믿는 단순한 성격의 소유자이기도 하다. 그는 마을 처녀 카트리나를 좋아한다. 하지만 카트리나에게는 이미 브롬이라는 연인이 있다. 카트리나가 이카보드에게 관심을 보이자 브롬은 이카보드를 괴롭히고 위협한다. 이카보드는 브롬과의 직접적인 대결을 피한다.

　그러던 어느 날 이카보드는 마을 축제에 초대받아 카트리나와 즐거운 시간을 보낸다. 그는 용기를 내어 연적인 브롬 앞에서 카트리나에게 사랑을 고백하지만 거절당한다. 그는 처량한 모습으로 말을 타고 집에 가는 도중 머리 없는 기사의 유령을 만난다. 공포감에 사로잡힌 이카보드는 말을 몰아 도망가지만 머리 없는 기사는 계속 쫓아온다. 다리를 넘어서는 순간 머리 없는 기사는 말 등에 얹혀 있던 자신의 머리를 뽑아 이카보드에게 던진다. 이카보드는 머리 없는 기사가 던진 머리에 머리를 맞아 말에서 떨어져 나뒹굴고, 그의 말과 유령의 말은 계속 달려 사라진다.

다음 날 아침 이카보드의 말은 돌아왔지만 이카보드는 나타나지 않았다. 마을 사람들은 그가 머리 없는 기사에게 납치되었다고 생각한다. 작중 화자는 다음과 같이 상황을 요약한다.

"이카보드가 머리에 맞은 것은 사실 호박이었고, 브롬이 머리 없는 기사를 흉내를 내어 이카보드를 쫓아내고 카트리나와 결혼했다. 또한 이카보드는 카트리나에게 굴욕감을 느껴 결국 그 지방을 떠났다."

「슬리피 할로우의 전설」은 지금까지 여러 차례 영화 또는 연극으로 제작되었고, 최근에도 TV 드라마로 제작, 방영될 정도로 인기 있는 이야기 소재다. 그 가운데 가장 잘 알려진 것은 팀 버튼이 감독하고 조니 뎁과 크리스티나 리치가 주연한 1999년 작 〈슬리피 할로우〉다. 소설과 영화는 비슷하면서도 다르다. 영화는 소설의 등장인물을 그대로 가져온다. 하지만 원작 소설의 기이하면서도 재미있는 이야기는 영화에서는 머리 없는 기사의 연쇄살인이라는 무섭고 환상적인 이야기로 바뀐다. 영화적 분위기도 팀 버튼의 전작 〈가위 손〉(1990), 〈크리스마스 악몽〉(1993)이 그랬던 것처럼, 동화적이면서도 기괴하고 음산하다.

하지만 영화 〈슬리피 할로우〉는 원작 소설의 시점을 바꾸고 이야기가 추가되면서 보다 풍성해진다. 일단 주인공의 직업이 교사에서 수사관으로 바뀐다. 영화 속 주인공 이카보드 크레인은 비과학적이고 비이성적인 수사방식에 회의를 품고 있기 때문에, 판사로부터 미운털이 박혔다. 그게 빌미로 작용해 그는 머리 없는 기사가 연쇄 살인을 저지르는 슬리피 할로우에 가서 사건을 수사하라는 명을 받게 된다. 당연히 미신이나 귀신 등을 믿지 않고 오직 과학만을 추종하기 때문에 머리 없는 기사가 나타나자 당연히 그는 혼란스러워한다. 하지만 그는 합리적 추론과 이성으로 머리 없는 기사의 정체를 추적해간

어빙은 '미국 최초의 전업 작가', '미국 단편 문학의 아버지' 또는 '미국 문학의 아버지'라 일컬어진다. 또한, 그는 미국 작가 중 최초로 국제적인 명성을 얻은 작가이기도 하다. 「립 반 윙클」과 「슬리피 할로우의 전설」이 실린 그의 단편소설집 『스케치 북』은 영국과 미국에서 큰 인기를 누렸으며, 당시 신생국이었던 미국으로 하여금 정치적으로뿐만 아니라 지적·문화적으로도 유럽의 열강으로부터 해방된 진정한 독립 국가의 자존심을 세워주었다. 사진은 「슬리피 할로우의 전설」을 원작으로 한 영화 〈슬리피 할로우〉의 한 장면.

다. 원작 소설과 영화의 가장 큰 차이점 중 하나는 원작 소설에서는 머리 없는 기사의 정체가 정확하게 밝혀지지 않는 데 반해, 영화에서는 그 정체가 좀 더 구체적으로 밝혀진다는 점이다. 결국 이카보드 크레인은 머리 없는 기사의 정체를 밝힌다.

영화에서 조니 뎁이 분한 이카보드 크레인은 합리적이면서도 과학적인 사고를 지녔지만 약간의 충격에도 기절할 정도로 겁이 많다. 한마디로 그는 지적인 면과 정서적인 면이 조화를 이루지 못하는 불안한, 불균형한 상태이고 내면적인 갈등에 처해 있는 인물이다. 그렇기 때문에 그는 아이를 방패로 삼아 총을 겨누기도 한다. 이카보드의 이런 정서적 불균형은 팀 버튼의 〈배트맨〉(1989)의 주인공 브루스 웨인을 떠올리게 한다.

〈배트맨〉 하면 대부분 크리스토퍼 놀런 감독의 〈배트맨〉 시리즈를 떠올린다. 배트맨에 대한 인상이 너무나 강렬한 나머지 배우 크리스천 베일과 영화 속 주인공 브루스 웨인을 동일화 할 정도다. 즉 사람들은 그가 연기한 브루스 웨인을 배트맨의 전형으로 인식한다. 영화 속에서 백만장자의 상속인 브루스 웨인은 어린 시절 부모님의 피살이라는 충격을 겪지만 이를 딛고 스스로 내적 성장을 이룩해 악을 소탕하는 영웅으로 변모한다. 즉 크리스천 베일이 분한 브루스 웨인은 내적 성장을 이룩했기에 정서적으로 균형이 잘 잡힌 '이상적인 영웅'이다. 하지만 팀 버튼의 배트맨은 크리스토퍼 놀란의 배트맨과 달리 정서적으로 불안하다. 적절한 표현인지 모르겠지만, 팀 버튼의 배트맨은 한마디로 '불안한 영웅'이다.

〈슬리피 할로우〉에서의 이보카드의 내적 갈등은 팀 버튼의 배트맨의 내적 갈등과 비슷하다. 배트맨이 부모님이 조커에게 살해당하자 범죄자에 대해 극도의 증오감을 갖게 되듯이, 이카보드 역시 아버지가 어머니의 영혼을 정화한다는 그릇된 신념으로 그녀를 마녀사냥의 피해자로 만들자, 아버지에 대해 적개심을 키우게 된다. 이처럼 두 영화는 각기 다르지만 팀 버튼 감독의 영화적 상상력으로 하나가 된다. 그리고 그 동화적 상상력은 소설 「슬리피 할로우의 전설」에서 연원한다.

소설 「슬리피 할로우의 전설」과 영화 〈슬리피 할로우〉는 구조상 비슷하면서도 줄거리, 주인공의 성격화, 그리고 전체적인 분위기에서는 차이를 보인다. 두 작품을 비교할 때 방점은 두 작품의 유사성과 차이점에 찍히지 않는다. 오히려 영화가 소설을 풀어가는 방식에 찍힌다. 즉 영화와 소설이 얼마나 비슷하냐가 중요한 게 아니라, 감독이 소설의 드러나지 않는 맥락을 어떻게 형상화하느냐가 더욱 중요하다.

앞에서 말했듯이 어빙은 「슬리피 할로우의 전설」을 독창적으로 창조한 게 아니다. 전해 내려오는 이야기를 바탕으로 재구성한 것이다. 어빙의 소설은 아마 원래 이야기와는 조금 다를 것이다. 그렇게 조금 다르게 재구성된 「슬리피 할로우의 전설」을 팀 버튼이 영화로 재문맥화했다. 다시 말하면 전해 내려오는 이야기를 바탕으로 소설이 쓰였고, 그렇게 쓰인 소설은 영화의 모티프를 제공했다. 즉 전해 내려오는 이야기와 이를 바탕으로 한 소설이 영화의 씨앗이 된 셈이다.

사실 씨앗이 같다고 해서, 혹은 재료가 같다고 해서 항상 똑같은 결과물이 나오는 것은 아니다. 소설과 영화를 놓고 보면, 감독의 예술관 또는 세계관에 따라 같은 원작에서 나왔다고 하더라도 최종 결과물이 달라질 수 있다. 때로는 좋은 작품이 될 수도 있고, 때로는 그렇지 않은 작품이 될 수도 있다. 그런 예는 쉽게 찾아볼 수 있다. 팀 버튼의 영화는 그 많고 많은 예 중 하나다. 그것도 잘 된 예로서 말이다.

『모히칸 족의 최후』
: 모험 소설의 외피를 쓴 **미국의 정체성** 탐구

　제임스 페니모어 쿠퍼의 『모히칸 족의 최후』(1826)는 1754년부터 1763년 사이 식민지 미국의 패권을 두고 프랑스와 영국이 각축을 벌이던 '프렌치-인디언 전쟁'(French and Indian War)을 역사적 배경으로 하고 있다. 조금 더 구체적으로 1757년 7월 말부터 8월 중순 사이에 윌리엄 헨리 요새 주변의 자연을 배경으로 내티 범포(호크 아이)와 칭가치국, 그리고 요새 사령관의 두 딸 코라와 앨리스의 모험을 다루고 있다. 이 작품은 실제 전투와 대학살, 그리고 윌리엄 헨리 요새의 사령관인 먼로와 프랑스군 사령관 몬트컴 등 실제 인물들과 내티 범포 등 허구적 인물들로 이루어진 '로맨스' 소설이다.

　『모히칸 족의 최후』는 총 33장으로 구성되고 있고 기본적으로 '쫓고-잡히고-도망치고-다시 쫓는 긴박한 구성을 취하고 있다. 이 소설을 관통하는 핵심 키워드는 역시 등장인물의 '모험'이기에 시종일관 독자의 흥미를 끈다. 줄거리는 다음과 같다. 영국군 먼로 대령의 딸들인 코라와 앨리스는 덩컨 헤이워드 소령과 함께 아버지를 만나러 전쟁터로 향한다. 그들은 길잡이 아메리카 원주민 마구아의 안내를 받는데, 사실 그는 영국군에 앙심을 품고 있는 프랑스 군의 첩자다. 마구아가 그들을 프랑스 진영으로 유인하는 도중, 내티 범포와 모히칸족의 추장 칭가치국, 그리고 그의 아들 웅카스는 위험에 처한 그들을 구한다.

그러나 마구아 측 아메리카 원주민 휴런족은 그들을 추적한 끝에 인질로 잡는다. 내티 범포와 모히칸족의 도움으로 탈출한 헤이워드 일행은 가까스로 윌리엄 헨리 요새에 도착하지만, 곧 영국군이 프랑스군에게 항복하여 다시 돌아가야만 한다. 휴런족은 영국군이 돌아가는 도중 프랑스군의 묵인 아래 영국군을 학살하고, 다시 일행을 납치한다. 내티 범포 일행과 마구아 일행의 격투 끝에 웅카스와 마구아가 죽고, 코라도 휴런족의 손에 죽게 된다. 내티 범포와 칭가치국은 모히칸족의 마지막 후예 웅카스를 잃고 슬퍼한다.

『모히칸 족의 최후』는 1826년에 출간되었다. 이때는 미국이 1812년 영국과의 영미전쟁을 승리로 이끈 후 본격적으로 근대 국가로 발돋움하는 시기이자 서부로의 개척을 활발히 진행하던 시기였다. 이 시기 미국인들은 '미국이란 무엇인가', 또한 '미국인이 누구인가'라는 미국과 미국인들에 대한 정체성 문제에 필연적으로 직면하게 되었고, 쿠퍼는 미국의 정체성 문제를 내티 범포를 비롯한 등장인물을 통해 흥미롭게 보여주고 있다. 요컨대 이 작품은 흥미로운 모험 소설이라는 외피를 빌려 인종과 성, 그리고 미국(인)의 정체성과 같은 다양한 주제를 다루고 있다.

먼저 인디언(아메리카 원주민)을 통해 인종 문제에 대해 살펴보자. 19세기 초 미국인들은 인디언을 자신들의 '문명'과 대립하는 '야만'으로 규정하고 정형화시켰다. 그리고 『모히칸 족의 최후』가 출간된 1820년대 중반에는 '연방 인디언 제거 정책'이 미국 정부의 공식적인 정책으로 채택되었다. 『모히칸 족의 최후』에서 마구아를 비롯한 인디언에 대한 쿠퍼의 '성격화'는 이 담론을 크게 벗어나지 않는다. 칭가치국과 같은 이상적인 인디언이 등장하기도 하지만, 마구아의 예를 통해 알 수 있듯이, 미국 문학에서 인디언은 대체로 사악하고 야만적이며, 때로는 악마적인 인물로 형상화된다. 동시에 인디언에 대한 백인의 우월성이 부각된다. 요컨대 미국 문학은 1820년대 당시 미국 정부의 공식 정책인 인디언 말살 정책에 대해 암묵적으로 동의했다. 따라서 쿠퍼의 『모히칸 족의 최후』에서 나타난 인디언의 부정적 묘사도 그런 맥락에서 고찰될 수도 있다.

『모히칸 족의 최후』에서는 또한 코라와 앨리스 자매를 중심으로 '여성성'(femininity)의 문제가 다루어진다. 코라는 작품 전반에 걸쳐 불굴의 용기와 흔들리지 않는 이성을 지닌 독립적인 여성으로 형상화된다. 그녀는 당시의 가부장적 이데올로기가 요구하는 연약하고 수동적인 여성상이 아니라, 상황을 극복하고 심지어는 남성들에게 자신의 의지를 관철하는 능동적이고 진취적인 인물이다. 그에 반해 앨리스는 코라와 정반대로 가부장적 이데올로기에 순응하는 수동적인 인물로 그려진다.

『모히칸 족의 최후』에서 쿠퍼의 선택은 분명하다. 헤이워드에게 사랑받고 선택받는 인물은 코라가 아니라 앨리스이며, 코라는 웅카스와 함께 죽음을 맞이한다. 수동적인 앨리스가 아닌 능동적이고 독립적인 코라의 죽음을 통해, 쿠퍼는 어떤 여성이 미국의 이상적인 여성인지를 독자의 무의식에 각인시킨다. 궁극적으로 쿠퍼는 착하고 순종적인 여인을 이상화 하는 당대의 가부장적 이데올로기에 암묵적으로 동의한다고 말할 수 있다.

『모히칸 족의 최후』에는 인종과 여성성 외에도 미국(인)의 정체성이 중심 주제로 형상화되는데, 특히 내티 범포의 모습을 통해 잘 드러난다. 내티 범포는 이 작품에서 '사냥꾼', '나무꾼', '장총', '정찰대' 등으로 호명되는데, 이와 같은 호명은 그가 신대륙의 '개척민'임을 보여주는 증거다. 그는 독립적이고 실용적인 인물로서, 모든 일을 이성과 합리성에 근거하여 주도적으로 처리해 나간다. 그는 동부의 문명에 흡수되지 않고 변경 지역의 자연 속에서 활동하는 자신에 대해 상당한 자부심을 느낀다. 쿠퍼는 내티 범포의 이런 모습을 통해 당대 미국인에게 '미국인의 정체성'에 대해 질문하고, 이에 대해 숙고하라고 요구한다. 내티 범포의 긍정적 측면은 헤이워드와의 대조를 통해 더욱 두

드러진다. 요컨대 쿠퍼는 독립적이고 진취적인 내티 범포의 성격화를 통해 독자들에게 미국인의 특성과 자부심을 역설하고 있다. 특히 원시적인 자연 속에서 인디언과 함께 활동하는 내티 범포는 미국인에게 '프런티어 정신'의 본질을 강력하게 웅변한다.

쿠퍼의 원작 중 상당수가 영화화되었다. 그 중 마이클 만의 〈라스트 모히칸〉(1992)이 가장 알려져 있다. 실제로 이 영화는 상당히 흥미롭다. 원작 소설을 바탕으로 한 영화들이 대체로 원작의 줄거리와 등장인물을 그대로 따르고 있다면, 마이클 만의 영화에서는 등장인물과 그들의 운명에서 많은 변화를 보인다. 다시 말하면 원작을 상당 부분 각색한다 하더라도 등장인물의 운명, 직접적으로는 생사가 바뀌는 경우는 드물다. 그러나 마이클 만의 영화에서는 원작과 정반대로 코라와 내티 범포가 살아남고 앨리스와 헤이워드가 죽는다. 이처럼 영화에서는 내티 범포가 주인공이라는 사실이 원작보다 명징하게 드러난다.

원작에서 희극적 분위기를 연출했던 게무트가 영화에서는 아예 등장하지 않고, 헤이워드 역시 원작 소설과는 완전히 다른 인물로 그려진다. 원작에서 헤이워드는 시대에 뒤떨어진 우스꽝스러운 모습으로 등장한다. 그러나 영화

영화 〈라스트 모히칸〉에서는 마구아 뿐만 아니라 인디언 전체가 야만적이고 부정적으로 그려진다. 특히 영화에서는 원작에서보다 인디언의 폭력적인 양상이 더욱 강조된다. 이것은 원작에서 쿠퍼가 재현했던 인디언과 야만인을 동일시했던 담론이 영화에서도 그대로 반복되고 있음을 시사한다.

에서 헤이워드는 폭압적인 제국주의자로 등장한다. 때때로 그는 제국주의적 목적을 달성하기 위해 내티 범포를 죽음으로 몰아넣는 거짓말까지 한다. 이렇게 헤이워드가 원작과 다르게 그려진 까닭 역시 미국인의 독립 정신과 애국심을 강조하려는 감독의 의도에서 비롯된다.

또한 영화에서는 마구아 뿐만 아니라 인디언 전체가 야만적이고 부정적으로 그려진다. 특히 영화에서는 원작에서보다 인디언의 폭력적인 양상이 더욱 강조된다. 이것은 원작에서 쿠퍼가 재현했던 인디언과 야만인을 동일시했던 담론이 영화에서도 그대로 반복되고 있음을 시사한다. 아니 영화에서는 그 담론이 보다 강화되고 확장된다. 요컨대 영화 〈라히스트 모히칸〉은 '야만성'과 '폭력성'을 체화한 인디언의 소멸을 자연현상에 비유했던 원작과 같은 인종적 이데올로기를 답습한다. 그리고 이러한 원작과 영화의 유사성은 170년이라는 시차에도 불구하고 유사한 맥락의 '인종적 담론'이 미국 사회에서 여전히 유효하다는 것을 시사한다.

부끄러운 **과거**를 비판하는『주홍 글자』, 조화로운 **공존**을 추구하는〈주홍글씨〉

미국 문학사에서 1850년대는 '미국 문학의 르네상스 시대' 또는 '미국 문학의 낭만주의 시대'로 불릴 정도로 에머슨, 소로, 휘트먼, 포, 호손, 멜빌 등 많은 문학적 대가들이 활동했다. 문학사적으로 이 시기는 미국이 영국 또는 유럽 문화의 그늘에서 벗어나 본격적으로 고유한 '미국 문화' 또는 '미국 문학'을 싹틔우던 시기였다. 하지만 이 시대 문인들은 미국 문학이라는 같은 문학적 지향점을 지녔지만, 성향으로는 크게 두 그룹으로 나뉜다. 한쪽에는 낙천적 이상주의와 사회 개선에 대한 기대, 진보적 민주주의, 인간과 신과 사회의 완벽한 조화를 추구하는 밝은 '초월주의자들'이 자리하고 있고, 다른 쪽에는 인간 정신의 어두운 곳, 악의 수수께끼, 인간의 고독이나 비정상적인 심리 등 '어두운 힘'에 천착하는 작가들이 있다. 호손은 후자에 속한다.

17세기 미국에 정착한 청교도들은 기독교적 사랑과 형제애, 이타주의, 공동체 정신, 종교적 경건함, 도덕적 순결성 등을 강조하며 새로운 이상사회를 꿈꾸었지만, 실상 그들 사이에는 처음부터 차별과 갈등이 존재했다. 시간이 흐르면서 청교도들은 자신들과 뜻을 달리하는 사람들을 공동체를 위협하는 '악의 세력'으로 간주하고, 그들을 차별하고 배제했다. 심지어 청교도들은 '처음으로 돌아가자'는 종교적 정화'라는 명분으로 자신들과 뜻을 달리하는 사람들을 고문하고, 추방하고, 죽음에 이르게 했다. 즉 '혐오'와 '공포'는 당시 청교도 사회를 유지하는 두 축이었다. 그 과정에서 사회적으로 힘이 없는 소녀, 노파, 과부 등이 마녀로 간주되어 희생당했다. 한마디로 당시의 마녀사냥은 극단적인 청교도들의 오만과 독선, 광기와 비이성을 방증하는 단적인 예다.

호손은 과거에 대한 반성과 비판을 작가로서의 문학적 본령으로 삼았다. 대표작 『주홍 글자』(1850)에는 호손의 한 인간으로서의 도덕적 용기와 작가로서 책임의식이 잘 드러난다. 그는 퀘이커 교도와 마녀로 지칭되었던 힘없는 여인들을 박해했던 자신의 조상의 죄를 공적으로 고백하고 속죄를 구했다. 그는 자신의 원래 성인 '해손'(Hathorne)에 w를 추가하여 '호손'(Hawthorne)으로 바꾸었는데, 이는 자신을 청교도 조상들로부터 의식적으로 분리하는 동시에 조상들의 부정적 유산을 영원히 청산하겠다는 개인적 소망과 의지의 표상이다.

『주홍 글자』의 줄거리는 다음과 같다. 자신보다 나이가 훨씬 더 많은 의사 칠링워스와 결혼한 헤스터 프린은 남편보다 먼저 미국으로 이주했지만, 남편으로부터는 아무런 소식도 없고, 그러는 동안 펄이라는 사생아를 낳는다. 결국 그녀는 간통한 벌로 주홍색 'A'자를 가슴에 달고 평생을 살아야만 하는 가혹한 형벌을 선고받는다. 참고로 A는 '간통'(adultery) 혹은 '간통녀'(adulteress)의 첫 글자이다. 혐오와 공포, 그리고 가혹한 형벌에도 그녀는 끝끝내 간통한 상대의 이름을 밝히지 않는다. 사실 헤스터와 간통한 상대는 독실한 신앙의 전범이자 전도유망한 젊은 목사 아서 딤스데일이다. 그는 공개적으로 자신의 죄를 밝히지 못하지만 자신의 죄에 대해 속죄하기 위해 고행하며 점차 쇠약해져 간다.

한편 뒤늦게 도착해 헤스터의 공개 처벌을 목격한 남편은 복수를 맹세하고 헤스터에게는 자신의 존재를 마을 사람들에게 알리지 말라고 경고한다. 그는 딤스데일을 치료할 목적으로 그와 동거하고 마침내 딤스데일이 자신의 아내 헤스터와 간통한 상대임을 알게 된다.

7년 후 헤스터는 딤스데일을 우연히 만나는데, 수척해진 그의 모습을 보고 함께 도망가자고 제안한다. 그러나 딤스데일은 그녀의 제안을 거부하고, 새로 부임한 지사의 취임식 날 설교를 마친 뒤 헤스터와 그녀의 딸 펄과 함께 처형대에 오른 후 가슴을 헤쳐 보이며 자신의 죄를 고백하고 쓰러져 죽는다.

딤스데일이 죽자 칠링워스 또한 삶의 목적을 잃은 듯 서서히 죽어 간다. 결국 그는 자신의 전 재산을 펄에게 남긴다. 그가 죽은 뒤 헤스터와 펄은 어디론가 사라졌다가 헤스터만 돌아온다. 그런데 그녀는 여전히 가슴에 'A'를 달고 있다. 소문에 따르면, 그녀의 딸 펄은 유럽의 귀족과 결혼하여 잘 살고 있다. 헤스터는 뉴잉글랜드로 다시 돌아와 평생을 살다가 묻힌다. 여전히 그녀는 'A'자를 달고 있다. 여기서 문제가 되는 것은 그녀가 되돌아온 것도, 그녀가 다시 'A'자를 달고 있다는 사실이 아니다. 중요한 점은 그녀가 자유의지로 'A'를 달고 있다는 점이다.

『주홍 글자』의 표면상 결말은 헤스터와 딤스데일이 자신들의 관계를 통해 청교도 사회와 투쟁을 접고 화해를 한 것처럼 보인다. 그러나 호손은 이 작품을 통해 보다 근본적으로 청교도주의와 청교도 사회의 반생명적 교리를 날카롭게 비판한다. 최근 영미 문학 정전에 대한 비판적 논의에도 불구하고 호손의 작품이 생명력을 잃지 않는 까닭은 그의 작품에 미국 역사의 세목에 대한 비판과 엄정한 탐구, 그리고 탄력적인 상상력의 소산인 로맨스 양식이 적절하게 잘 결합하여 있기 때문이다. 당대의 초월주의자들이 유럽과의 단절과 신대륙의 이상을 부르짖을 때 호손이 『주홍 글자』를 통해 신대륙의 초기 역사에서 미국적 이상의 허위를 벗겨내고 미국의 자기망각을 환기한다는 점은 의미심장하다.

『주홍 글자』는 여러 차례 영화화 되었다. 그중 가장 유명한 것은 롤랑 조페 감독, 데미 무어, 게리 올드만, 로버트 듀발 주연의 1995년 작 〈주홍글씨〉다. 대체로 원작 소설을 영화화한 작품에 대한 평가는 호불호로 나눈다. 그러나 〈주홍글씨)의 경우는 예외적으로 대부분의 영화평이 비난으로 수렴된다.

영화 〈주홍글씨〉에 대한 가장 큰 비난은 무엇보다도 인고하며 회개하는 인물인 헤스터의 역할에 데미 무어가 잘 어울리지 않는다는 주장이었다. 그 외에 선정적이고 오락적인 할리우드 영화 요소의 추가, 시대적 배경의 변경과 그에 따른 원작에 없는 사건들의 삽입, 엔딩의 변화, 원작에서는 거의 존재감이 없던 인디언들의 전경화, 메인 플롯과 관계없는 불필요한 장면들, '기계 장치의 신'(deus ex machina)으로 간주할 만큼 너무나 갑작스럽고 설득력이 떨어지는 결말, 너무나 평면적인 등장인물의 성격화 등이 비난의 대상들이다.

전체적으로 보았을 때 영화 〈주홍글씨〉에 대한 비난은 "원작을 너무나도 심하게 훼손했다"는 사실에서 비롯된다. 그러나 주지하다시피, 영화와 소설의 매체가 다른 만큼 완전히 똑같을 수는 없다. 그리고 영화가 원작을 반드시 따라야만 하는 것도 아니다. 그보다 중요한 것은 영화가 원작의 핵심적 모티브를 얼마만큼 정확히 포착해서 충실히 담아내고 있느냐이다. 그런 점에서 영화 〈주홍글씨〉에 대한 비판은 재고할 필요가 있을 것 같다.

전술했듯이, 호손은 과거의 역사를 비판하고 반성하는 것을 그의 문학적 본령으로 삼았다. 역사적으로 미국의 청교도 사회는 대내외적인 '적'을 상정하고, 그들의 '배제'와 '박해'를 통해 유지되었다. 다시 말하면 청교도 사회는 공

영화 〈주홍글씨〉에서 교수형 직전 헤스터와 딤스데일, 그리고 펄은 인디언의 도움으로 탈출한다. 소외당하는 여성들 역시 헤스터와 정신적 연대를 통해 해방과 자유를 얻게 된다. 원작 소설과 다른 영화의 결말은 17세기 청교도 사회 전반에 만연해 있던 이분법적이고 알레고리적인 세계관, 억압적인 사회적 분위기, 비이성적이고 무자비한 박해 현실 등 부끄러운 과거를 비판하고 반성하는 동시에 아니 과거와 미래의 조화로운 공존을 꿈꾸는 감독의 세계관을 투영하고 있다.

동체 내부적으로는 과부나 어린 소녀들처럼 힘이 없는 이들을 '마녀'로 규정하고, 대외적으로는 아메리카 원주민을 '타자화'해 유지되었다. 즉 차별과 배제, 그리고 박해는 청교도 사회의 주요 작동 원리였다. 호손은 『주홍 글자』에서 미국의 바로 이런 부끄러운 과거를 비판하고 반성한다. 〈주홍글씨〉의 감독 조페 역시 호손과 같은 관점에서 『주홍 글자』를 바라본다. 더 나아가 그는 〈주홍글씨〉에서 과거의 반성에 머물지 않고, 더 나아가 과거와 미래의 조화로운 공존을 모색한다.

과거와 미래의 조화로운 공존이라는 조페 감독의 의도는 영화의 이중 플롯 설정에 잘 나타난다. 즉 메인 플롯에서는 원작과 마찬가지로 헤스터와 딤스데일 간의 '사랑'과 헤스터의 고난이 다루어지고, 서브플롯에서는 헤스터와 다른 소외 계층 여성들과 연대, 마녀사냥, 마녀재판, 아메리카 원주민과의 갈등과 습격 등이 다루어지고 있다. 그리고 이 두 플롯은 독립적으로 진행되다가 결말 부분에서 만난다. 감독은 두 플롯의 교차 편집을 통해 두 플롯이 상호 연관되어 있음을 관객에게 알려준다. 요컨대 감독은 이중 플롯의 설정을 통해 17세기 미국의 청교도 사회에 뿌리 깊게 만연되어 있던 차별과 배제, 박해를 전경화하고 있다.

조페 감독은 영화 〈주홍글씨〉에서 헤스터가 청교도 사회로부터 박해받는 이유를 단지 그녀의 육체적 열정에서 비롯된 간통으로 국한하지 않는다. 감독은 그녀가 박해를 받는 보다 근본적인 이유로 청교도 사회의 근간을 흔드는 그녀의 독립적이고 혁신적인 사고를 든다. 사실 헤스터가 당대 여성으로서는 드물게 지성을 갖추고 있고, 가부장적 권위에 도전하고 있다는 사실이 영화 곳곳에서 암시된다. 헤스터의 독립적이고 혁신적인 면은 영화 〈주홍글씨〉가 원작 『주홍 글자』와 가장 차별되는 점이다.

『주홍 글자』의 결말에서는 딤스데일과 칠링워스가 죽은 뒤 헤스터가 펄과 함께 공동체를 떠나지만, 영화 〈주홍글씨〉에서는 교수형 직전 헤스터와 딤스데일, 그리고 펄은 인디언의 도움으로 탈출한다. 그리고 보이스 오버로 그들이 캐롤라이나에 정착해 행복하게 잘 살았다는 후문이 전해진다. 소외당하는 여성들 역시 헤스터와 정신적 연대를 통해 해방과 자유를 얻게 된다. 이런 영화적 결말은 17세기 청교도 사회 전반에 만연해 있던 이분법적이고 알레고리적인 세계관, 억압적인 사회적 분위기, 비이성적이고 무자비한 박해 현실 등 부끄러운 과거를 비판하고 반성하는 동시에, 더 나은 내일을 꿈꾸는, 아니 과거와 미래의 조화로운 공존을 꿈꾸는 감독의 세계관을 투영하고 있다.

조페 감독은 이전 작품 〈킬링 필드〉(1984), 〈미션〉(1986), 〈시티 오브 조이〉(1992)에서 역사적 약자들에게 목소리를 주고 백인과 그들 간의 '경계 허물기'와 '화해'를 시도했듯이, 〈주홍글씨〉에서도 헤스터를 중심으로 하는 메인 플롯과 인디언과 소외 받는 여성들을 중심으로 하는 서브플롯의 합일을 통해 '화해' 또는 '공존'이라는 자신의 일관된 역사의식과 가치관, 세계관을 역설하고 있다.

호손은 『주홍 글자』에서 미국의 청교도 사회의 경직성, 편협성, 잔인함을 비판하면서도, 건국 초기의 이상과 절박한 상황에서도 빛을 발하는 원로들의 지혜, 용기, 정의 등을 긍정한다. 더 나아가 그는 '숲'의 요소를 긍정하면서도 '마을'의 요소 역시 없어서는 안 되는 것으로 간주하며, 야생과 문명의 조화로운 공존과 상호 수용을 소망했다. 그런 맥락에서 볼 때 영화 〈주홍글씨〉는 영화적으로 약간의 아쉬운 점이 있지만, 많은 사람들이 말하는 것처럼 원작을 크게 훼손했다기보다는, 감독이 자신의 의도에 맞도록 새롭게 각색했다고 말할 수 있다. 상식적인 이야기지만, 생각을 바꾸고 관점을 달리하면 다르게 보일 수 있다. 그리고 보지 못했던 혹은 보지 않았던 사실이 보인다.

〈프리 스테이트 오브 존스〉: **희망의 씨를 뿌리다**

공식적으로 미국의 남북전쟁(1861~1865)은 노예제도를 찬성한 남부와 이를 반대한 북부 사이의 '미국 내전'(American Civil War)이다. 결과적으로 전쟁의 명분과 전력에서 앞선 북부가 전쟁에서 승리를 거두었다. 하지만 전쟁의 후유증은 생각보다 훨씬 컸다. 특히 전쟁터가 된 남부의 피해는 훨씬 더 심했다. 대농장이 파괴되면서 남부의 지배층은 경제적·심리적 상실감에 빠져들었고, 흑인 노예들의 삶 역시 전쟁 전과 비교했을 때 크게 나아지지 않았다. 아니 훨씬 더 안 좋아졌다. 그렇다면 '노예해방'이라는 남북전쟁의 명분은 도대체 어디로 간 걸까.

하지만 경제적 측면보다 더 큰 문제는 남북전쟁으로 남부 사회에 만연한, 혹은 한층 강화된 흑인에 대한 적대적 태도였다. 남북전쟁 후 남부의 백인들은 예전에 노예주였든지 자유주였든지 간에 흑인에 대해 적대적 태도를 보였다. 그들은 남북전쟁의 모든 원인을 흑인에게 돌렸다. 흑인에 대한 분노, 그에 따른 차별과 폭력은 이때부터 본격화되었고 지금까지 이어진다. 오늘날 미국 사회에서 흑인을 비롯한 유색인종에 대한 반감과 분노가 많이 엷어졌다고 하지만, 미국의 남부 지방, 특히 '딥 사우스'(Deep South)라 불리는 앨라배마, 미시시피, 루이지애나는 상대적으로 여전히 인종차별이 다른 주보다 심하다.

이 지역은 경제적으로 낙후되었고 정치적으로도 보수적이다. 거칠게 말해 이 지역의 흑인을 비롯한 유색인종에 대한 반감은 남북전쟁과 노예제도에서 연원한다고 할 수 있다.

미국 사회에서 인종차별 문제는 지금까지도 논란을 불러일으키는 문제다. 예전에는 피에 따른 '인종차별'(race discrimination)이 문제였다면, 현재는 인종차별에 종교와 문화에 따른 '민족차별'(ethnic discrimination)이 더해져 더욱 복잡해져 가고 있는 양상이다. 남북전쟁이 끝난 지 150년이 넘었고, 마틴 루서 킹 목사의 그 유명한 〈나에게는 꿈이 있어요〉(I Have a Dream) 연설과 워싱턴 행진이 50년 전에 있었고, 아프리카계 출신의 대통령이 선출되었음에도, 미국사회에서 인종차별 문제는 여전히 '뜨거운 감자'다.

남북전쟁 시기는 양면적으로 평가될 수 있다. 앞에서 말했듯이, 남북전쟁은 남부의 입장에서는 대농장의 파괴와 노예 해방을 동반하면서 남부의 경제력을 급속히 쇠퇴시켰지만, 반대로 북부의 입장에서는 남부의 흑인들을 공장 노동자로 대거 유입시키고 흑인들에게 투표권을 부여함으로써, 미국을 정치적·경제적으로 한 단계 성장시키는 계기였다. 다시 말하면 미국은 남북전쟁 이후 대내적으로는 본격적으로 산업화에 착수했고, 정치적으로 안정을 찾았고, 대외적으로는 안정된 국내 정세를 바탕으로 제국주의에 동참하며 세계의 변방에서 중심으로 나가는 전기를 마련했다.

이처럼 미국 역사에서 남북전쟁 시기는 명암은 있지만, 정치적·경제적으로 중요한 시기였음에는 틀림이 없다. 그런 이유 때문인지 남북전쟁 시기를 다룬 소설과 영화가 많다. 예컨대 〈바람과 함께 사라지다〉(1939)를 비롯해 〈갱스 오브 뉴욕〉(2002), 〈링컨〉(2012) 등은 모두 남북전쟁 시기를 배경으로 한다. 이 영화들뿐만 아니라 남북전쟁 시기를 다룬 많은 영화들은 대체로 남부와 북부 사이의 정치, 사회, 문화의 갈등을 전경화해왔다.

그러나 최근 남북전쟁기 영화들은 조금 다른 관점에서 남북전쟁을 이야기한다. 즉 최근에는 남부와 북부의 갈등과 대립보다는 주로 남부의 이야기, 특히 노예들의 초점을 맞춘 영화들이 시선을 끈다. 예컨대 실화를 바탕으로 한 〈노예 12년〉(2013)은 1840년대 미국 역사를 부끄러운 단면을 보여준다. 공식적으로 미국으로의 노예 수입이 금지되자, 노예상들은 '자유주'의 흑인 노예를 납치해 '노예주'로 팔아넘긴다. 영화 〈노예 12년〉은 음악가인 솔로몬 노섭(치에텔 에지오프 분)이 납치되어 어쩔 수 없이 노예 플랫의 삶을 살아가는 신산한 과정을 담고 있다. 그리고 최근 또 한편의 남북전쟁을 다룬 영화가 나왔는데, 바로 〈프리 스테이트 오브 존스〉(2016)다. 이 영화는 좀 더 거시적인 관점에서 남북전쟁을 바라본다.

미시시피주의 가난한 농부 뉴턴 나이트(매튜 매커너헤이 분)는 남북전쟁 중 벌어진 코린트 전투에서 살아남은 뒤, 탈영병, 소작농, 노예 등으로 구성된 반란군을 이끈다. 그는 남부 정규군에 대항해 맞서 싸워 승리한다. 그는 북부군에 동참 의사를 밝히지만 거절당한다. 결국 그는 차별 없는 세상을 꿈꾸며 기존에 없던 새로운 나라, 즉 남부 지방에 노예제 없는 자치지구이자 최초의 혼혈 인종 공동체 '프리 스테이트 오브 존스'를 세운다. 또한 그는 노예였던 흑인 노예 레이철(구구 바샤-로 분)과 결혼함으로써 프리 스테이트 오브 존스의 존재과 가치를 입증한다.

영화 〈프리 스테이트 오브 존스〉도 〈노예 12년〉과 마찬가지로 실화를 바탕으로 하고 있고, 남북전쟁을 역사적 배경으로 택하고 있다. 하지만 영화 속에서 남부와 북부의 대립과 갈등은 전경화되지 않는다. 영화 첫 장면 자막에서 보여주듯이, 1862년부터 1876년까지 미시시피주 존스 카운티가 영화의 시공간적 배경이다. 첫 장면에서의 남부와 북부의 전투 중 하나인 코린트 전투를 제외하면 영화는 대부분 남부 내에서의 갈등과 대립을 그린다. 즉 〈프리 스테이트 오브 존스〉의 메인 플롯은 남북전쟁 이후 보다 보수화된 남부사회와 이에 저항하는 뉴튼을 중심으로 한 프리 스테이트 오브 존스 간의 갈등과 대립이다.

남북전쟁이 끝난 뒤 뉴턴 나이트와 그를 따르는 사람들은 전쟁이 끝나면 새로운 세상이 열릴 것이라고 기대했지만 사실은 그렇지 않다. 그들의 기대와 달리 남부는 옛 질서를 빠르게 회복한다. 전쟁 때 도망친 대농장주는 다시 돌아와 연방 정부에 충성 맹세를 하고 그 대가로 경제적 기득권을 보장받는다. 그들은 여전히 불법적으로 흑인 노예를 '도제 제도'(apprenticeship)라는 명분으로 착취하고 흑인들의 농작물을 세금이라는 명목으로 약탈해간다.

남북전쟁 후 공식적으로 흑인들에게까지 투표권이 부여되었지만 남부의 백인들은 이에 노골적으로 반감을 드러낸다. 그들은 흑인들뿐만 아니라 투표장에 온 뉴턴 일행을 위협한다. 일부 과격한 백인들은 참정권 운동을 전개하던 모세 워싱턴(메허샬레하쉬바즈 엘리 분)을 끔찍하게 살해한다. 그들은 '흰 두건'을 쓴 채 교회를 불태우고, 약탈하고, 살인을 저지른다. 레이첼은 겁에 질려, 혹은 절망 상태에 빠져 뉴튼에게 "북부로 떠나자"고 간절히 애원하지만, 뉴턴은 "여기가 우리 집"이라며 공동체 건설에 대한 의지와 희망을 버리지 않는다. 그는 연장을 들고 타버린 집을 다시 짓기 시작한다.

영화 후반부로 가면 뉴턴보다는 그의 아내 레이철에 초점이 맞추어진다. 원래 레이철은 노예로서 나이트 부부의 아이가 아팠을 때 돌봐주었고, 뉴턴이

뉴턴의 시도(흑인의 참정권)와 데이비스의 시도(인종차별 없이 백인 여성과의 결혼)는 모두 실패로 끝나기 때문에 영화 〈프리 스테이트 오브 존스〉는 절망의 이야기처럼 보인다. 하지만 이 영화는 희망을 이야기한다. 왜냐하면 그들은 결과에 좌절하지 않고 계속해서 희망을 꿈꾸었기 때문이다.

늪으로 도망칠 때도 그를 도왔다. 그리고 늪으로 마을 소식을 전해주다가, 나중에는 주인의 학대를 못 이겨 그녀 역시 늪으로 들어온다. 나중에는 그에게서 글을 배워 아이들에게 글을 가르치기도 한다. 그녀는 진취적인 사고와 따뜻한 심성의 소유자다. 그녀는 뉴턴을 떠났다가 다시 돌아온 그의 전처 세레나(케리 러셀 분)를 받아들이고 그녀와 함께 살아간다.

하지만 레이철은 법적으로 뉴턴의 아내가 될 수 없다. 그래서 뉴턴은 그녀에게 약간의 땅을 양도했고, 그녀는 미시시피주에서 땅을 소유한 몇 안 되는 여성이 되었다. 그 후 그녀의 삶이 어땠는지 영화를 통해 정확히 알 수는 없지만, 추정컨대 그녀는 사랑하는 남편과 법적 부부가 되지 못했으니 늘 행복하지는 않았을 것이다. 대신 그녀는 자기 후손들은 자신보다 더 행복하기를 꿈꾸었을 것이다.

그러나 그녀의 바람과 달리 그녀의 후손들은 그녀보다 더 행복하지 않았다. 즉 불행은 그녀로 그치지 않고, 그녀의 후손, 정확히 말하면 그녀의 증손자에게까지 이어진다. 미시시피 주법에 따라, 그녀의 증손자 데이비스는 1/8의 흑인 혈통을 갖고 있기 때문에 흑인으로 분류되고, 따라서 법원은 그와 백인 여성과의 결혼은 무효라고 판결한다. 그의 변호사와 법원은 그에게 결혼무효를 받아들이라고 종용하지만, 그는 자신이 혈통을 속여 결혼한 것이 아니기 때문에 죄가 없다고 주장한다. 결국 그는 미시시피주 '분리정책'을 위반했다는 죄목으로 유죄판결을 받아 5년형을 선고받는다. 미시시피주 대법원 역시 상고심에서 그에게 유죄를 선고한다. 아주 오래된 이야기 같지만, 실제로는 1960년도를 전후로 한 미국의 이야기다.

영화 속에서 뉴턴의 시도(흑인의 참정권)와 데이비스의 시도(인종차별 없이 백인 여성과의 결혼)는 모두 실패로 끝나기 때문에 〈프리 스테이트 오브 존스〉는 절망의 이야기처럼 보인다. 하지만 이 영화는 희망을 이야기한다. 왜냐하면 그들은 결과에 좌절하지 않고 계속해서 희망을 꿈꾸었기 때문이다. 비록 그들은 자신들이 꿈꾼 세상에서 살지 못했지만, 그들 덕분에 지금의 미국인들, 더 나아가 모든 사람들이 그들이 꿈꾼 세상에 살고 있다. 바꿔 말하면 그들은 미래를 위해 희망의 씨를 뿌린 것이다. 희망의 씨앗은 자신이 아닌 다른 누군가를 위해 뿌리는 것이라는 옛말이 새롭게 들린다.

오늘날에는 모든 '차별'과 '분리'를 법적으로 금지한다. 아니 법적으로뿐만 아니라 도덕적으로도 금지한다. 차별을 금지하는 게 지금은 상식이지만, 불과 50년 전만 하더라도 법적 차별과 분리가 당연하게 이루어졌다. 누군가의 말처럼 "자유와 평등은 그냥 얻어진 게 아니다. 피와 눈물의 결과다."

〈여인의 초상〉: 이사벨의 **진정한 '레이디'** 되기

　헨리 제임스는 미국에서 태어났으나 생애 대부분을 유럽, 특히 영국에서 살면서 미국과 유럽, 즉 신세계와 구세계, 그리고 미국인과 유럽인의 특징에 대한 면밀한 통찰력을 바탕으로 '심리적 리얼리즘'을 추구했다. 마크 트웨인이 미국 문학을 영국 문학으로부터 독립시켜 미국의 고유한 문학 전통을 마련했다면, 제임스는 거기에서 더 나아가 미국 문학을 세계 문학의 반열에 올려놓았다고 할 수 있을 정도로 미국 문학사에서 차지하는 위상이 크다.

　유럽과 미국에서 고등 교육을 받은 제임스는 유럽에서의 미국인의 정체성의 문제와 함께 문화갈등, 외양과 내면 사이의 괴리에 대한 자각, 삶과 예술의 관계를 작품 속에서 구현했다. 그의 '의식의 중심'이라는 서사 기법은 나중에 모더니즘 소설가들이 '의식의 흐름' 기법으로 발전시켰다. 사실 '의식의 흐름'이라는 용어도 그의 형 윌리엄 제임스가 『심리학의 원리』(1890)에서 처음 쓴 용어다. 참고로 근대 심리학의 창시자인 윌리엄 제임스는 미국의 저명한 교육자이자 철학자이다. 특히 그는 미국 실용주의 철학의 확립자로 평가되고, 철학, 종교학, 심리학 등 다양한 분야에 걸쳐 뛰어난 연구를 많이 남겼다.

　『여인의 초상』(1881)은 몇 년 앞서 출간된 『데이지 밀러』(1879)와 함께 제임스의 작가적 명성을 떨치게 한 작품으로 여성에 대한 그의 자전적인 경험이 녹아 있다. 간략하게 말하면, 독립심이 강하고 지적이며 상상력이 풍부한 미국인 처녀 이사벨 아처는 영국의 부유한 친척으로부터 막대한 유산을 물려받게 된 후, 주변의 반대에도 불구하고 이탈리아에 정착한 미국인 길버트 오즈먼드와 잘못된 결혼을 한다. 결국 그녀는 자신의 이상주의적 포부를 꺾은 채 체념의 삶을 선택한다.

『여인의 초상』을 제대로 파악하기 위해서는 무엇보다도 제임스의 대조되는 두 가지 서술기법, 즉 작중 화자의 개입 없이 극적 장면을 재현하는 기법과 작중 화자가 주인공의 의식 깊숙이 파고들어 그 움직임을 정리하여 전달하는 기법에 대한 심도 있는 이해가 필요하다. 제임스 이전까지 극적 사건의 플롯이 소설의 중핵을 이루었다. 하지만 제임스의 소설을 비롯해 제임스 조이스, 버지니아 울프의 소설 등 일명 '모더니즘' 소설에서는 외부적인 사건보다는 주인공의 내면적인 의식이 소설의 본령이 된다. 그리고 그 전통은 지금까지 이어져 오고 있다.

『여인의 초상』은 분량도 길고 플롯이 극적 사건보다는 주인공 이사벨의 의식의 흐름에 따라 전개되기 때문에 따라 읽는 것조차 쉽지 않다. 게다가 '연애소설'의 외피임에도 불구하고 톤은 상당히 무겁고 건조하다. 전체적으로 보자면, 『여인의 초상』은 개인의 선택과 자유가 사회의 인습과 어떻게 대항하고 동화되는지를 보여주는 일종의 '성장소설'이라 할 수 있다.

하지만 『여인의 초상』은 읽고 난 뒤 많은 생각 거리를 남긴다. 즉 이사벨이 여러모로 훌륭한 남편감인 워버튼 경의 청혼을 거절한 이유는 뭘까? 반면 오즈먼드와 결혼한 것은 순수하게 자신의 선택 결과인가? 세상의 관습과 개인의 자유는 어떻게 연관되는가? 무엇보다도 이사벨은 마지막에 왜 로마로 돌아가는가? 그녀는 오즈먼드에게 돌아가서 불행한 결혼생활을 지속하려는 것인가? 제목은 작품의 의미에 어떻게 연결될 수 있을까? 등등.

특히 작품 후반부 이사벨이 워버튼 경의 청혼을 뿌리치고 오즈먼드에게 돌아가는 장면은 상당히 논쟁적이다. 이사벨은 자신의 결혼 생활을 반추하는 과정에서, 성적 이끌림 없이, 즉 육체적인 '열정' 없이 이상만으로 오즈먼드를 택한 것에 대해 후회한다. 그러나 이사벨도 그렇고 작가도 그렇고 이에 대해 분명한 반성의 태도를 보이지 않는다. 즉 제임스는 이사벨의 이상주의적 태도를 비판하면서도 그녀의 이상 자체는 철저한 반성의 대상에서 제외하는 불분명한 태도를 취한다.

동명의 영화 〈여인의 초상〉(1996)은 〈피아노〉(1993)로 잘 알려진 제인 캠피언이 연출하고 니콜 키드먼, 존 말코비치, 바바라 허쉬 등 당대의 뛰어난 연기파 배우들이 대거 등장하는 영화다. 이 영화는 〈피아노〉에서 그랬듯이, 감독 특유의 여성적 섬세함과 밀도 있는 연출이 특히 인상적이다. 그래서 극적 긴장감은 덜하지만 대신 영화를 보고 나면 굉장히 먹먹한 느낌이 든다. 특히 영화 속 배경음악, 배우들이 전하는 대사, 그들의 표정 하나하나가 오랫동안 기억에서 떠나지 않는다.

영화 〈여인의 초상〉도 원작 소설처럼 서사가 어떤 명확한 극적 사건을 중심으로 전개되는 것이 아니라 주로 이사벨의 의식과 심리에 따라서 전개 때문에 따라가기가 쉽지 않다. 그래도 한 가지 영화 보기 방법을 제안하자면, 이사벨의 심리가 아니라 주변 등장인물에 초점을 맞춰 보는 것이다. 원작 소설에서는 이사벨의 시선으로 등장인물들을 바라보고 그녀의 의식 또는 심리에 따라 그들의 성격이 평가된다. 반면 영화에서 감독은 주인공 이사벨의 심리를 전면에 드러내지 않고, 대신 여러 등장인물들의 모습을 보여줌으로써, 관객들에게 이사벨의 심리를 유추하도록 영화적 설정을 시도하고 있다.

영화는 첫 장면에서 가든 코트를 비롯해 유럽의 문화적 유산을 다양하게 보여준다. 그런 뒤 이사벨의 등장으로 구대륙과 신대륙 간의 묘한 긴장감이 조성된다. 이사벨이 사촌 랠프와 그녀의 친구 헨리에타를 만나는 장면 역시 마찬가지다. 이사벨을 만나면서 손을 흔드는 헨리에타의 모습은 이사벨에게

영화 〈여인의 초상〉은 원작 소설의 백미라 할 수 있는 이사벨의 인식의 변화 과정을 지나칠 정도로 외적인 사건으로 처리한 게 조금 아쉬운 점으로 남는다. 하지만 제임스의 원작 소설을 보다 직접적이고 감각적인 방식으로 각색함으로써, 원작 소설에 대한 이해의 폭을 넓혀줄 뿐만 아니라, 시각적인 즐거움을 통한 새로운 책읽기, 즉 영화를 통해 접근하기 어려운 고전의 '고급문화 체험'을 선사한다는 점만으로도 이 영화의 의의는 충분하다.

는 너무나 자연스럽지만, 관습에 얽매인 유럽인뿐만 아니라 미국에서 교육을 받은 중도적인 랠프에게도 이질감을 불러일으킨다. 이처럼 초반부에서 조성되는 긴장감과 이질감은 좁게는 이사벨에게 닥칠 여러 가지 사건, 즉 등장인물 사이의 긴장과 갈등을 암시하고, 넓게는 유럽문화의 미국문화의 '문화적 충돌'을 암시한다.

　　원작 소설과 비교해 보았을 때 영화 〈여인의 초상〉에서 가장 인상적이면서도 흥미로운 인물은 마담 멀이다. 그녀는 뛰어난 피아노 연주 실력, 삶에 대한 깊은 성찰, 다양한 주제에 대한 박식함과 세련된 대화 매너로 순진한 이사벨을 단숨에 매료시킨다. 그녀는 한때는 큰 꿈을 가졌으나 이제는 남편도 자식도 집도 없이 다른 사람의 돈으로 먹고사는 유럽 상류 사회의 식객으로 전락했다. 그녀는 자신과 달리 젊음과 미모, 재력까지 겸비한 이사벨을 시기하고,

오즈먼드와 자신의 딸 팬지의 물질적 성공을 위해 순진한 이사벨을 이용하고 결국 그녀에게 깊은 상처를 안긴다.

이사벨이 오즈먼드의 차갑고 거대한 예술품 중 하나로 간주된 것처럼 팬지 역시 마찬가지로 오즈먼드에 의해 사물화 된다. 그녀는 수도원에서 성장하며 수도원과 아버지의 가르침에 복종하는 것이 체화되어 있어 열렬한 구혼자인 로지에를 사랑하면서도 아버지를 거역하지 못한다. 영화 초반, 아름다운 정원을 감상하려 사뿐사뿐 정원 속을 걸어 들어가는 이사벨을 바라보는 팬지의 시선과 이윽고 울음을 터뜨리는 모습은 복종에 길든 그녀의 수동적인 성향을 잘 반영한다. 마지막 장면에서도 그녀는 로마로 함께 떠나자는 이사벨의 권유에도 아버지의 허락이 없으므로 떠날 수 없다고 말한다. 그녀의 이러한 모습은 아버지의 명령에 굴종하고 체념하는 당시의 전형적인 여성상을 잘 보여준다.

전술했듯이, 『여인의 초상』의 가장 큰 장점이자 특징은 여주인공 이사벨의 뛰어난 심리묘사다. 예컨대 원작 소설에서 가장 유명한 장면은 이사벨이 밤새도록 의식의 탐색을 통해 마담 멀의 실체를 깨닫는 장면이다. 그녀는 난로 앞에 앉아 지난 3년간에 일어난 일들을 되새기며 '밤새도록' 긴 내면의 독백을 한다. 그녀는 오즈먼드와 마담 멀 사이의 어떤 관계를 막연히 의식하면서 오즈먼드와 같이 사는 자신의 생활에 대해 실망감을 느끼고 깊게 고뇌한다. 그녀는 오즈먼드가 자신을 그의 '명화 수집'의 새로운 목록으로 간주했다는 사실을 깨닫는다. 자신은 그에게 끊임없이 주체적 인간임을 역설했고, 바로 그 때문에 오즈먼드가 자신에게 깊은 증오심을 드러냈다는 것도 깨닫게 된다. 원작 소설에서 가장 중요한 이 장면이 영화에서는 제미니 백작 부인의 입을 통해 아주 간단히 처리되기 때문에, 혹자는 이 점을 영화의 가장 아쉬운 부분이라고 지적한다.

하지만 영화도 나름대로 장점을 갖고 있다. 즉 원작 소설에서는 구체적으로 드러나지 않거나 아니면 작가가 의도적으로 감추려 했던 부분이 영화에서는 보다 구체화 된다. 예를 들어 소설에서는 분명치 않았던 이사벨의 '성적 열망'이 영화에서는 그녀와 그녀를 둘러싼 구혼자들 사이에서 벌어지는 장면을 통해 구체적으로 드러난다. 이처럼 찬찬히 살펴보면 원작 소설에서 접할 수 없던 요소를 영화를 통해 볼 수 있다.

전술했듯이, 사실 『여인의 초상』의 독서의 가장 큰 어려움은 분량이 너무나 방대하고, 주인공 이사벨의 인식 변화과정이 소설의 중심을 이루고 있어서 작품을 따라 읽기가 쉽지 않다는 점이다. 하지만 영화는 이사벨의 의식은 간결하게 처리하고, 대신 그녀의 성적 열망에 초점을 맞춤으로써 새로운 층위의 그녀의 의식의 각성을 보여준다. 방법은 조금 차이가 있지만 원작 소설과 영화에서 이사벨은 의식의 각성을 이룬다.

영화 〈여인의 초상〉이 원작의 백미라 할 수 있는 이사벨의 인식의 변화 과정을 지나칠 정도로 외적인 사건으로 처리한 게 조금 아쉬운 점으로 남지만, 제임스의 원작 소설을 보다 직접적이고 감각적인 방식으로 각색함으로써, 원작 소설에 대한 이해의 폭을 넓혀줄 뿐만 아니라, 시각적인 즐거움을 통한 새로운 책읽기, 즉 영화를 통해 접근하기 어려운 고전의 '고급문화 체험'을 선사한다는 점만으로도 이 영화의 의의는 충분하다. 게다가 당시 톰 크루즈의 아내로 더 알려졌던 니콜 키드먼의 배우로서의 존재감을 이 영화에서 한껏 느낄 수 있다. 또한 젊은 날의 크리스천 베일과 비고 모텐슨의 풋풋함도 느낄 수 있다.

『위대한 개츠비』: '미국의 꿈'과 좌절

우디 앨런의 영화 〈미드나잇 인 파리〉(2011)로 시작하자. 주인공 소설가 길(오웬 윌슨 분)은 약혼녀 이네즈(레이철 맥아담스 분)와 파리로 여행을 왔지만, 파리의 '낭만'을 만끽하고픈 자신과는 달리 파리의 '화려함'을 즐기기를 원하는 이네즈에게 실망하고 결국 홀로 파리의 밤거리를 거닌다. 그런데 열두 시 종이 울리는 순간 그 앞에 홀연히 클래식 푸조가 나타나고 그는 엉겁결에 그 차에 올라탄다. 길이 도착한 곳은 놀랍게도 1920년대의 파리다. 그곳에서 그는 평소에 동경하던 헤밍웨이, 피카소, 달리 등 전설적인 예술가들과 만나 친구가 되고 그들과 매일 밤 꿈같은 황홀한 시간을 보낸다. 심지어는 헤밍웨이와 피카소의 연인 아드리아나(마리옹 꼬띠아르 분)와 사랑에 빠지기도 한다.

〈미드나잇 인 파리〉에서 길이 푸조에 처음 올라탔을 때 멋지게 잘 차려입은 부부를 만나는데 그들은 바로 『위대한 개츠비』(1925)의 작가 프랜시스 스콧 피츠제럴드와 그의 아내 젤다 피츠제럴드다. 영화에서 그들은 '더 이상 내일은 없다'는 듯 끝 모를 향락적인 삶을 살아가는데, 실제 삶도 영화 속 모습과 크게 다르지 않았다.

피츠제럴드는 프린스턴 대학교 졸업 후 결혼을 약속했던 젤다로부터 파혼

당하지만, 글쓰기에 전념해 첫 작품 『낙원의 이쪽』(1920)의 성공으로 부와 명성을 얻고 결국 젤다와 결혼한다. 하지만 그는 작가로서 갑작스러운 성공한 후 방탕하고 향락적인 삶을 살았고, 시간이 흐르면서 명성은 점점 떨어져 가고 나중에는 쓰는 작품마다 혹평을 받게 된다. 말년에는 알코올 중독자가 되었고 경제적으로 어려움에 부닥치게 되어 빚 때문에 할리우드에서 시나리오 작가를 하다 결국은 심장병으로 세상을 떠난다.

젤다 역시 부잣집 딸로 젊은 날에는 미모와 돈, 명성 모두를 누렸지만, 세월이 지나면서 퇴색해가는 자신의 모습에 고통스러워했다. 또한 피츠제럴드의 바람기와 그가 쓴 『밤은 부드러워』(1933)가 자신을 비꼬는 내용이라는 것을 알게 되자 마음의 병이 더욱 심해진다. 그녀 역시 피츠제럴드가 죽은 뒤 정신병원 화재로 사망하게 된다.

피츠제럴드 부부는 현실에서 벗어나 향락에 빠진 채 꿈을 좇는 '잃어버린 시대'(Lost Generation)의 전형적인 군상이다. 『밤은 부드러워』에서 그랬듯 이 『위대한 개츠비』에도 현실과는 유리되어 이상을 추구하는 피츠제럴드의 인생관이 잘 드러난다. 이처럼 피츠제럴드의 작품세계 속에는 작가 자신의 경험과 생각이 뚜렷하게 각인되어 있다.

피츠제럴드의 대표작 『위대한 개츠비』는 한마디로 가난 때문에 잃었던 옛 연인 데이지를 되찾으려는 개츠비의 사랑 이야기다. 그는 현실과 이상을 혼동하고, 그 사이에서 계속 번민하고 방황한다. 이 작품은 피츠제럴드의 사회 비판 의식, 예술적 기법을 바탕으로 1920년대 미국 사회에 대한 분석뿐만 아니라 미국인들의 꿈, 더 나아가 인간의 이상향에 대한 염원과 좌절 등의 보편적 주제를 다루고 있어서 출간된 이후 현재에 이르기까지, 특히 최근 들어 더욱 주목을 받고 있다. 피츠제럴드는 『위대한 개츠비』의 집필이 작가로서 자신의 의무였다고 주장할 정도로 이 작품에 심혈을 기울였으며, 헤밍웨이, 엘리엇, 이디스 워튼 등 당대의 작가들로부터 격찬을 받았다.

『위대한 개츠비』에서 개츠비는 가난한 농부의 아들로 태어났으나 자신의 꿈을 실현하기 위해 이름도 바꾸고, 돈 때문에 잃었던 자신의 사랑을 돈으로 되찾으려 한다. 즉 그는 경제적인 부를 통해 자신의 잃었던 꿈을 찾고 보상을 받으려 한다. 그리고 그것이 가능하다고 믿는다. 그렇기에 그는 막대하게 돈을 번 뒤 데이지를 되찾기 위해 그녀가 사는 저택 맞은편 저택에 자리를 잡고 그녀가 자신을 찾아올 때까지 매주 파티를 연다. 마침내 그녀를 만나자 그는 과거에 그녀에게 해 주지 못했던 '물질적 풍요로움'을 아낌없이 주고 행복해 하는 그녀의 모습을 보며 스스로 만족해한다. 그는 그녀가 자신을 사랑하고 있다고 믿는다. 그래서 그는 그녀에게 결코 남편 톰을 사랑한 적이 없고 오직 자신만을 사랑했었다고 남편에게 말하라고 부탁 또는 강요한다.

한 마디로 개츠비는 과거에 사로잡혀 있다. 개츠비는 데이지를 진정으로 사랑했다기보다는 과거의 자신의 꿈이었던 데이지를 차지함으로써 또는 그녀의 사랑을 확인함으로써 '불완전한' 자신의 과거를 완벽하게 구현하려 한다. 즉 개츠비는 과거를 과거로 떠나보내지 못하고 과거를 현재에 투사하고 있다. 그렇기 때문에 그가 더욱 안타깝고 비극적이다.

『위대한 개츠비』에서 화자 닉과 개츠비는 '지난날'에 대해 여러 차례 대화를 나눈다. 개츠비가 밤마다 응시하곤 했던 '초록색 불빛'은 좁게는 옛사랑을 다시 찾고자 하는 그의 '소박한' 꿈을 상징하고, 넓게는 이상적인 공동체를 세우려던 미국 선조들의 '웅장한' 꿈을 상징한다. 닉은 과거에 집착하는 개츠비를 처음에는 의혹과 불신의 시선으로 바라보지만, 나중에는 그를 안타깝게 여기며 점점 그에게 내적으로 '동화'된다. 결국 닉은 개츠비의 꿈이 실현되지 못한 이유를 개츠비 개인의 탓보다는 사회의 탓으로 여긴다.

『위대한 개츠비』에서 개츠비는 결국 자신이 꿈꾸었던 데이지와 그녀가 표상하는 상류계급의 속물근성에 의해 희생된다. 데이지가 운전하던 차에 톰의 정부 머틀이 치어 죽자 개츠비는 그녀의 죄를 대신 뒤집어쓴다. 톰은 머틀의 남편 윌슨에게 그녀를 죽인 사람이 개츠비라고 거짓 정보를 주고, 개츠비는 윌슨의 총에 맞아 어이없게 죽는다. 결과적으로 개츠비는 부자들의 무책임과 이기심의 희생양이 된다. 하지만 톰과 데이지, 그리고 개츠비의 파티를 즐기던 상류층 그 누구도 개츠비의 죽음을 애도하지 않는다. 오히려 개츠비를 외면하고 그를 비난한다. 물질적인 풍요의 꿈을 꾸며 새로운 삶의 가능성을 찾아 아메리카 대륙으로 건너온 선조들이 건설한 미국 사회에서 정작 그 꿈을 실현한 것처럼 보이는 부유층들이 사실은 도덕적 타락과 무책임으로 얼룩진 그릇된 삶을 살아가고 있다.

닉은 개츠비의 꿈을 아메리카 대륙에 도착하는 선원들의 꿈, '모든 인간의 최후의 꿈', '가장 위대한 꿈'이라고 규정하고, 그것을 '미국의 꿈', 더 나아가 '보다 나은 삶을 향한 인류의 보편적인 꿈'과 연결한다. 그는 그런 이상과 이상을 향해 헌신하는 모습, '희망을 품는 비범한 재능'이 바로 현실에 탐닉하는 사람들보다 개츠비를 더욱 위대하게 만든다고 생각한다.

『위대한 개츠비』는 데이지에 대한 개츠비의 지고지순한 사랑 이야기를 넘어 미국 이상주의자들의 꿈과 좌절, 그리고 그 대안에 대한 작가의 통찰의 기록이다. 더 나아가 미국 사회와 미국인들의 사고의 바탕을 이루는 '미국의 꿈'이 결국 허상에 지나지 않는다는 것을 예거하는 현대사회의 슬픈 초상화다.

개츠비는 늘 자신의 저택의 정원에 서서 강 또는 호수 건너다보이는 데이지의 집에서 나오는 '초록색' 불빛을 향해 손을 뻗었다. 그에게 초록색 불빛은 자신의 과거 절망과 슬픔을 보상해 줄 수 있는 심리적 위안이었다. 그리고 그는 언젠가 그 불빛을 손으로 직접 잡을 수 있을 것이라 믿었다. 하지만 그는 결코 초록색 불빛을 잡을 수 없었고, 설령 잡을 수 있다 하더라도 그 불빛은 그에게 기쁨과 행복을 전해주지 않는다. 단지 그의 믿음일 뿐이었다. 요컨대 개츠비의 지나친 초록색 불빛에 대한 지나친 믿음은 '광란의 20년대'(Roaring Twenties)에 지나칠 정도로 팽배해 있던 미국의 낙관주의를 표상한다.

사실 1920년대 미국은 풍요를 향한 꿈이 곧 실현될 것이라는 낙관적 분위기가 팽배했다. 『위대한 개츠비』의 개츠비와 닉, 그리고 주변 인물들을 통해 그런 분위기가 충분히 느껴진다. 하지만 바로 그 풍요와 아름다움의 외양 뒤에는 추악하고 파괴적인 미래가 숨겨져 있다. 작가 피츠제럴드는 겉으로 드러난 물질적 풍요의 이면을 예리하게 묘파했다. 그리고 그가 예측한 불안함은 결국 끔찍한 현실이 되었다. 1920년대 미국인들은 끝 모를 풍요와 환락을 추구했지만, 결국 1930년대 더 깊은 경제공황의 늪으로 빠지게 된다.

『위대한 개츠비』를 원작으로 여러 차례 영화가 제작되었다. 그 중 잭 클레이턴의 〈위대한 개츠비〉(1974)와 바즈 루어만의 〈위대한 개츠비〉(2013)가 대중적으로 가장 알려져 있다. 각각의 영화에서 로버트 레드포드와 리어나도 디캐프리오가 개츠비로 나온다. 두 영화는 시간적 격차도 크지만 영화적 방점도 매우 다르다.

먼저 클레이턴의 〈위대한 개츠비〉는 비교적 원작에 충실하다. 배우들 또한 원작의 캐릭터와 상당히 비슷하다. 순수하고 낭만적인 꿈을 지닌 '위대한' 개츠비는 순수한 열정으로 데이지와의 결합을 위해 모든 노력을 아끼지 않는다. 하지만 데이지를 향한 그의 열정은 위대해 보이지만 동시에 어리석기도 하다. 결국 현실을 용납하라는 닉의 충고를 무시한 개츠비는 비극적인 최후

『위대한 개츠비』를 원작으로 여러 차례 영화가 제작되었다. 그 중 잭 클레이턴의 〈위대한 개츠비〉(1974)와 바즈 루어만의 〈위대한 개츠비〉(2013)가 대중적으로 가장 알려져 있다. 각각의 영화에서 로버트 레드포드와 리어나도 디캐프리오가 개츠비로 나온다. 두 영화는 시간적 격차도 크지만 영화적 방점도 매우 다르다. 사진은 바즈 루어만의 〈위대한 개츠비〉의 한 장면.

를 맞이하게 된다. 바꿔 말하면 그가 마주한 현실은 너무나 타락해 그의 순수한 꿈을 용납하지 않는다. 따라서 이 영화는 '개츠비라는 한 개인의 순수한 이상이 거칠고 타락한 현실과 부딪혀 부서지는 비극'으로 귀착된다.

반면 루어만의 〈위대한 개츠비〉는 화려한 색감과 영상미, 독특한 촬영기법 등으로 스토리 자체를 떠나 보는 이들의 눈을 즐겁게 만든다. 특히 영화 속 화려한 영상, 음악, 무대, 의상, 조명 등은 1920년대 재즈 시대의 화려하고 들뜬 분위기를 잘 보여준다.

원작 소설과 클레이튼의 영화와 비교해보았을 때 루어만의 영화는 당대 사회 비판보다는 개츠비의 비극적 결말, 그의 '순애보'에 초점이 맞춰져 있다. 영화 속에서 개츠비는 기회주의자와 현실주의자가 판을 치는 시대에 유일한 이상주의자로 그려진다. 그는 데이지와의 순수한 사랑을 꿈꾸고 그 꿈을 이루기 위해 더욱 물질적 풍요로움과 화려함에 집착한다. 하지만 그가 집착하면 집착할수록 그의 공허감은 점점 커진다. 그리고 그가 데이지의 마음을 얻었다고 생각한 바로 그 순간 그가 느끼는 공허감은 정점에 도달한다. 루어만은 이미 순수함을 잃어버린 데이지를 여전히 순수하게 사랑하는 개츠비의 비극적 결말을 통해 그의 '위대함'을 역설한다. 루어만은 화자 닉을 통해 "개츠비가 정말 위대했다"고 보다 직설적으로 말한다.

즉 클레이튼에게 개츠비가 반어적으로 위대했다면, 루어만에게 개츠비는 단어 그대로 '위대했다'. 분명 두 영화는 같은 원작을 바탕으로 하고 있지만 느낌은 사뭇 다르다. 원작을 읽어보고 두 영화를 찬찬히 살펴보면 영화의 방점이 다르다는 것을 느낄 수 있다.

『분노의 포도』
: '아메리칸 드림'이라는 미국인들의 **종교**

1930년대 중반 미국에서는 심한 가뭄과 황사 때문에 남부 평원의 주들이 '황진지대'(Dust Bowl)로 변하고, 수천 명의 농부들이 은행에 담보 잡힌 농장에서 쫓겨나 길거리로 내몰렸다. 참고로 황진지대는 텍사스, 콜로라도, 뉴멕시코, 오클라호마, 캔자스 등이 포함되는 지역으로서, 당시 이 지역은 엄청난 가뭄과 먼지 폭풍으로 인해 토양이 황폐해졌다. 농민들은 은행에서 비싼 이자로 농자금을 빌려 농사를 지었지만, 가뭄과 흉작으로 빌린 돈을 갚지 못하자, 농지는 트랙터로 재빨리 정리되었다. 농민들은 토지를 빼앗기고 어쩔 수 없이 이주의 길을 떠나야만 했다.

특히 오클라호마의 수십만 명의 농민들은 새로운 일자리를 찾아 캘리포니아로 향했지만 막상 도착한 캘리포니아에는 일자리가 없었다. 캘리포니아 주민들은 오클라호마에서 온 이주민들을 '오키'(Okie)라고 부르며 그들을 기생충보다 못한 존재로 취급했다. 오클라호마에서 온 사람들은 그 어느 곳에서도 환영받지 못했다. 오클라호마에서부터 캘리포니아에까지 이르는 대여정의 기록이 바로 존 스타인벡의 『분노의 포도』(1939)다.

스타인벡은 캘리포니아주 살리나스에서 출생했고 고등학교 시절 근처에 있는 대목장에서 날품팔이로 일하면서 그곳에서 일하는 이주노동자들의 참상을 목격하며 그들에 대한 비인간적인 취급에 분노했다. 스타인벡은 『분노의 포도』에서 자신의 분노를 오클라호마의 소작농인 조드 일가의 이주 여정을 통해 표출했다. 그는 『분노의 포도』가 단순히 소설이 아니라 사회적 기록으로 남기를 기대하면서 반년 간에 걸친 조드 일가의 이동 궤적을 소설을 통해 추적했다.

『분노의 포도』는 출간 즉시 50만 부가 팔리며 베스트셀러가 됐다. 그 해 퓰리처상을 수상했고 이듬해에는 존 포드 감독에 의해 영화화되었다. 영화 〈분노의 포도〉(1940)는 그해 아카데미상을 수상했다. 그런데도 미국의 일부 도서관과 학교에서는 『분노의 포도』 구입을 금지했고, 오클라호마주를 비롯한 여러 주에서는 금서로 지정되었다. 탄압은 『분노의 포도』에만 그치지 않았다. FBI는 작가 스타인벡을 공산주의자로 의심하며 그를 끊임없이 감시했다.

『분노의 포도』에는 한편으로는 1930년대 대공황 속에서 경제적으로 고통받는 미국인들의 모습을 적확하게 표현한 뛰어난 문학작품이라는 평가와 함께, 다른 한편으로는 문학작품의 본령이라 할 수 있는 인간에 대한 진지한 성찰이 결여된 일종의 '선전물'에 불과하다는 혹평도 뒤따랐다. 예컨대 『분노의 포도』의 등장인물이 입체적이지 못하고 평면적이며, 메인 플롯이 전개되는

언론학자 강준만은 『미국사 산책』(2010)의 맺음말에서 미국인의 공통정서 가운데 하나로 '낙관주의'를 꼽는다. 그가 말하는 낙관주의란 결국 어떤 문제이든지 간에 개인의 노력과 의지를 통해 해결될 수 있다는 긍정적인 믿음의 다른 말이다. 미국 자본주의의 문제점도 인간에서 비롯되었듯이 그 해결책 역시 인간에 의해 해결될 수 있다는 믿음이 소설 『분노의 포도』와 영화 〈분노의 포도〉에 공통적으로 관통한다.

장들마다 삽입된 중간 장들은 작품 전제 구조와 연결되지 않고, 작품의 결말이 너무나 감상적이라고 지적했다. 하지만 대다수의 비평가들은 『분노의 포도』가 톰 조드를 비롯한 조드 일가의 정신적 성장을 세밀하게 묘파한 스타인벡의 '완숙한 경지에 이른 예술 작품'이라고 평가한다.

앞서 설명했듯이 『분노의 포도』는 오클라호마에서 캘리포니아로 자신들의 의지와 상관없이 이주해야만 했던 무기력한 농민, 즉 조드 일가를 통해 당시 토지를 빼앗겨 '난민'이 된 농민의 비참한 삶을 생생하게 묘사한다. 『분노의 포도』는 캘리포니아로의 이주 결정에 따른 '뿌리 단절 과정', '이주 과정', '새로운 뿌리를 내리고자 하는 정착 과정'의 3단계 구조로 되어 있다. 조드 일가는 가뭄과 황사에 시달렸으며, 지주들의 횡포에 못 이겨 트럭으로 개조한 중고차를 타고 고향을 떠나 '일자리가 있다는' 캘리포니아로 떠난다. 고통스러운 이주 과정에서 할아버지와 할머니는 죽고, 노아와 코니는 이주 행렬에서 이탈하며, 나머지 가족들은 목적지에 힘들게 도착하지만, 그들을 맞이한 것은 상상했던 것처럼 젖과 꿀이 흐르는 '약속의 땅'이 아니라, 지배계급의 악랄한 노동력 착취가 만연한 또 다른 '고통의 땅'이었다.

1930년대 미국 전역에는 조드 일가처럼 아무리 노력해도 인간으로서 기본적인 생활조차 할 수 없는 수천만의 미국인들이 있었다. 이는 성실한 노력으로 얼마든지 성공할 수 있다고 굳게 믿어 온 '아메리칸 드림' 신화가 헛된 꿈이었음을 여실히 보여준다. 20세기 초 산업자본주의라는 거대한 공룡 앞에서 더욱 왜소해질 수밖에 없었던 하층민들은 신이 약속한 땅이라 믿고 찾아온 새 주거지에서 새로운 갈등과 고통으로 신음하면서 지옥 같은 삶을 살아갈 수밖에 없었다. 뜨거운 태양 아래 시뻘건 사막과 모래 폭풍이 휘몰아치는 가운데 농사를 짓거나 목화를 심어서 하루하루 연명했던 농민들은 지주들의 노동력 착취와 이윤만을 챙기기에 급급했던 은행 등의 횡포 앞에 무기력하게 굴복할 수밖에 없었다. 하루 노동으로 겨우 삶을 연명해가던 농민들은 트랙터의 등장으로 졸지에 일자리와 집을 빼앗기고 거리로 내몰린다. 『분노의 포도』는 풍요로웠던 자연이 파괴되고 인간답게 살고자 했던 농민들의 소망이 여지없이 무너져 내리는 비참한 상황을 사실적이면서 절망적으로 그리고 있다.

그러나 『분노의 포도』는 절망으로 끝나지 않는다. 즉 궁지에 몰린 이주민들이 결국은 포기하고 무기력하게 죽음을 맞이하는 결말로 끝나지 않는다. 스타인벡은 세기말 미국 자연주의 작가들이 견지했던 허무주의에 동조하지 않는다. 약간은 감상적으로 흐를 수도 있지만, 스타인벡은 『분노의 포도』에서 좀 더 근원적인 힘이 인간에게 내재해 있으며 이를 통해 다시 일어설 수 있을 것이라는 낙관적인 세계관을 견지한다. 예컨대 어머니는 남아 있는 가족을 이끌고 사람의 흔적이라고는 찾을 수 없는 헛간에서 죽어가는 노인과 아이를 발견한다. 그녀는 딸 로자샨에게 의미 있는 눈짓을 보냈고 그 눈길을 받은 로자샨은 즉석에서 노인에게 젖을 물린다.

로자샨이 죽어가는 노인에게 젖을 물리는 장면을 통해, 스타인벡은 소드 일가가 그들의 삶을 보장해 줄 수 있는 유일한 끈인 대지를 빼앗긴 후 캘리포니아로의 이주 과정에서 많은 이들을 잃었음에도, 그들에게는 여전히 생명으로의 회귀라는 본능이 남아있다는 사실을 상징적으로 보여주고 있다. 이에 대해 많은 비평가들은 작품 전반에 걸쳐 체제의 구조적인 모순에 대한 신랄한 비판이 막판에 감상주의로 치닫고 있다고 비판했다. 하지만 이런 비판에 대해 스타인벡은 등장인물이 감내해야만 했던 고난과 역경은 거칠게 휘몰아쳐 대는 태풍과 같아서 그 앞에서 인간은 무력할 밖에 없었지만, 이 모든 역경에 맞설 수 있는 유일한 길은 인간에 대한 사랑과 그 사랑을 실천할 수 있는 용기로 배태된 공동체 의식 뿐이라고 역설한다.

『분노의 포도』는 사회문제를 고발하고 그로 인한 불평등과 불의를 타개하기 위해서는 마땅히 실천적 의지를 갖고 투사가 되어야 한다는 선동적인 혹은 사회고발성의 프롤레타리아 문학작품이 결코 아니다. 오히려 작가는 인간

내면의 꺾일 수 없는 신비적이고 초월적인 힘을 신뢰하면서 작품 곳곳에 인간에 대해 종교적이라고 할 만큼의 숭고한 사랑을 그려내고 있다. 그리고 사회 문제를 해결하기 위해 불합리한 사회 제도의 개선보다는 인간에 대한 상호 신뢰와 사랑, 공동체 의식의 함양이라고 역설한다. 즉 스타인벡은 철학자 지젝이 '괴물'이라고 부르며 의심의 눈초리로 보았던 '이웃' 간의 확고한 연대가 사회 문제를 해결하는 데 있어 보다 근원적인 해결책이라고 믿고 있는 듯하다.

영화 〈분노의 포도〉는 앞에서 설명했듯이, 서부 영화로 유명한 존 포드 감독의 동명 영화다. 〈분노의 포도〉는 원작 소설처럼 미국 자본주의가 낳은 부익부 빈익빈 현상과 농민들의 비참한 삶을 사실적으로 묘사한다. 동시에 가족애, 고향에 대한 그리움, 토지를 빼앗긴 소작 농민들의 박탈감과 상실감을 서정적이고 세밀하게 묘파한다. 영화는 원작소설과 크게 다르지 않다. 그럼에도 원작 소설과 영화의 차이점을 꼽자면, 오히려 영화가 소설보다도 자본주의의 문제점에 대해 더 비판적이라는 점이다. 예컨대 오클라호마로부터 캘리포니아로 가는 여정에서 중간중간 감독은 마치 '돈이 없으면 아무것도 할 수 없다'는 사실을 역설하는 듯, 일정한 금액을 요구하는 표지판을 삽입장면으로 배치함으로써 자본주의의 비인간적인 양상을 비판한다. 하지만 영화 역시 소설이 그랬듯이 희망의 메시지를 던져주며 끝맺음한다.

언론학자 강준만은 『미국사 산책』(2010)의 맺음말에서 미국인의 공통정서 가운데 '낙관주의'를 꼽는다. 그가 말하는 낙관주의란 결국 어떤 문제이든지 간에 개인의 노력과 의지를 통해 해결될 수 있다는 긍정적인 믿음의 다른 말이다. 미국 자본주의의 문제점도 인간에서 비롯되었듯이 그 해결책 역시 인간에 의해 해결될 수 있다는 믿음이 소설 『분노의 포도』와 영화 〈분노의 포도〉에 공통적으로 관통한다. 결국 이런 믿음은 개인의 노력과 의지를 통해 사회의 불합리한 제도를 개선할 수 있다는 '아메리칸 드림'의 또 다른 버전이 아닐까.

『그들의 눈은 신을 보고 있었다』
: 한 흑인 여인의 **성장** 소설 또는 사회 **비판** 소설

어떤 예술가는 살아있을 때는 많은 부와 명성을 누렸지만, 사후에는 그 누구에 의해서도 기억되지 않는다. 반면 살아있을 때는 그 누구도 알아주지 않아 불행했지만, 사후에 불멸의 명예를 누리는 예술가가 있다. 아마도 가장 불행한 예술가는 살아있을 때나 죽어서나 그 누구에 의해서도 기억되지 않는 예술가일 것이다. 반대로 가장 행복한 예술가는 살아있을 때만큼이나 죽어서도 부와 명예를 누리는 예술가다. 하지만 그런 예술가가 생각보다 그렇게 많지는 않다. 아마도 영문학사에서 셰익스피어와 찰스 디킨스 정도가 그런 행복을 누린 몇 안 된다는 작가였을 것 같다. 이처럼 모든 일이 다 그렇겠지만, 살아있을 때 부와 명예를 누리고 그 명예가 사후까지 이어지는 경우는 많지 않다. 그나마 다행인 사람들은 살아있을 때는 아무도 알아주지는 않았지만 사후 후대에 의해 조명된 예술가일 것이다. 미국의 소설가 조라 닐 허스턴은 바로 그런 범주에 속하는 작가다.

허스턴은 앨라배마주 노타설카에서 태어났고 세 살 때 침례교 목사인 아버지를 따라 미국 최초의 흑인 자치 도시 플로리다 주 이튼빌로 이주했다. 그녀의 아버지는 나중에 이튼빌의 시장이 된다. 이튼빌에서 보낸 그녀의 어린 시절의 경험은 그녀의 작품들에 여러 가지 형태로 반영되어 있다.

허스턴은 학교를 졸업하고 뉴욕으로 이주하는데, 그때는 '할렘 르네상스'가 절정에 달했던 시기였다. 그녀는 랭스턴 휴스와 월리스 서먼 등과 함께 『파이어』라는 문예 잡지를 발간하기도 했고, 카리브해와 미국 남부를 여행하면서 그곳의 문화적 관습을 연구하기도 했다. 그 후 그녀는 『그들의 눈은 신을 보고 있었다』(1937)와 『모세, 산의 사람』(1939)을 출간했지만 백인 주류 평단은 그녀의 작품에 별다른 관심을 두지 않았다. 흑인 문단 역시 그녀의 작품에 우호적이지 않았다. 동시대 흑인 남성 작가들은 허스턴이 흑인 방언을 사용함으로써 백인들의 취향에 부합해서 흑인 문화를 희화화한다고 비판했다. 또한 그녀의 작품에 정치적인 주제가 결여되었다고 비판했다. 그들이 보기에 사랑이라는 주제를 다룬 『그들의 눈은 신을 보고 있었다』와 같은 작품은 할렘 르네상스의 시대정신에 부합되지 않았다. 이처럼 허스턴의 작품은 주류 백인 평단과 동시대 흑인 남성 작가들 모두에게서 환영받지 못했고, 바로 그 점은 그녀를 더욱 좌절하게 했다. 결국 허스턴은 말년에 투병 생활을 하며 경제적인 어려움을 겪다가 1960년 플로리다의 한 복지원에서 심장병으로 생을 마감한다.

오랫동안 사람들의 기억에서 거의 잊혀있던 허스턴에 대한 관심이 새롭게 일어나게 된 것은 1970년대, 80년대에 이르러 미국의 여러 대학에 흑인 문화 강좌가 개설되고, 흑인 문학을 연구할 수 있는 학문적 분위기가 형성된 덕분이다. 허스턴의 작품은 여러 여류 작가들에 의해서 재조명되었고, '조라 닐 허스턴 학회'의 설립은 그 노력의 결과물이다. 다양한 학제 연구를 가능케 할 주제들과 내용을 담고 있는 그녀의 대표작 『그들의 눈은 신을 보고 있었다』는 미국 흑인 문학과 여성 문학에서 독보적인 작품으로 간주되며 문학의 고전으로 확고하게 자리를 잡는다.

『그들의 눈은 신을 보고 있었다』는 주인공인 사십 대 초반의 흑인 여성 재니 크로퍼드가 자신의 신산한 삶을 친구 피비에게 회상하며 들려주는 자전적인 소설이다. 소설은 재니의 어린 시절과 그녀의 첫 번째 결혼에 대한 이야기로 시작한다. 재니의 할머니 내니는 노예로 살면서 강제로 주인의 아이를 임신해 딸 리피를 낳았다. 리피 역시 학교 교사에게 성폭행을 당해 재니를 임신한다. 리피는 재니의 출산 뒤 고통을 못 이겨 그녀를 남겨둔 채 가출한다. 이제 내니는 리피에게 품었던 모든 희망을 재니에게 쏟는다. 재니가 열여섯 살이 되었을 때, 그녀가 이웃집 소년 조니 테일러와 키스하는 것을 본 내니는 재니가 남자에게 몸과 노동력을 착취당하며 노새 같은 삶을 살지 않도록 그녀를 농장과 집을 소유한 로건 킬릭스에게 시집보내려 한다. 재니가 이를 거부하자 내니는 재니에게 "흑인 남자는 짐을 집어 들긴 하지만 그걸 짊어지고 나르지는 않아. 그냥 자기 여자 식구들한테 짐을 넘긴단다. 내가 아는 한 흑인 여자들이 이 세상의 노새야"라고 말하며 흑인 여성의 신산한 삶을 설명하며 재니가 평탄한 인생을 살기를 희구한다.

결국 재니는 할머니의 말에 따라 킬릭스와 결혼한다. 하지만 그가 아내로서 그녀를 존중하지 않자 그녀는 그를 떠나 말 잘하고 사교성이 좋은 조디 스탁스를 따라 이튼빌로 간다. 이튼빌에 도착한 스탁스는 근처의 땅을 사들이고 잡화점을 운영해 기업가로 성공을 거두고 마침내는 이튼빌의 시장이 된다. 한마디로 그는 야심만만한 인물이다. 그는 동료들에게 "우리 흑인들은 서로 너무 시기해. 바로 그 때문에 우리가 지금보다 발전을 못 하는 거야. 우리는 백인들이 우리를 억누른다고 말들을 하지! 빌어먹을! 백인이 그럴 필요가 없다니까! 우리 스스로 우리 자신을 억누르고 있어"라고 말을 하며 흑인을 독려하며 그들 사이에 지도자로 성장한다.

스탁스는 재니의 노동력을 착취하지는 않지만, 그녀를 남에게 과시하기 위한 일종의 '트로피 아내'로 간주한다. 그는 자신의 막강한 지위를 강화하기 위한 수단으로 재니의 완벽한 이미지를 원할 뿐이다. 그렇기 때문에 그는 재니가 다른 사람들과 대화를 나누거나 자기 생각을 표현하는 것을 막는다. 심지어 그는 그녀를 자신의 소유물처럼 대하면서 그녀의 말뿐만 아니라 옷차림과 머리 모양을 통제하고 실수에 대해서는 가차 없이 비난한다. 재니는 처음에는 스탁스의 말에 순종하지만 그의 위선과 가식에 찬 모습을 지적하며 그에 대해 마을 사람들이 가지고 있던 '훌륭한 지도자'라는 환상을 깨버린다. 그 일로 그와 그녀의 관계는 더욱 악화된다. 그가 임종하는 순간 재니는 그와 화해를 시도하지만 스탁스는 그런 재니를 비난하며 세상을 떠난다.

세 번째는 재니와 티 케이크와의 사랑과 결혼 이야기다. 스탁스가 세상을 떠난 뒤 재니는 끊임없이 구혼자들에게 시달린다. 재니는 그 와중에 티 케이크를 만나 사랑하게 된다. 처음에 그녀는 그의 의도를 의심하지만, 결국 그의 진심을 받아들인다. 그들은 상점을 팔고 잭슨빌로 가서 결혼식을 올리고 습지인 에버글레이즈로 옮겨간다. 그곳에서 그들은 낮에는 콩밭에서 일하고 밤에는 습지 사람들과 이야기도 나누고 춤도 추면서 즐겁게 보낸다. 재니는 티 케이크와 자신이 바라던 대로 사랑이 충만한 결혼 생활하고 있다고 생각한다. 그러나 습지에 거대한 허리케인이 불어 닥치고, 티 케이크는 물에 빠진 재니를 구하다가 개에 물려서 광견병에 걸리게 된다. 재니의 헌신적인 간호에도 불구하고 티 케이크의 상태는 더욱 악화되고 결국은 광기에 사로잡혀 재니를 총으로 쏘려 한다. 재니는 자신을 방어하기 위해 티 케이크를 총으로 쏘아 죽인다. 살인죄로 기소된 재니는 법정에 서게 되고 티 케이크의 흑인 남자친구들은 그녀에게 불리하게 증언한다. 오히려 그 지역의 백인 여성들이 재니를 변호하고 백인 배심원단은 재니에게 무죄를 선고한다.

앞에서 언급했듯이, 표면상『그들의 눈은 신을 보고 있었다』는 재니의 사랑 이야기다. 재니는 여러 번의 결혼을 통해 비로소 진정한 사랑과 행복의 의미를 깨닫게 된다. 하지만 이 소설은 단순히 진정한 사랑을 찾아가는 과정을 보여주는 이야기에 그치지 않고, 한 여성이 자아를 확립하고 독립성을 찾아가는 과정을 보여주는 이야기이기도 하다. 즉 '순진한' 소녀였던 재니는 여러 난관을 겪으면서 자신감 있고 자립적인 여성으로 점차 변모해간다. 요컨대 재니는 내적으로 성장하고 자아를 확립해가는 과정에서 자신만의 진정한 목소리를 찾아간다는 점에서 이 작품은 당연히 재니의 '성장소설'(Bildungsroman)이다.

또한 『그들의 눈은 신을 보고 있었다』는 개인의 성장 소설에 그치지 않고 사회소설로도 읽힌다. 앞에서 살펴보았듯이 재니는 자신과 자아와 여성성, 목소리를 찾아가는 과정에서 여러 가지 난관과 장애에 부딪힌다. 재니가 처하게 되는 난관은 백인이 지배하는 미국의 사회구조에서 비롯되는 난관일 뿐만 아니라, 흑인 사회 자체에 존재하는 남성 중심의 가부장제에서 비롯되는 난관이기도 하다.

허스턴은 바로 이 지점에서 다른 작가들과 대별된다. 그녀는 흑인들이 겪는 불평등과 억압에 대해 소리 높여 분개하거나 동정을 구하지 않는다. 그녀는 다른 할렘 르네상스 작가들과 달리 흑인들의 삶을 비참하고 억압당하고 가난한 것으로 묘사하면서 백인의 동정을 얻어내기 위해 징징거리지 않는다. 그저 무심할 정도로 담담하게 스쳐 지나가듯 언급할 뿐이다. 바로 이런 태도 때문에 허스턴은 동시대 다른 흑인 작가들로부터 사랑 타령이나 하는 비정치적인 작가라는 비난과 오명을 받았다. 하지만 허스턴은 흑인들이 겪는 불평등과 억압보다 흑인 여성들이 감내해야만 하는 가부장적 고통을 예각화했다. 그녀가 생각하기에, 백인들로부터 겪는 흑인의 불평등 못지않게 흑인 남성들로부터 겪는 흑인 여성들의 차별과 고통 또한 크기 때문이다.

다시 말하지만 『그들의 눈은 신을 보고 있었다』에서 재니는 모든 고통을 끝내고 집으로 돌아와 친구 피비에게 자신의 지난 삶에 대해 말한다.

"떠들어대기만 하고 행동으로 옮기지 않으면 아무짝에도 쓸모가 없긴 하지만 말이야. 그리고 그런 말을 듣는 것은 달빛을 목구멍에 비추겠다고 입을 벌리고 있는 거나 마찬가지야. 어떤 곳을 알고 싶으면 그곳에 직접 가봐야 한다는 것은 누구나 다 아는 사실이잖아."

이 구절은 재니가 앞으로 삶을 어떻게 살아갈 것인지 그 태도를 명징하게 보여준다. 재니에게는 슬픈 과거 역시 자신의 과거인 것이다. 재니는 과거는 과거대로 그대로 남겨두고 대신 다가올 미래를 보다 긍정적인 태도로 맞이해야 한다는 자신의 인생관을 역설한다.

재니는 결코 행복했다고 말할 수 없는 결혼이었지만, 여러 번의 결혼을 통해 인간적으로 한층 더 성숙해졌다. 즉 그녀는 고통을 겪으면서 삶을 좀 더 깊고 넓게 바라볼 수 있게 되었다. 『그들의 눈은 신을 보았다』는 진정한 성장 소설의 한 범례를 보여준다. 비록 그녀는 일방적으로 백인의 흑인 지배를 비판하는 길을 걷지 않아 흑인 주류 작가들로부터 비판을 받았지만, 앨리스 워커, 토리 모리슨 등 이후의 작가들을 위한 발판을 마련해주었기에 그녀의 문학적 성과는 결코 작지 않다. 처음에 말했듯이, 허스턴은 살아 있을 때는 작가로서 부와 명예를 누리지는 못했지만, 사후에는 많은 작가들과 독자들에 의해 기억되고 있다.

사족으로 보태자면, 『그들의 눈은 신을 보고 있었다』는 오프라 윈프리 북클럽에서도 다루어졌다고 한다. 또한 그녀에 의해서 핼리 베리를 주연으로 2005년에 TV 영화로 제작되기도 했다. 영화에 대한 더 이상의 정보를 찾을 수 없어 안타깝지만, 허스턴과 『그들의 눈은 신을 보고 있었다』에 관한 학문적 연구와 대중적 관심이 현재도 지속적으로 이어지고 있어 그나마 위안이 된다. 시간적으로도 늦었고, 그녀의 문학적 성과에 비교하면 아직 부족하기는 하지만, 그래도 너무나 다행스러운 일이다.

때로는 **평범한 이야기**에 큰 울림이 있다

"여기 꿈과 희망을 좇아 고향을 떠나는 한 여인이 있다. 처음에 그녀는 지독한 향수병에 시달리지만 새로운 곳에서 사랑하는 한 남자를 만나면서 차츰 안정을 찾아간다. 하지만 사랑이 깊어갈 즈음 각별했던 언니가 죽었고 그녀는 고향으로 돌아갈 수밖에 없다. 고향으로 돌아가기 전 그들은 사랑을 확인하며 둘만의 결혼식을 한다. 그녀는 곧 돌아오겠다는 약속하고 고향으로 돌아가지만, 그곳에서 또 다른 한 남자를 만나게 되면서 마음이 흔들린다."

이야기만 놓고 보면 그렇게 특별하지 않다. 아니 지극히 평범하다. '한 여인의 첫 번째 사랑과 두 번째 사랑 사이의 선택'이라고 거칠게 도식화할 수도 있다. 여기에 시간과 공간적 배경, 그리고 인물을 추가하면 1950년대 아일랜드에서 브루클린으로 이주한 한 여성 에일리스의 사랑 이야기로 완성된다. 영화 〈브루클린〉(2015)에 대한 대략적인 설명이다.

개인적인 생각에 〈브루클린〉에서 시간과 장소는 플롯 상 크게 중요하지 않다. 시간과 장소를 1950년대 아일랜드와 브루클린이 아니라 2010년대 한국과 일본으로 바꿔도 이 영화는 크게 달라지지 않을 것 같다. 대신 영화 제목은

'신주쿠'나 '강남' 정도로 바뀌어야 할 것이다. 요컨대 이 영화에서 중요한 것은 사람의 '마음'이지 시대와 장소가 아니다.

〈브루클린〉에서 에일리스(시얼샤 로넌 분)는 크게 세 번의 선택을 한다. 그리고 그 선택은 각각 '사랑'과 연결된다. 첫 번째는 아일랜드로부터 브루클린으로의 '이주'다. 에일리스는 사랑하는 가족과 이별하고 브루클린으로 가는 배에 올랐지만 그녀에게는 가족과의 이별보다 더 큰 고통이 기다리고 있다. 바로 '뱃멀미'다. 식사 시간이 되었는데 식당에는 아무도 없고 그녀만 식사하고 있다. 식당 종업원조차도 식사하는 그녀를 의아하게 바라본다. 그녀 역시 의아해했지만 잠시 뒤 왜 아무도 식사하지 않는지 그 이유를 알게 된다. 사람들 모두 끔찍한 뱃멀미 때문에 식사하지 않았던 것이다. 선실을 같이 쓴 여인은 이에 대한 설명과 함께 입국할 때 주의 사항을 그녀에게 알려준다. 이 장면은 입국만큼이나 이민 생활이 쉽지 않으리라는 것을 암시한다. 그리고 그 힘든 이민 생활을 버텨주게 할 것은 '새로운 사랑'이라는 것을 넌지시 말해준다.

두 번째는 아일랜드로의 '귀향'이다. 에일리스는 브루클린에서 아일랜드 이민자 모임에 온 이탈리아계 토니(에모리 코헨 분)를 만나 사랑을 키워간다. 그러던 중 언니 로즈가 죽자, 그녀는 엄마를 돌보기 위해 아일랜드로 돌아갈 수밖에 없다. 아일랜드에서 그녀는 친절하고 남편으로 좋은 조건을 가진 짐(도널 글리슨 분)을 만난다. 그녀는 이성적으로는 결혼한 남편 토니를 다시 만나기 위해 미국으로 돌아가겠다고 결심하지만, 감정적으로는 자꾸만 짐에게 끌린다.

세 번째는 브루클린으로의 '귀환'이다. 그녀는 브루클린으로 처음 들어갈 때와 비교했을 때 한결 여유가 생겼다. 배에서 만난 한 여인에게 예전에 자신이 들었던 조언을 그대로 들려준다. 예컨대 배에서 식사하지 말 것, 입국장에서는 당당할 것 등등. 토니와 짐 사이에서 잠깐 흔들렸던 에일리스는 결국 토니에게 돌아간다.

〈브루클린〉은 표면적으로 에일리스의 사랑, 좀 더 구체적으로 말하자면 에일리스와 그녀가 사랑한 토니, 그리고 그녀와 그녀의 마음을 잠깐 흔들리게 했던 짐 사이의 연애 이야기다. 하지만 이 두 겹의 사랑 이야기는 좀처럼 격정적이지 않다.

먼저 에일리스와 토니의 사랑 이야기부터 살펴보자. 둘은 아일랜드 이민자 모임에서 처음 만난다. 둘의 사랑 이야기는 첫 눈에 반하거나(〈로미오와 줄리엣〉) 아니면 처음에는 오해로 시작했지만, 나중에 오해가 풀리면서 더욱 깊게 사랑하는(〈오만과 편견〉) 이야기와는 거리가 멀다. 그들은 우연히 만나 서로를 조금씩 알아가면서 자연스럽게 사랑하게 된다. 아일랜드로 돌아가기 전 에일리스의 하숙집에서 둘이 사랑을 나누는 장면을 제외하면 두 사람의 사랑은 지극히 평범하고 잔잔하다. 영화 속 둘의 모습은 대체로 이렇다. 에일리스가 야간 대학 수업을 마치면 토니는 기다렸다가 그녀를 집까지 바래다주거나 버스나 카페에서 소소한 이야기를 나눈다. 에일리스는 토니의 가족 모임에 초대를 받아 함께 식사하고, 에일리스는 하숙집 여성들에게 토니 이야기를 한다. 토니는 아일랜드로 돌아간 에일리스에게 편지를 쓰고, 에일리스는 그의 편지를 읽는다. 둘 사이에 시기와 질투와 같은 격렬한 감정은 틈입하지 않는다. 둘의 사랑을 방해하는 훼방꾼도 등장하지 않는다. 예컨대 에일리스의 마

영화 〈브루클린〉은 한 여인의 '사랑 이야기'이자 동시에 한 여인의 '성장 소설'이다. 에일리스는 다시 브루클린으로 돌아오는 배에서 한 여인에게 예전에 자신이 들었던 충고를 그대로 들려준다. 이 말은 사실 에일리스가 자신에게 하는 말이다. 그녀는 마침내 자신의 삶을 찾은 것이다. 바꿔 말하면 자신이 있어야 할 자리를 찾은 것이다. 사랑도 함께 말이다. 이처럼 때로는 평범한 이야기가 삶에서 더 큰 울림을 줄 때가 있다.

음을 흔든 짐 역시 그녀와의 이별을 담담히 받아들이고 그녀를 떠나보낸다. 그렇기에 토니는 에일리스가 아일랜드로 돌아가는 것에 대해 크게 걱정하지 않았는지도 모른다.

이번에는 에일리스와 짐의 이야기다. 에일리스는 각별했던 언니 로즈를 잃고 상심해 있다. 그 때 친한 친구 낸시가 짐을 소개한다. 에일리스는 낸시의 결혼식이 끝난 뒤 혹은 엄마가 어느 정도 진정되면 다시 미국으로 돌아갈 예정이기에 짐에게 별 관심이 없다. 하지만 짐은 처음부터 에일리스에게 관심을 두고 있다. 그러나 남녀 간의 일은 아무도 모르는 것처럼, 에일리스는 낸시 부부, 짐과 함께 해변에도 가고, 춤도 추면서 짐에게 흔들린다. 둘의 관계는 발전하고 곧 결혼할 것이라는 소문이 마을에 돈다. 그녀의 엄마 역시 에일리스가 짐과 결혼해 고향에 남기를 바란다. 그러나 에일리스가 미국에서 결혼했다는 소식이 마을의 고약한 심술쟁이 켈리 여사에게 들어가면서 결국 에일리스는 '브루클린'으로 돌아가기로 결심한다. 아니 처음부터 그녀는 브루클린으로 돌아가기로 결심했고, 켈리 여사 덕분에 그녀가 그 결심을 망설임 없이 실행에 옮겼는지도 모른다. 그렇기 때문에 에일리스는 짐과의 관계를 정리하는데 있어 담담하다.

〈브루클린〉은 등장인물의 '감정선'이 상당히 인상적이었다. 주인공이라 할 수 있는 에일리스, 토니, 짐을 포함해 영화 속 주변 인물들조차(켈리 여사가 조금 예외이기는 하지만) 기쁨이나 슬픔 등 자신들의 감정을 격정적으로 드러내지 않는다. 슬픔의 감정을 드러내는 경우는 더욱 그렇다. 영화 속 등장인물의 개인적 성향인지 아니면 아일랜드와 이탈리아의 슬픈 민족적 역사 때문인지 정확하게 말할 수는 없지만, 그들은 슬픔을 밖으로 분출하기보다는 안으로 삭인다.

어쩌면 우리의 삶이 그럴지 모른다. 살아가면서 감정을 솔직하게 드러내놓고 사는 것 같지만 실제로는 그렇지 않은 경우가 더 많다. 아니 그렇게 하지 말아야 할 때가 더 많다. 감정을 솔직히 드러내면 손해를 보거나 오해를 받기 때문이다. 그러면서 자기감정을 조절하고 절제하는 방법을 배우는 게 어른이 되어가는 과정이라고 말한다.

영화의 마지막 장면을 보면 〈브루클린〉은 한 여인의 '사랑 이야기'이자 동시에 한 여인의 '성장 소설'이다. 전술했듯이, 에일리스는 다시 브루클린으로 돌아오는 배에서 한 여인에게 예전에 자신이 들었던 충고를 그대로 들려준다.

"죽고 싶을 정도로 집이 그리울 거예요. 견디는 것 말고 할 수 있는 게 없어요. 하지만 그리울 거고 죽진 않아요. 그리고 언젠가 해가 뜰 거예요. 처음에는 눈치 채지도 못할 거예요. 그러다 무언가, 누군가를 생각하는 자신을 볼 거고 과거는 잊을 거예요. 자신의 사랑을 보면 어디로 가는지 그때 알아챌 거예요. 여기가 내 삶이라는 것을."

이 말은 어쩌면 에일리스가 자신에게 하는 말이다. 그녀는 마침내 자신의 삶을 찾은 것이다. 바꿔 말하면 자신이 있어야 할 자리를 찾은 것이다. 사랑도 함께 말이다. 이처럼 때로는 평범한 이야기가 삶에서 더 큰 울림을 줄 때가 있다.

『욕망이라는 이름의 전차』에 나타난 남성성과 가부장적 폭력

미국의 극작가 테네시 윌리엄스는 고독한 유년기의 경험을 바탕으로 한 자전적 요소가 강한 『유리동물원』(1945)과 『유리동물원』에서 다루어진 중요한 주제와 등장인물들을 보다 발전시킨 『욕망이라는 이름의 전차』(1947)를 통해 극작가로서 큰 성공을 거두게 되고, 이후 아서 밀러와 함께 유진 오닐 이후의 전후 미국 현대극을 주도한다. 그는 기존의 브로드웨이의 '자연주의 연극' 전통에 기반을 둔 등장인물의 성격묘사, 무대 설정, 현실의 생생한 묘사에 치중하기보다는, 현실과 꿈의 결합을 통해 '상징주의 연극'을 구현한다. 윌리엄스가 브로드웨이의 전통과 단절한다는 것은 미국 사회의 도덕적 · 정치적 분석을 포기하고, 감정적으로 충격을 받고 사회적으로 소외된 자들의 성심리적인 내면을 설명하는 것을 의미한다.

윌리엄스는 『유리동물원』의 '극작 노트'에서 "연극이 전통에 얽매이지 않은 기법을 이용할 때, 연극은 실제를 다루거나 경험을 해석하는 책임에서 벗어나려고 노력하는 것은 아니고, 확실히 아니어야만 하고, 대신 있는 그대로 좀 더 가까운 접근, 즉 조금 더 침투적이고 생생한 표현을 시도하는 것이고, 마땅히 그래야만 한다"고 자신의 연극관을 천명한 바 있다. 요컨대 그는 연극에 이용할 수 있는 모든 재료, 즉 극 언어, 극 행동, 배경, 음악, 의상, 조명 등을 유기적으로 잘 조합해 전통에서 벗어나 독자적인 예술관을 구현했다.

또한 윌리엄스는 영화의 영향을 그 누구보다 많이 받아 작품 곳곳에서 영화적인 기법을 통해 인습적인 사실주의 연극의 관행을 해체했다. 그가 당대의 어떤 극작가보다도 영화에 영향을 많이 받은 것은 주지의 사실인데, 특히 영화감독 엘리아 카잔으로부터 많은 영향을 받았다. 참고로 카잔은 나중에 영화 〈욕망이라는 이름의 전차〉(1951)를 연출하기도 한다.

윌리엄스의 작품은 대체로 새로운 기계 문명에 의해 쇠퇴하고 몰락한 미국 남부를 공간적 배경으로, 가족 내에 존재하는 불안한 감정 및 해소되지 못한 '섹슈얼리티' 문제를 전경화한다. 윌리엄스의 주인공들은 대체로 자신의 고향에서 추방당하거나 소중한 안식처를 박탈당한 사회로부터 격리된 자들로서 예술가, 정신병자, 장애인, 성적 소수자, 이방인 등이다. 그들은 현실과 괴리되어 부끄러운 과거를 숨기고 무조건 이상화하려는 경향이 강하며, 타인에게서 상처받기 쉽기 때문에 혼자 있기를 원하면서도 동시에 자신의 외로움을 달래줄 동반자를 끊임없이 갈구한다. 즉 그들은 섬세하고 연약한 인물들로서 차갑고 낯선 환경에서 안주할 곳을 찾지 못하고 덧없이 살아간다. 또한 고통스러운 현실에 대해 보상을 받기 위해 허위와 자기기만으로 가득 차 있고, 음

『욕망이라는 이름의 전차』의 주요 플롯은 스탠리가 블랜치에게 가하는 남성성을 통한 위협과 가부장적 폭력이다. 계층과 혈통에서 전혀 다른 환경에서 태어나고 성장한 두 사람은 처음 만나는 순간부터 충돌하고 서로에게 적대감을 드러낸다. 즉 블랜치의 환상의 세계와 스탠리의 현실 세계는 시종일관 충돌한다.

주와 섹스에 탐닉하며 환상을 추구한다.

『욕망이라는 이름의 전차』의 블랜치와 『유리동물원』의 로라는 '사회로부터 격리된 자들'로서 윌리엄스의 전형적 인물이다. 그들은 자신을 속박하는 정신적 혹은 물질적 억압으로부터의 해방과 자유를 갈구하지만, 그러한 자유에 수반되는 외로움이라는 무서운 희생을 두려워해 결국 포기하고 만다. 블랜는 로라와 마찬가지로 작가 자신의 경험의 반영체이고, 그들은 때로 작가 자신의 '분신'(persona)으로 읽힐 수 있다. 윌리엄스는 특히 블랜치를 통해 강요된 타락한 공공의 정체성으로부터 개인적인 자아의 구원을 극화했다.

윌리엄스의 작품은 대부분 미국 남부 지역에 사는 가족을 다루고 있으며, 특히 가족 내에 존재하는 불안한 감정 및 해소되지 못한 '성'(sexuality)을 중점적으로 그리고 있다. 윌리엄스의 작품은 주문을 외우는 듯한 반복법의 사용, 시적인 남부 사투리, 괴기스러운 배경, 성적 욕망에 대한 프로이트식 해석 등으로 유명하다. 공개적으로 동성애자임을 밝힌 최초의 미국 작가 중 한 명인 윌리엄스는 고통받는 등장인물의 억눌리고 왜곡된 성을 통해 그들의 외로움을 표현했다고 평가된다.

최근 현대 미국 연극에서는 가족, 성, 폭력, 정치, 동성애 등 다양한 주제가 다루어지고 있고, 비슷한 주제라 하더라도 다층적인 목소리로 표출되고 있기 때문에, 현대 미국 연극을 범주화하는 작업이 쉽지 않다. 그러나 이런 다양한 주제를 다층적으로 다루고 있는 작품을 통시적으로 고찰해 보면 그 원류를 윌리엄스에서 찾을 수 있다. 그리고 『욕망이라는 이름의 전차』는 위에서 열거된 주제를 직접적이고 선명하게 다루고 있기 때문에, 출간된 지 오랜 시간이 흘렀음에도 불구하고 미국 연극 더 나아가 오늘날의 미국 사회를 살펴보는 데 있어 여전히 유효하다.

『욕망이라는 이름의 전차』의 주요 플롯은 스탠리가 블랜치에게 가하는 남성성을 통한 위협과 가부장적 폭력이다. 계층과 혈통에서 전혀 다른 환경에서 태어나고 성장한 두 사람은 처음 만나는 순간부터 충돌하고 서로에게 적대감을 드러낸다. 어쩌면 처음부터 둘 사이에는 그와 같은 갈등과 충돌이 예정되어 있다. 그들의 물리적 충돌은 그들의 이름에서부터 암시된다. 스탠리 코왈스키에서 스탠리는 고대 영어에서 '돌'을 의미하고 코왈스키는 폴란드어로 '대장장이'를 의미한다. 반면 블랜치 두보이스는 '흰 숲'을 의미한다. 따라서 돌을 찾기 위해 대장장이가 흰 숲을 파괴하듯이, 실제로 『욕망이라는 이름의 전차』에서 스탠리의 검은 이미지는 블랜치의 흰 이미지를 파괴한다.

남부 프랑스 귀족 출신인 블랜치와 폴란드계 이민자의 후손이자 노동자 계급인 스탠리는 처음부터 충돌할 수밖에 없다. 왜냐하면 섹스, 술, 카드게임, 볼링 등 감각적인 쾌락을 탐닉하며 가정 내에서 가부장적인 독재자의 면모를 보이는 스탠리에게 블랜치는 가정의 뿌리를 송두리째 흔들어 놓고 자신의 가장 친한 친구 미치마저 빼앗으려는 위협적인 존재이기 때문이다.

『욕망이라는 이름의 전차』에서 블랜치의 환상의 세계와 스탠리의 현실 세계는 끊임없이 충돌한다. 그녀에게 현실이란 옛 남편의 성적 도착과 자살, 예전에 살던 저택 벨 리브의 상실, 그 후의 문란한 사생활 등으로 점철된 고통과 부끄러운 과거의 연속이다. 그렇기 때문에 그녀는 낭만적인 남부 시절의 우아함, 세련됨, 예법, 화려한 의상과 보석 등에 집착하며 환상에 몰입한다.

한편 감각적인 쾌락을 추구하는 현실 세계의 대표자 스탠리에게는 오로지 눈에 보이는 물질적 세계와 육체적인 욕망만이 중요하다. 스탠리와 그의 동료들은 물질적 삶을 위해 필요한 기본적인 것들을 얻기 위해 전력을 다한다. 이곳에서의 삶은 본능의 수준에서 추구되므로 선의 개념이나 악의 개념도 없고 전통적인 도덕성도 존재하지 않는다. 그는 블랜치가 자신의 속물근성을 경멸하는 것을 알지만, 그녀의 추악한 과거를 약점으로 나약하고 민감한 블랜치의 미화된 환상의 껍질을 벗기고 정신적, 육체적으로 그녀를 절망에 빠뜨린다. 현실에 든든한 바탕을 둔 속물적이고 잔인한 스탠리의 현실 세계가 종이 갓처럼 망가지기 쉬운 블랜치의 환상의 세계를 무너뜨린 것은 바로 스탠리의 세계가 지닌 폭력성과 야수성 때문이다.

　기존의 『욕망이라는 이름의 전차』의 연구에서는 스탠리와 블랜치의 갈등, 충돌을 대체로 뉴올리언스의 도시 산업 문명 대 남부 귀족 사회의 문명 간의 '문명의 충돌'로 보았다. 그 과정에서 스탠리의 폭력 행사는 블랜치로 대변되는 사라져 가는 또는 사라져야 할 남부의 퇴락한 귀족 문화의 침입으로부터 현대 미국 문화의 보호라는 명분으로 정당화되어왔다. 심지어 그가 블랜치에게 육체적으로 극단적인 폭력을 행사한 것에 대해서도 그에게 일종의 면죄부가 부여된 게 사실이다. 그러나 엄밀히 말하자면 스탠리의 폭력적 행위는 현대 문명을 수호해야 한다는 대의가 아니라, 오직 자신의 이해에 관계된 영역만을 고수하려는 속물 근성 또는 파괴 본성에서 비롯된 것이기 때문에 마땅히 비판받아야 한다.

　『폭력이란 무엇인가』(2011)에서 지젝이 폭력의 양상과 결과에 대해 명료하게 논증했듯이, 폭력은 단순히 감정의 배출구가 아닌 우위를 차지하기 위한 유형, 무형의 고차원 전술이다. 폭력은 『욕망이라는 이름의 전차』에만 국한되는 문제가 아니라 현대 미국 희곡, 더 넓게 보자면 현대 미국 사회에 만연한 문제이기도 하다. 『욕망이라는 이름의 전차』를 통해 나타난 남성 또는 남성 중심의 사회가 여성에게 가하는 가부장적 폭력의 양상을 살펴보았지만, 일상적으로 편재한 폭력의 양상도 다양하고 심각하다. 이에 대한 심도 있는 연구가 이루어져야 할 것이다.

〈죽은 시인의 사회〉: **고민하는 힘**의 중요성

영화 〈죽은 시인의 사회〉(1989)는 개봉한 지 꽤 되었지만, 지금도 볼 때마다 많은 생각을 하게 된다. 이 영화는 여러 영화제에서 상을 받은 것에서 알 수 있듯이, 일단 영화적 완성도가 뛰어나다. 그러나 이 영화의 가장 큰 장점은 영화적 완성도보다도 '교육'의 본질에 대해 근본적인 문제를 제기하고 있고, 꽤 오랜 시간이 흘렀음에도 불구하고 그런 문제 제기가 여전히 유효하다는 사실이다. 사실 이 영화는 우리와는 시·공간적으로 먼 1950년대 미국의 교육을 다루고 있음에도 불구하고, 작금의 우리나라 교육 현실을 반영하고 있는 것 같아 영화를 볼 때마다 많은 생각을 하게 되고 볼 때마다 마음이 무거워진다. 그렇다고 이 영화가 시종일관 무겁고 진지한 것만은 아니다. 영화의 주인공들이 고등학생이기 때문에 영화 곳곳에서 그들의 풋풋함, 생기발랄함, 순수함 등이 한껏 도드라진다.

너무나 유명한 영화지만 그래도 줄거리를 요약하면 다음과 같다. '전통', '명예', '규율', '탁월함'을 교칙으로 하는 엄격한 웰튼 아카데미가 영화의 공간적 배경이다. 하지만 학생들은 이 교칙을 '익살', '공포', '타락', '배설'로 '말장난'(pun)한다. 바로 그곳에 키팅 선생이 부임하면서 영화는 본격적으로 시작된다. 그는 웰튼 아카데미 졸업생이기에 누구보다도 이 학교의 규율이나 학습방침에 대해서 잘 알고 있다. 그런데도 그는 학생들에게 '자유'와 '이상'을 고취하는 자신만의 독창적인 교육 철학을 전하고, 그들로부터 좋은 반응을 얻는다. 가령 학생들에게 획일적인 시 읽기를 강요하는 교과서의 서문을 찢으라고 하고, 책상 위에 올라가 다른 시각에서 사물을 보라고 권하고, 야외수업을 통해서는 '자신만의 길'을 찾으라고 독려한다. 학생들은 키팅의 가르침으로 억압된 자아를 발견하고, 마침내 '죽은 시인의 사회'라는 모임을 재건한다. 하지만 이 모임의 리더인 닐(로버트 숀 레너드 분)이 아버지와의 갈등으로 비관해 자살하자, 그의 아버지와 교장은 키팅을 희생양으로 삼아 그를 학교에서 퇴출하려한다. 짐을 챙겨 교실을 떠날 때 학생들은 책상에 올라 키팅을 "오, 선장님, 나의 선장님!"이라고 부르며 영화는 끝난다.

앞에서 말했듯이, 〈죽은 시인의 사회〉는 교육에 대해 여러 가지로 많은 생각을 하게 한다. 특히 학생들 간 출신 계급 차이로 인한 사고의 차이, 학생들의 자유로운 사고와 획일적인 학교 교육 간의 괴리 등과 같은 사회 구조적인 문제에 대한 문제 제기는 지금도 여전히 유효하다.

하지만 지면의 성격상 무겁고 진지한 문제는 차치하고, 문학적으로 〈죽은 시인의 사회〉를 접근해보자. 주지하듯, 이 영화에서 키팅은 영문학, 우리로 보자면 국어를 가르친다. 따라서 이 영화에는 수많은 영문학 작가와 문학 작품이 언급된다. 먼저 영화 전편에 걸쳐 등장하는 인물이 있다. 바로 '월트 휘트먼'이다. 교실 벽에도 그의 초상이 걸려 있다. 그는 미국 정신을 가장 잘 대변하고 있는 가장 위대한 시인으로 손꼽힌다. 키팅은 학생들에게 자신을 '캡틴'으로 부르게 하는데, 이는 휘트먼의 시 「오, 선장님, 나의 선장님!」에서 나온 구절이다. 키팅은 학생들에게 휘트먼의 '자유로운 상상력'을 끊임없이 강조한다.

키팅의 자유로운 사고는 로버트 헤릭의 「처녀들이여, 시간을 최대한 이용하라」는 시에서 잘 드러난다. 이 시의 주제를 압축하자면 '지금 이 순간을 즐겨라', 영어로는 'seize the day', 라틴어로는 'carpe diem'이다. 맥락은 조금 다르지만 키팅은 헤릭의 시를 통해 학생들에게 '지금 이 순간을 즐기면서 틀에 박힌 사고가 아닌 자신만의 사고를 하라'고 독려한다.

키팅의 독려로 닐을 중심으로 학생들은 '죽은 시인의 사회'라는 모임을 재건하는데, 모임을 시작할 때마다 "나는 유유자적하며 살기 위해 숲으로 갔다. 나는 깊이 파묻혀 삶의 모든 정수를 음미하며 살고 싶다"는 소로의 『월든』(1854)의 구절을 읽는다. 영화 속에서 그들이 소로의 이 구절을 모임 때마다 읽는 것은 시사하는 바가 크다. 사실 소로는 월든 숲에 들어가 문명과 단절된 정신적으로 충일한 삶을 산 '생태주의'의 비조로 많이 알려졌지만, 이보다 앞서 그는 「시민 불복종의 의무」(1849)라는 논문에서 "정당하지 않은 공권력에 대해서는 저항해야 한다"고 역설했다. 즉 '자유'와 '상상력'을 강조하는 키팅의 교육철학은 소로의 사상·철학과 공명한다. 다시 말하면 키팅의 교육관이 소로의 구절을 통해 학생들에게 자연스럽게 스며든다고 할 수 있다.

키팅은 또한 수업시간에 알프레드 테니슨의 시 「율리시스」를 통해 학생들에게 더 넓은 상상력과 진취적 기상을 일깨우기도 하고, 셰익스피어의 『타이터스 안드로니쿠스』(1594), 『맥베스』(1605~1606), 『줄리어스 시저』(1599)의 대사를 흉내 내어 학생들에게 즐거움을 주기도 한다. 키팅은 영화 초반 학생들에게 시를 논하면서 "완성도"와 "중요도"로 판단해서는 안 된다고 역설한다. 그는 "우리가 인류의 일원이기 때문에 시를 읽고 쓰는 거"라고 말한다. 사실 그의 말처럼 "시, 아름다움, 낭만, 사랑과 같은 것들이 우리가 살아있는 목적"이다.

영화 〈죽은 시인의 사회〉에서 학생들은 자유로운 상상력을 소망하고 키팅의 수업을 즐기지만 사실 대다수는 학교 또는 부모에게 저항하지 못한다. 오직 찰리(게일 핸슨 분)만이 자기 목소리를 분명히 낸다. 그렇기에 영화의 마지막 장면, 닐이 죽고 난 뒤 학교에서 '죽은 시인의 사회' 회원들에게 키팅이 학

영화 〈죽은 시인의 사회〉에서 키팅은 학생들에게 '저항'과 '분노'를 말 한 게 아니다. 사실 그는 학생들에게 삶의 정답은 책에 있지도 않고, 누가 가르쳐주는 게 아니기 때문에, 스스로 고민을 통해 자신의 길을 찾고 만들어가야 한다는 점을 역설한 것이다.

생들을 선동했다는 문서에 서명하라고 강요했을 때, 모두 서명하지만, 찰리만 거부한다.

시쳇말로 찰리는 자유로운 영혼의 소유자라 할 수 있다. 예컨대 그는 학교 신문에 웰튼 아카데미가 여학생을 받아들여야 한다는 글을 실어 학교를 발칵 뒤집는다. 또한 그는 실제로 '죽은 시인의 사회' 모임에 티나와 글로리아라는 여학생을 데려온다. 그리고 그녀들에게 '자신이 썼다는' 시를 각각 읽어준다. 티나와 글로리아에게 각각 「내 그대를 여름의 낮에 비유하리오?」와 「그녀는 밤과 같이 아름답게 걷는다」를 낭송하자 그녀들은 시가 달콤하고 아름답다고 화답한다. 하지만 같이 있던 학생들은 웃거나 아니면 어이없는 듯 고개를 젓는다. 왜냐하면 이 시들은 찰리가 쓴 게 아니라 셰익스피어의 소네트 18번과 바이런의 시이기 때문이다. 이처럼 영화 〈죽은 시인의 사회〉에서는 곳곳에 영문학 작품이 언급되거나 인용된다.

영화 〈죽은 시인의 사회〉의 주제를 가장 잘 대변하는 시는 아마도 로버트 프로스트의 「가지 않은 길」일 것이다. 앞에서 잠깐 언급했듯이, 키팅은 수업시간에 학생들에게 학교 교정을 걷도록 한다. 학생들은 영문도 모르고 그가 시키는 대로 걷는다. 그들은 같은 박자로 걷고, 그가 손뼉을 치라면 손뼉을 친다. 멈추라고 하면 멈춘다. 키팅은 그들에게 다른 사람들의 박자나 걸음걸이에 신경 쓰지 말고 "너희들의 신념이 고유하고 [그것이] 너희 자신의 것이라는 것을 믿어야 한다"고 역설한다. 그러면서 프로스트의 시 「가지 않은 길」의 일부를 인용한다. "두 개의 길이 숲속에 나 있어, / 나는 사람들이 밟지 않은 길을 택했다, / 그리고 그것이 모든 차이를 만든 것이다." 그러자 학생들은 키팅의 의도를 이해하고 이리저리 제멋대로 걷는다. 자유로운 영혼의 찰리는 아예 걷는 것 자체를 거부한다.

하지만 〈죽은 시인의 사회〉는 행복한 결말로 끝나지 않는다. 키팅의 교육은 부모의 기대 때문에 스스로를 가두었던 닐의 사고에 변화를 가져온다. 그는 부모의 반대로 포기했지만 키팅의 말에 자신감을 얻어 자신이 그토록 원하던 연극에 출연하기로 한다. 그는 연극 〈한 여름밤의 꿈〉의 오디션을 보고 결국 무대에 오른다. 그는 주인공 퍽의 역할을 맡아 무대에서 관객들로부터 환호와 박수를 받지만, 그의 아버지는 이를 못마땅하게 여겨 그를 자퇴시키고 군대에 보내려 한다. 결국 닐은 절망감으로 결국 목숨을 끊는다. 그가 출연한 연극이 해피엔딩인 것과 달리 그의 삶은 정반대로 비극으로 끝난다.

다른 것도 마찬가지겠지만 영화를 보는 즐거움 가운데 하나는 다시 보면 예전에는 보이지 않았던 부분이 보이기 시작한다는 점이다. 〈죽은 시인의 사회〉를 교육의 관점에서 보면 조금 어둡고 갑갑하지만, 그 안의 크고 작은 문학 작품을 신경 써서 보면 또 다른 즐거움을 얻을 수 있다. 조금 더 나아가 영화 속에서 인용된 시를 찾아 읽으며 그 시가 영화에서 어떤 맥락으로 쓰였는지를 생각하면 더 큰 즐거움을 얻게 된다.

키팅은 학생들을 교실 중앙의 자신 주위로 모이게 한 후 시를 읽고 쓰는 목적에 관해 설명한다. 그러면서 그는 휘트먼의 시 「오, 나여, 오, 생명이여!」를 인용한다. 그런 뒤 다음과 같이 말한다.

"네가 여기 있다는 것, 삶이 존재한다는 것. 그리고 정체성. 그 장엄한 연극이 계속되니, 네가 한 편의 시를 읊을 수 있다. 그 장엄한 연극은 계속되고, 네가 한 편의 시를 바칠 수 있다."

키팅의 말이 끝나자 학생들은 서로의 얼굴을 쳐다보고 있고, 키팅은 그들에게 "너희의 시는 어떤 것이 될까?"라고 되묻는다.

재일 정치학자 강상중은 『고민하는 힘』(2008)에서 '고민하는 힘'의 중요성을 강조했다. 그는 경제 위기가 전 세계를 강타한 이후, 고용 불안과 취약한 사회안전망으로 인해 사람들은 생존경쟁으로 내몰리고 있고, 그로 인한 고민과 시름은 깊어가고 있다고 '현재'를 진단한다. 그의 주장에 따르면, 이런 상황에서 진정 필요한 것은 생존 경쟁에서 이길 수 있는 '처세술'이나 '힐링'과 같은 심리적 위안이 아니라, 고민하는 힘이다. 삶에서 중요한 것은 '속도'가 아니라 '고민'이라는 그의 말이 가슴 깊이 박힌다.

사실 키팅은 〈죽은 시인의 사회〉에서 학생들에게 '저항'과 '분노'를 말한 게 아니다. 사실 그는 학생들에게 삶의 정답은 책에 있지도 않고 누가 가르쳐주는 게 아니기 때문에, 자신의 고민을 통해 자신의 길을 찾고 만들어 가야 한다는 점을 역설한 것이다. 시대와 맥락이 조금 다르기는 하지만, 키팅이 학생들에게 정말 해주고 싶은 말은 아마도 강상중이 말한 '고민하는 힘'이 아니었을까.

사회 비판극으로서의 멜로드라마

   '멜로드라마'는 영화의 초창기부터 중요한 특질이자 영화 장르였다. 그러나 영화학자들이 멜로드라마를 영화의 한 장르로 진지하게 주목한 것은 1970년대 이후다. 즉 이 시기에 들어 멜로드라마에 대한 정의와 범주에 대한 논의가 활발히 진행되었고, 영화 연구에서 채택된 이론적, 방법론적 접근의 결과, 멜로드라마는 영화의 한 장르로서 인정받기 시작한다. 그럼에도 불구하고 많은 경우 멜로드라마가 하나의 독립적인 영화 형식이 아니라, 로맨틱 드라마, 역사 풍속극, 스릴러, 최루 영화, 웨스턴 무비 등과 같은 하위 장르와 '혼종 교배'되는 혼성적인 영화 형식으로 간주되었다. 심지어 몇몇 학자들은 멜로드라마를 아예 여성영화로 폄하하기도 했다.

   할리우드 영화 산업에서 멜로드라마가 다른 장르의 영화들과 차별성을 갖게 된 것은 무엇보다도 토마스 샤츠의 공이다. 그는 『할리우드 장르들』(1981)에서 멜로드라마를 서부극, 갱스터 무비, 하드보일드 탐정영화, 스크루볼 코미디, 뮤지컬과 구분하고 있다. 특히 그는 1950년대, 좀 더 좁히자면 1954년부터 1960년까지의 가족 멜로드라마에 주목했고 이를 논의의 대상으로 삼았다. 이 시기의 멜로드라마 목록에는 특히 더글러스 서크와 빈센트 미넬리의 영화들이 다수 포함되어 있다.

샤츠는 미넬리보다도 서크를 원형적인 멜로드라마주의자로 평가했다. 그는 서크가 양식과 태도에서 기본적으로 다른 멜로드라마주의자들과 상당히 차별된다고 보았다. 그에 따르면, 서크의 멜로드라마는 할리우드의 일반적인 멜로드라마와는 달리 '해피엔딩'을 거부하며, 관객의 연민과 정서를 대부분의 멜로드라마주의자들과 다른 방법으로 조직화했다. 서크와 그의 1950년대 영화들은 가족 멜로드라마를 특정 영화 장르로 규정했고, 멜로드라마를 위한 장르적 요소를 만드는 과정에서 특권적인 지위와 역할을 부여했다.

서크가 〈마음의 등불〉(1954)로 상업적인 성공을 거두자 유니버설 영화사는 그 성공에 편승하고자 이 영화에 출연했던 록 허드슨과 제인 와이먼을 〈천국이 허락한 모든 것〉(1955)에 다시 출연시킨다. 〈천국이 허락한 모든 것〉은 평범한 대본으로도 감독의 역량에 의해 영화가 큰 사회 비판의 힘을 가질 수 있다는 것을 예거한 기념비적인 영화다. 서크가 할리우드 영화와 같은 상업 영화로 브레히트적인 극작 효능을 효과적으로 구현한다는 주장은 이 영화를 통해 입증되었다.

〈천국이 허락한 모든 것〉은 교외의 부유한 미망인 캐리 스콧(제인 와이먼 분)과 그녀보다 더 젊고 자유로운 정원사 론 커비(록 허드슨 분)의 사랑을 다루고 있다. 둘의 관계는 편협하고 경직된 동네 이웃들 사이에서 추문의 대상이 된다. 그런데 누구보다도 그녀의 결혼을 가장 반대하고 그녀에게 최후통첩을 하는 이들은 캐리의 성장한 아들과 딸이다. 그들은 캐리에게 연인과 자식 중 하나를 선택하라고 강요한다. 고민에 빠진 캐리는 사랑보다는 사회적 체면을 선택해 결국 론을 포기한다. 캐리의 이런 자기희생적 행동의 무익함은, 그녀의 아들이 집을 떠나고 그녀가 집을 팔아야 하고 홀로 남게 되는 상황에서 명징해진다. 하지만 눈 덮인 절벽에서 론이 추락해 위독해지자 캐리는 그를 간호하기 위해 그의 곁에 남는다.

앞에서 언급했듯이, 〈천국이 허락한 모든 것〉을 포함한 서크의 영화는 할리우드 멜로드라마의 전형적인 해피엔딩을 따르지 않는다. 이 영화도 표면상으로는 두 남녀가 서로의 마음을 이해하고 함께한다는 '러브 스토리'가 메인 플롯처럼 보이지만, 서크는 둘의 사랑보다도 이 둘의 사랑을 허락하지 않은 가족, 이웃, 사회에 방점을 찍는다. 그렇기 때문에 둘의 사랑은 '지상이 허락하지는 않았지만 천국이 허락한 모든 것'이 되는 것이다.

서크의 멜로드라마에서 영화적 배경은 주로 부유한 중산층 미국가정이다. 따라서 중간층 가정의 실내 장식은 등장인물, 특히 여성의 성격과 상황을 전달하는 데 중요한 역할을 담당한다. 예컨대 〈천국이 허락한 모든 것〉에서 캐리는 그녀의 화려한 집안에서 의미가 부여된 대상들, 즉 피아노, 꽃병, 스탠드 등에 둘러 싸여 있다. 그런데 이런 소품들은 집안을 장식하지만, 그녀를 집안에 가두기도 한다. 그녀가 유리창을 통해 밖을 내다보는 장면은 그녀가 사회적 관습과 집안 소품들에 갇혀 있음을 상징적으로 보여준다.

캐리는 론과 자신의 관계로 인해 비웃음의 대상이 된 그녀의 딸 케이와 눈물 어린 대화를 한다. 이 장면은 지극히 부자연스러운 무지갯빛이 두 사람에게 받치는 가운데 벽에 붙은 두드러진 원형의 창문이 있는 케이의 침실에서 이루어진다. 이 장면에서 조명은 스테인드글라스 창문의 효과를 암시하며 그들이 나누는 대화와 그것이 함축한 것들을 위한 표면적인 은유를 창조한다. 눈물을 흘리는 딸의 말을 경청하는 동안에 캐리는 론과의 관계를 끝내야 한다는 것을 깨닫게 된다. 즉 이 장면에서 조명은 캐리의 론에 대한 사랑이 운명 지어진 '계시'임을 상징한다.

서크의 영화 미학의 핵심은 '아이러니'다. 그는 영화 속에서 매우 일관되게 아이러닉한 미장센을 사용한다. 때문에 서크의 영화에서 배경, 무대장식, 조명, 음악, 카메라 화면 구성은 서사에서 일어나는 사건과 자주 모순되거나 대체 가능한 강조를 하는 것처럼 보인다. 아이러니는 진보적이고 전복적인 작가로서의 서크의 지위에서 중심적인 구성요소이다. 그는 할리우드 로맨스의

더글러스 서크의 영화 미학의 핵심은 아이러니다. 그는 영화 속에서 매우 일관되게 아이러닉한 미장센을 사용한다. 때문에 서크의 영화에서 배경, 무대장식, 조명, 음악, 카메라 화면 구성은 서사에서 일어나는 사건과 자주 모순되거나 대체 가능한 강조를 하는 것처럼 보인다. 그는 할리우드 로맨스의 관습을 전유하고 아이러닉한 미장센의 배치를 통해 사회 비판의 도구로서 대중적인 영화 형식을 이용한다.

관습을 전유하고 아이러닉한 미장센의 배치를 통해 사회 비판의 도구로서 대중적인 영화 형식을 이용한다.

〈천국이 허락한 모든 것〉은 크게 보았을 때 전복적인 사회비판, 캐리의 압박감, 론에 의해 제공된 대안과 문제가 되는 '행복한 결말'이 서사의 주요 쟁점이다. 영화의 첫 시퀀스는 크레인을 사용해서 영화 공간을 스토닝엄이라는 가상마을의 교회첨탑으로부터 마을 전체로 넓혀 가는 공중 촬영 쇼트다. 영화 속에서 외관상 미국 교외의 평온하고 목가적 분위기와 엘리트주의가 지배하는 컨트리클럽이 겹쳐진다. 특히 컨트리클럽은 남편과 사별한 캐리를 바라보는 그 집단의 태도와 나중에 그녀의 연인이 된 론을 바라보는 태도를 설명하는 두 개의 극적인 시퀀스를 위한 공간으로 기능한다.

캐리가 론을 데리고 등장했을 때 사람들은 두 사람의 도착을 흥분된 채 기다리며 망사 커튼 뒤에서 훔쳐본다. 그녀를 질투 어린 시선으로 바라보는 모나는 론의 종속적인 사회적 위치로 인해 주목을 받는 캐리를 보고 즐거움을 느낀다. 캐리에게 추근거리다가 거절당한 하워드는 그녀가 론을 데리고 오자 그녀를 비난한다. 서크는 론의 사랑을 인정하지 않고 비난하거나 조롱하는 스토닝엄의 컨트리클럽 회원들의 반응을 통해 1950년대 경직되고 보수적인 미국 사회를 비판한다.

서크가 유니버설 스튜디오에서 감독으로 연출한 영화들은 멜로드라마의 양식과 특징을 연구하고 이해하는 연구자들의 준거이자 시금석이 되었다. 그는 유니버설 스튜디오에서의 상업적 성공을 발판으로, 자신의 멜로드라마에 은밀한 사회 비판 요소를 담아냈으며, 또한 전위적인 독일 연극, 철학적 관심사, 좌파 지식인으로서의 관심사, 예술사가로서의 그의 미학적인 감수성에서 얻은 경험을 응축시켰다. 다시 말하면 서크는 복잡하고 상징적인 미장센, 아이러니와 파토스, 그리고 브레히트적인 소외장치를 사용하여 제2차 세계대전 이후 경직되고 보수적인 미국 사회를 비판했다. 그리고 그의 사회 비판적 태도는 이후 라이너 베르너 파스빈더, 토드 헤인즈 등으로 이어진다.

서크와 그의 **계승자들**

　　많은 영화감독이 더글러스 서크를 인용했고 그의 독특한 영화 양식에 영향을 받았다. 그 중 라이너 베르너 파스빈더와 토드 헤인스가 가장 주목할 만하다. 그들은 서크의 〈천국이 허락한 모든 것〉을 모티브로 영화를 만들었다. 원래 연극 연출가였던 파스빈더는 서크의 회고전을 보고 그의 영화적 솜씨에 고양되어 서크의 양식적인 언어와 실험연극에서의 자기 경험을 결합했다. 특히 〈불안은 영혼을 잠식한다〉(1973)는 파스빈더가 서크의 멜로드라마를 매우 직접 참고한 것이다. 그렇다고 〈천국이 허락한 모든 것〉을 리메이크한 것은 아니다. 비록 나이 많은 여성과 젊은 남성 사이의 관계라는 같은 서사 형식을 갖고 있기는 하지만, 〈불안은 영혼을 잠식한다〉에서 여성은 부유한 부르주아 계급의 과부가 아니라 노동계급 청소부 에미 크루와스키(브리짓 미라블 분)다. 그리고 그녀의 남자는 비순응자 정원사가 아니라 고상한 아랍식 이름이 주변 사람들에 의해 '알리'(엘 헤디 벤 살렘 분)라고 불리는 흑인 모로코 노동자다.

　　동네 모로코식 바에 술을 마시러 간 에미는 모로코 노동자들이 다른 이민 노동자 집단과 함께 살아야 한다고 역설하는 알리를 만난다. 에미는 그런 알리에게 호감을 느끼고 그를 자신의 집에 초대한다. 그리고 둘은 자연스럽게 연인 관계로 발전한다. 하지만 둘 사이에 틈이 발생한다. 처음에 에미는 알리를 잘 생기고 힘 좋은 젊은 남자 친구로서 자랑스럽게 생각한다. 하지만 그녀의 동료와 이웃, 그녀가 거래하는 상점주인, 친척들까지 그녀와 그를 편견의 시선으로 바라보자 그녀는 혼란스러워하고 둘 사이에는 긴장과 갈등이 발생한다.

서크의 영화에서는 계급과 신분이 둘의 관계에 걸림돌이었다면 파스빈더의 영화에서는 '인종' 문제가 둘 사이를 가로막는다. 파스빈더는 〈불안은 영혼을 잠식한다〉에서 인종 문제를 전경화한다. 그는 공공연한 사회 비판 요소들을 서크적인 아이러니로 약화시킨다. 예를 들면 에미는 알리와의 결혼식을 축하하기 위해 '오스테리아 이탈리아나'라는 히틀러가 좋아하던 식당으로 그를 데려간다. 그녀는 흑인 이주 노동자와의 결혼 축하연 장소로 나치의 지도자가 즐겨 찾던 식당을 선택하는 아이러니한 행동을 보인다. 웨이터가 혐오스러운 침묵으로 그들을 바라볼 때 그들은 완벽하게 고립되어 있다.

〈불안은 영혼을 잠식한다〉는 둘의 행복한 결말을 위한 기회를 제공하지는 않고, 〈천국이 허락한 모든 것〉에서처럼 남자 주인공이 병드는 것으로 끝난다. 알리는 천공성 위궤양 진단을 받는다. 이는 존 버거의 『제7의 인간』(1975)

파스빈더의 〈불안은 영혼을 잠식한다〉(1973)는 서크의 멜로드라마를 매우 직접적으로 참고했다. 그렇다고 이 영화가 〈천국이 허락한 모든 것〉을 단순히 리메이크한 것은 아니다. 예컨대 〈천국이 허락한 모든 것〉에서는 론이 불구의 몸이 되었음에도 그와 캐리는 앞으로 함께 할 것이라는 희망이 암시되지만, 〈불안은 영혼을 잠식한다〉에서는 제목 그대로 희망은 존재하지 않고 '불안'만이 에미와 알리 앞에 놓여 있다.

〈파 프롬 헤븐〉은 시대착오적인 영화 양식으로 폄하되는 멜로드라마의 범주를 재고하게 한다. 감독 헤인스는 멜로드라마가 '여전히 동시대의 관객의 시선과 주의를 끌 수 있는 서사 경험 중 가장 품위가 떨어진 것'이기는 하지만, 명확하게 정당한 사회 비판 장치로 기능할 수 있음을 보여준다.

에 잘 드러나듯이 열악한 노동 환경에 처한 이주노동자의 위험을 상기시킨다. 또한 이주노동자들에게 완벽하게 회복하기 위한 회복기가 주어지지 않기 때문에 그 병이 재발될 것임을 알려준다. 결국 에미는 그의 절망적인 상황에 울음을 터뜨린다. 〈천국이 허락한 모든 것〉에서는 론이 불구의 몸이 되었지만, 그와 캐리는 앞으로 함께 할 것이라는 희망이 암시된다. 하지만 〈불안은 영혼을 잠식한다〉에서는 제목 그대로 희망은 존재하지 않고 '불안'만이 알리와 에미 앞에 놓여 있다. 그리고 불안은 그들의 영혼을 잠식한다.

　헤인스의 〈파 프롬 헤븐〉(2003)은 동시대의 관객을 위해 서크적인 멜로드라마를 새롭게 각색한 흥미로운 사례다. 〈파 프롬 헤븐〉에서 헤인스는 서크의 양식을 훨씬 더 뚜렷하게 참조했다. 일단 '파 프롬 헤븐'이라는 영화 제목을 통해 이 영화가 〈천국이 허락한 모든 것〉에서 가져왔음을 분명히 한다. 동시에 '천국이 허락한 모든 것'의 모호성을 보다 충실하게 재현한다.

〈파 프롬 헤븐〉은 시대착오적인 영화 양식으로 폄하되는 멜로드라마의 범주를 재고하게 한다. 헤인스는 멜로드라마가 '여전히 동시대의 관객의 시선과 주의를 끌 수 있는 서사 경험 중 가장 품위가 떨어진 것'이기는 하지만, 명확하게 정당한 사회 비판 장치로 기능할 수 있다고 주장한다.

〈파 프롬 헤븐〉은 파스빈더의 〈불안은 영혼을 잠식한다〉가 그랬던 것처럼 〈천국이 허락한 모든 것〉을 분명하게 참고하고 있다. 하지만 감독 헤인즈는 〈천국이 허락한 모든 것〉을 단순히 리메이크했다기보다는 서사의 윤곽만을 취하고, 대신 서크의 다른 영화들, 즉 〈슬픔은 그대 가슴에〉, 〈바람에 쓴 편지〉의 주제를 택해 영화의 맥락을 보다 다층적으로 형상화하고 있다. 무엇보다도 〈파 프롬 헤븐〉의 가장 큰 성과는 1950년대 멜로드라마에서는 사회 규범뿐만 아니라 제작 규정 때문에 다룰 수 없었던 주제, 이를테면 동성애 문제를 전경화하고 있다는 점이다.

〈천국이 허락한 모든 것〉의 캐리는 〈파 프롬 헤븐〉에서는 남편의 사랑을 받지 못하는 캐시(줄리앤 무어 분)로 바뀌었다. 그런데 캐시의 억압과 고립은 사회 제도와 관습에서 연원하기보다는 그녀가 진정으로 누군가와 공유하기 불가능한 비밀, 즉 남편의 동성애에서 비롯되기 때문에 〈파 프롬 헤븐〉은 서크의 영화보다 훨씬 더 가혹하고 무자비하다.

〈파 프롬 헤븐〉에서 캐시의 사랑 없는 삶에 대한 낭만적인 대안은 〈천국이 허락한 모든 것〉에서처럼 정원사에 의해 제공된다. 하지만 여기에서 두 사람의 로맨스의 장애물은 계급이나 나이가 아닌 '인종'이라는 보다 휘발성이 강한 요인이다. 인종차별은 그녀가 주변 친구들로부터 받은 적개심과 의심, 그리고 흑인 공동체로부터 받은 압박감 등에 의해 증폭되고, 따라서 둘의 로맨스의 가능성은 점점 희박해진다. 헤인스는 미국 관객들 상당수가 여전히 정치적인 부담으로 여기며 1950년대 할리우드 영화의 관습 안에서 상상할 수 없을 백인 여성과 흑인 남성의 결합이라는 서사 장치를 전면적으로 배치하고 있다.

〈파 프롬 헤븐〉은 서크의 영화들에서 매우 두드러지는 구조적인 양식적 기법들이 두드러지는 않지만, 조심스럽게 약호화된 미장센은 여전히 사용되고 있고, 등장인물들에 의해서 말해지거나 설명될 수 없는 부재로 가득 찬 환경을 창조한다. 예컨대 캐시는 발레 공연하는 딸을 방문한다. 공연 후 캐시가 딸에게 친구들이 어디 있냐고 묻자, 카메라는 딸의 친구들을 보여주는 것이 아니라 반대로 어두운 강당에 고립된 것처럼 보이는 캐시와 그녀의 딸을 포착한다. 그리고 캐시와 그녀의 딸은 나머지 사람들에 의해 경멸과 경계의 대상이 된다. 즉 캐시와 그녀의 딸이 자신들이 속한 공동체로부터 배제되었음을 극적으로 재현하는데, 이 장면은 헤인스가 서크와 파스빈더의 멜로드라마의 사회 비판적 요소를 차용했음을 보여준다.

파스빈더와 헤인즈의 영화 작업은 멜로드라마가 1950년대 할리우드 영화 밖에서 계속 존재했고 서크에게 빚진 영화 양식들이 논쟁적인 영화감독들의 등장으로 전유되고 발전되어 왔음을 예거한다. 또한 멜로드라마의 범주가 단지 '가족'에만 국한되지 않고 계급, 인종, 성 등 다양한 사회 영역으로까지 확대될 수 있음을 보여준다. 요컨대 서크와 그를 계승, 발전시킨 파스빈더, 헤인스의 멜로드라마는 멜로드라마가 단순히 음악이 가미된, 혹은 음악이 주인공인 '빤한' 스토리의 영화가 아니라 사회비판의 기능을 갖는 영화 양식임을 시사한다.

너무 **늦었지만** 그래도 **다행인** 사랑

미국은 공교롭게도 두 차례의 세계 대전 이후 경제적 번영기를 맞이한다. 미국의 첫 번째 경제적 번영기는 제1차 세계 대전 이후의 일명 '광란의 20년대'(Roaring Twenties)고, 두 번째 경제적 번영기는 제2차 세계 대전 이후의 일명 '냉전 시기'(The Cold War)다. 미국은 '광란의 20년대'의 부작용으로 발생한 경제 공황으로 큰 경제적 위기를 겪지만, 뉴딜 정책 실행과 제2차 세계 대전 승리를 통해 다시 한번 경제적 번영기를 맞는다. 그러나 제2차 세계 대전 이후 미국의 경제적 풍요로움과 화려함의 이면에는 개인의 '불안'과 '고독'이 자리했다. 그래서 강준만은 『미국사 산책』(2010)에서 미국의 1950년대를 '미국인의 풍요와 고독'의 시대로 규정했다. 즉 1950년대 미국은 국가적으로는 풍요로웠지만, 개인은 정신적으로 불안과 고독을 감내해야만 했다. 그리고 개인의 불안과 고독은 '매카시즘'에 의해 더욱 심화되었다.

매카시즘은 1950년대 미국을 논할 때 빼놓을 수 없는 의제다. 매카시즘은 원래 미국의 상원의원 조지프 매카시의 이름에서 유래되었지만, 지금은 공산주의 문제를 개인 또는 특정 집단의 이익을 위해 정치적으로 이용하는 현상을 지칭하는 보통명사가 되었다. 최근 들어 매카시즘은 '마녀사냥' 또는 '마녀재판'과 같은 맥락으로 쓰인다. 당시 미국에서 매카시즘 열풍에 의해 확산된

반공주의는 정치에 국한되지 않고, 사회 문화 전반으로 영향력을 확장해나갔다. 특히 동료의 고발에 의한 공산주의자 색출은 개인의 양심의 문제로 비화하여 1950년대 미국의 부끄러운 과거사로 기억된다. 이런 경직된 사회적 분위기에서 다수의 주류와 조금이라도 다른 개인의 생각과 행동은 국가 또는 사회에 의해 억압되거나, 개인 스스로 자기 검열을 통해 억제되기에, 개인의 불안과 고독은 더욱 심화되었다.

앞서 살펴본 것처럼 토드 헤인스는 〈파 프롬 헤븐〉(2002)에서 더글러스 서크의 전설적인 멜로드라마 〈천국이 허락한 모든 것〉(1955)을 변용해 1950년대 미국 사회의 개인과 사회의 갈등, 개인의 불안과 고독의 문제 등을 다루었다. 서크의 영화에서 캐리와 론의 사랑이 사회적 신분 차이 때문에 좌절되었다면, 〈파 프롬 헤븐〉에서 캐시와 레이몬드의 사랑은 결국 인종 문제 때문에 좌절된다. 사실 캐시의 불안은 완벽해 보였던 그녀와 남편 프랭크의 관계 균열에서 비롯된다. 관계 균열의 원인은 프랭크의 동성애 문제다. 프랭크는 동성애를 성적 정체성으로 받아들이기보다는 질병으로 간주한다. 1950년대를 시대적 배경으로 하는 〈파 프롬 헤븐〉에서 감독은 동성애를 영화적 소재로 다루고 있지만, 영화적 방점은 '인종' 문제에 두고 있다.

그러나 영화 〈캐롤〉(2015)에서 헤인스는 동성애 문제를 보다 진지하고 전면적으로 다룬다. 이 영화는 『재능 있는 리플리 씨』(1955)로 유명한 소설가 패트리샤 하이스미스의 자전 소설인 『소금의 값』(1952)을 원작으로 한다. 실제로 동성애자였던 작가 하이스미스는 젊은 시절 상당한 생활고를 겪었고, 백화점 종업원으로 일하다가 금발의 부유한 손님을 보고 영감을 얻어 이 작품을 단숨에 썼다고 한다.

영화 〈캐롤〉의 줄거리는 다음과 같다. 사진작가 지망생인 테레즈(루니 마라 분)는 백화점 인형 가게 종업원으로 일하고 있다. 어느 날 부유해 보이는 손님 캐롤(케이트 블란쳇 분)이 딸에게 줄 크리스마스 선물을 고르기 위해 그녀가 일하는 곳을 들른다. 둘은 첫 눈에 서로에게 반한다. 불같은 첫 만남 뒤, 공교롭게도 캐롤이 매장에 장갑을 두고 가서, 테레즈는 그녀에게 장갑을 돌려주기 다시 만난다. 그에 대한 답례로 캐롤은 테레즈에게 점심을 사고 둘은 서로에게 점점 끌린다. 그리고 둘은 다른 사람들에게 할 수 없었던 비밀 이야기를 하나씩 하나씩 꺼낸다.

캐롤은 독선적인 남편과 이혼 소송 중에 있다. 그녀의 남편은 그녀의 동성애를 핑계로 아이의 양육권은 물론 면접권까지 빼앗으려 한다. 테레즈 또한 남자친구가 있지만 그에게 진심으로 다가가지 못한다. 이처럼 캐롤과 테레즈는 각자 남편과 남자친구가 있어도 불안감과 고독감을 느낀다. 그들은 속마음을 털어 놓을 상대가 없기 때문에 더욱더 불안감과 고독감을 느낀다. 둘은 함께 여행을 떠나고 서로의 사랑을 확인하며 불안감과 고독감을 지운다. 하지만 둘의 행복은 캐롤의 남편에 의해 중단되고 결국 헤어진다.

그러던 어느 날 캐롤과 테레즈는 재회하고 캐롤은 테레즈에게 함께 살 것을 제안한다. 처음에 테레즈는 캐롤의 제안을 거절하지만, 결국 혼자 남겨진 캐롤에게 돌아온다. 캐롤은 다시 돌아온 테레즈를 아무 말 없이 바라보고, 테레즈 역시 캐롤을 기쁨에 넘치는 시선으로 바라보며 영화는 끝난다.

영화 밖으로 나와 문득 캐롤과 테레즈가 그 뒤 행복했을지 궁금해진다. 영화를 통해서는 그들이 행복했을지 아니면 불행했을지 알 수 없다. 하지만 1950년대 당시 경직된 미국의 사회적 분위기로 짐작하건대, 둘의 사랑은 그렇게 오래가지 못했을 것 같다. 왜냐하면 당시에는 조금이라도 법이나 규율에서 벗어난 행위는 법적으로 그리고 사회적으로 용인되지 않았기 때문이다. 특히 당시에는 법적 처벌보다도 사회적인 냉대와 차별이 더욱더 가혹했다.

지금의 가치관으로 보면 캐롤과 테레즈의 동성애 관계는 평범하지는 않지만, 그렇다고 손가락질을 받을 만큼 이상하거나 특별하지도 않다. 동성애는 법이나 규율의 문제가 아니라 개인의 성적 취향의 문제이기 때문이다. 그러

영화 〈캐롤〉에서 캐롤과 테레즈의 사랑이 사회적으로 받아들여지는데 너무나도 오랜 시간이 흘렀다. 비록 캐롤과 테레즈에게는 이미 늦었지만, 또 다른 캐롤과 테레즈를 위해서는 다행스러운 일이 아닐 수 없다.

나 영화의 시간적 배경이 1950년대라는 것을 생각한다면, 둘의 동성애 관계는 절대로 용인될 수 없는 '사회적 금기'였다. 특히 여성의 동성애는 사회적으로 훨씬 더 용납되지 않았다.

앞에서 언급했듯이, 1950년대 미국은 경제적으로는 그 어느 때보다 풍요로운 시기였지만, 많은 사회적 제약이 있었고, 이를 위반했을 때 뒤따르는 처벌은 너무나 가혹했다. 국가와 사회는 개인의 생각과 행동을 제약했고, 개인은 불가피하게 그런 사회적 제약을 내면화했다. 획일화로 인해 개인의 개성은 발현되지 못했다. 개인의 생각과 취향, 의지 등은 국가 또는 사회 제도의 벽에 부딪힐 수밖에 없었고, 이를 위반한 사람은 국가 또는 사회에 의해 배제되고 고립되었다. 거듭 말하지만, 이 시대 미국은 물질적으로는 풍요로웠지만, 정신적으로는 '불안과 고독의 시대'였다.

〈파 프롬 헤븐〉에서 캐시는 남편의 동성애 때문에 괴로워하고, 갑자기 찾아온 사랑의 좌절에 고통스러워한다. 〈캐롤〉에서 캐롤 역시 사회적으로 용납되기 어려운 이루어지기 힘든 사랑 때문에 정신적인 고통을 겪는다. 그러나 캐롤은 캐시보다는 자신의 사랑에 대해 조금 더 적극적이다. 즉 캐시가 사회적 통념 때문에 어쩔 수 없이 자신의 사랑을 포기했다면, 캐롤은 조금 더 적극적으로 사랑을 따르려한다. 다시 말하면 캐롤은 자신의 감정에 보다 충실하다. 예컨대 그녀는 딸을 잃을 수도 있는 위험을 무릅쓰고 자신의 성적 정체성을 인정하고 테레즈와의 사랑을 선택한다. 시종일관 수동적이기만 했던 테레즈 역시 마지막에는 '자신만의 선택'을 한다. 결론적으로 〈캐롤〉의 캐롤과 테레즈는 사회적 금기에 맞서 자신들의 사랑을 찾으려 시도했다. 영화 속에서 그들이 자신들의 소망대로 사랑을 이루었는지는 알 수 없지만, 세상을 향해 자신들의 목소리를 냈다는 게 중요하다.

그러나 모든 것을 금기시하고 억압했던 미국의 1950년대도 역사의 변화를 거스를 수는 없었다. 1950년대 중반 로자 파크스 사건을 시작으로, 1960년대와 1970년대를 거치며 베트남전 반전 운동, 흑인 인권 운동, 여성 운동 등이 전개되면서 사회 곳곳에서 억눌렸던 목소리들이 분출되기 시작했다. 금기시되었던 동성애 문제도 예외가 아니었다. 사회적으로 인정받는 것까지는 아니더라도 동성애자들은 자신들의 목소리를 냈고, 사람들도 동성애자들의 목소리에 귀를 기울이기 시작했다.

하지만 1980년대 들어 또다시 사회적 분위기가 급변한다. 즉 동성애를 혐오하는 보수 기독교의 지지를 얻은 레이건 정부가 들어서면서 사회적으로 동성애에 대한 반감과 혐오가 들끓기 시작한다. 심지어 동성애자는 에이즈 환자로 취급당하면서 예전보다 훨씬 더 사회적으로 차별받고 배제되었다. 그러나 2000년대 들어서면서 미국 사회의 여론이 동성 결혼을 인정하는 쪽으로 바뀌고, 마침내 2015년 미국 연방 대법원이 동성 결혼 합헌 결정을 내리면서,

미국에서 수십 년 동안 이어진 동성애와 동성 결혼의 합법화 논쟁이 대단원의 막을 내리고 동성애자들도 당당한 목소리를 갖게 된다. 〈캐롤〉의 캐롤과 테레즈의 사랑이 사회적으로 받아들여지는데 너무나도 오랜 시간이 흘렀다. 비록 캐롤과 테레즈에게는 이미 늦었지만, 또 다른 캐롤과 테레즈를 위해서는 그나마 다행스러운 일이 아닐 수 없다.

플라스, 불꽃 같은 삶을 살다

"남자가 내 인생을 비참하게 만든다면, 나도 그의 삶을 비참하게 만들어 주겠다."

조금 무시무시하게 느껴지는 경구다. 누군가를 향한 저주처럼 느껴진다. 이 문장은 실비아 플라스의 유일한 소설 『벨 자』(1963)에 나오는 가장 인상적인 구절이다. 『벨 자』는 한 천재 작가가 신경증에 빠져드는 과정을 독특하고 날카롭게 묘사한 플라스의 자전 소설이다.

1932년에 태어나 1963년에 세상을 떠난 플라스는 한 마디로 불꽃 같은 삶을 살았다. 세계적인 땅벌 권위자였던 생물학자 아버지의 때 이른 죽음, 명문 스미스 대학을 최우등생으로 졸업, 우울증과 자살 기도, 풀브라이트 장학생으로 영국 케임브리지 대학 유학, 천재 시인 테드 휴스와의 결혼, 그리고 전쟁 같은 불화 끝에 이혼, 기적 같은 창작력으로 시작에 몰두, 하지만 결국 다시 찾아온 우울증으로 두 아이를 옆방 침대에 놓아둔 채 가스 오븐 안에 머리를 넣고 가스를 틀어 겨우 서른한 살의 꽃다운 나이에 자살. 거짓말과도 같은 끄적인 그녀의 삶은 그녀의 글만큼이나 신화가 되었고 대중적으로 소비되었다.

플라스의 대표작들은 대체로 휴스와의 이혼 후 개인적으로 가장 불행했던 시기에 쓰인 작품들이다. 실제로 그녀가 남긴 작품들을 보면 플라스는 이런 드라마틱한 삶의 단편을 문학으로 형상화하는데 얼마 남지 않은 삶의 에너지를 다 쏟아부은 듯하다. 때로는 일부터 문학 작품을 위해 극적인 삶을 산 것이 아닌가, 하는 느낌이 들기도 한다. 플라스는 편집광적으로 집요하게 자신의 삶을 문학적으로 형상화한 극단적인 자전적 작가였다. 그 때문에 그녀의 유명한 일기는 말할 것도 없고, 로버트 로웰의 고백시 전통을 계승했다는 평을 듣는 그녀의 시, 나아가 심지어 유일한 소설인 『벨 자』에 이르기까지 자서전적인 요소들로 가득하다.

『벨 자』에서의 문학적 페르소나는 작품 속에서 방탕한 유혹녀, 순진한 소녀, 우등생, 파티걸 등 다양한 캐릭터를 보여준다. 게다가 그녀는 타인과 외부 세계를 향한 폭력성을 드러내기도 하고, 내면적인 자기 파괴적인 충동을 보이기도 한다. 한마디로 그녀는 마치 끊어질 듯 팽팽한 신경 줄에 매달린 마리오네트처럼, 무수한 자아를 옷가지처럼 바꿔 입어가며 불안하게 흔들리는, 다층적이고 유동적인 자아를 지니고 있다.

이런 다층적이고 유동적인 자아를 실감 나게 기록할 수 있었던 원동력은 작가로서 플라스의 한결같은 정직함에서 비롯된다. 그녀는 타인에게뿐만 아니라 자신에게도 거침없는 독설과 냉소를 퍼부었다. 때때로 그녀는 속물적인 욕망과 질투와 허영에 들뜬 나약한 감정적 결을 날 것 그대로 드러낸다. 심지어 그녀는 의식이 무너지는 순간에서조차도 자신의 삶을 치열하고 정직하게 기록했다.

플라스의 정직함은 그녀의 문학에서 더욱 빛을 발한다. 그녀의 문학은 마치 무수한 거짓 가면들로 점철된 삶 속에서 침묵하던 참된 자아가 느닷없이 백열처럼 타오르며 언어를 찾아 말하는 눈부신 사건으로 다가온다. 일상의 비루하고 속물적인 생활의 흔적들은 그녀에 의해서 문학, 특히 '시'로 승화한다.

플라스는 시로 자아를 표현하고 자아를 완성하고, 문학적 명성과 불멸을 성취하고 싶다는 절대적인 욕망에 사로잡혀 있다. 그렇기 때문에 절대적 욕망을 제외한 그 모든 것은, 심지어 생활과 사랑과 행복마저도, 그녀에게 부차적인 문제에 지나지 않았다. 그 욕망의 절대성과 숭고함은 플라스를 범속한 인간들과 영원히 갈라놓았다.

하지만 그 절대적인 욕망의 좌절은, 욕망이 존재의 본성과 직결된 만큼, 곧장 죽음의 충동으로 이어진다. 사실 플라스의 좌절과 죽음의 충동은 개인적 차원에서뿐만 아니라 당대의 시대적 분위기에서도 비롯된다. 1950년대 미국은 아직 여성의 목소리가 분출되기 어려운 보수적인 가정 담론이 지배하던 시기였다. 플라스의 경우 멋진 남자의 사랑을 받는 행복한 여성이 되고 싶다는 '개인적 바람'과 위대한 작가가 되고 싶다는 '사회적 욕구' 사이에서 계속 불화가 생기고, 마침내 이 둘이 서로 양립할 수 없다는 사실을 깨닫자 그녀는 더욱 절망감에 빠져든다. 그리고 그녀는 시인으로서도 여성으로서도 그 어느 것과도 타협하지 못하고 결국 자살이라는 극단적인 선택을 한다.

앞에서 언급했듯이, 『벨 자』는 실비아 플라스가 남긴 유일한 소설로서, 자살로 생을 마감하기 한 달 전 필명으로 출간되었다. 이 소설은 실제로 일어났던 사건이나 상황을 소재로 다루고 있지만 실존 인물들을 가명으로 등장시킨다. 따라서 이 소설은 픽션과 논픽션의 중간 장르로 삶을 기록하려는 플라스

영화 〈실비아〉의 한 장면. 플라스는 시로 자아를 표현하고 자아를 완성하고, 문학적 명성과 불멸을 성취하고 싶다는 절대적인 욕망에 사로잡혀 있다. 그렇기 때문에 절대적 욕망을 제외한 그 모든 것은, 심지어 생활과 사랑과 행복마저도, 그녀에게 부차적인 문제에 지나지 않았다. 그 욕망의 절대성과 숭고함은 플라스를 범속한 인간들과 영원히 갈라놓았다.

문학의 자서전적 경향을 대변한다. 예컨대 소설의 주인공 에스더 그린우드가 우울증과 자살 충동으로 빠져드는 과정은 뉴욕의 『마드모아젤』에서 인턴 기자 생활을 하고 하버드 서머스쿨에서 프랭크 오코너의 작문 강좌를 수강하는 데 실패한 후 극심한 불면증을 동반한 우울증에 빠져 수면제 자살을 시도했던 플라스 자신의 삶의 궤적과 일치한다. 버디 윌라드와의 스키장 사고는 고등학교 시절 연인인 딕과 함께 휴양지 사라낙 호수에 갔다가 다리가 부러졌던 사건을 재현한 것으로 추정된다. 후원자인 작가 필로메나 기니는 올리브 히긴스 프라우티와 병치된다. 친절한 여의사 닥터 놀란은 정신과 주치의로서 오랜 인연을 맺었던 닥터 루스 보이셔와 겹쳐진다. 이처럼 이 소설의 주요 사건과 등장인물은 플라스 자신이 겪은 사건과 그녀와 직간접적으로 관련이 있는 사람들과 포개진다.

또한 『벨 자』는 플라스의 개인적인 기록일 뿐만 아니라 1950년대 미국 사회의 공적 기록이기도 하다. 이 소설은 당시 소련에 원자력 기술을 팔아넘겼다는 간첩 혐의를 받고 있던 로젠버그 부부의 처형에 대한 언급으로 시작한다. 플라스는 확실한 증거도 없이 로젠버그 부부를 전기처형한 미국 정부의 행태에 대해 비판한다. 더 나아가 정부의 행태에 심드렁한 대중의 도덕적 불감증에 놀라움과 공포를 느낀다. 사실 미국역사에서 로젠버그 부부의 전기처형은 공산주의에 대한 비합리적 공포감이 헌법이 보장하는 인권과 법치의 영역을 넘어선 '마녀사냥'의 대표적 사례로 간주된다. 로젠버그 부부의 전기처형은 사회의 지배적 규준과 다른 개인의 개성을 말살하는 상징적인 사건으로서, 『벨 자』에서 주인공 에스더가 나중에 받게 되는 전기충격 요법과 일맥상통한다. 즉 '다른 것'을 참아내지 못하는 사회의 획일적 폭압은 그 어떤 인습에도 구속받지 않고 세상의 모든 것이 되고 싶었던 에스더의 자유로운 영혼을 '벨 자', 즉 '병 모양의 유리 덮개' 속에 가두어 버린다.

에스더에게 가해지는 폭력은 국가적·사회적 폭력으로 끝나지 않고 개인의 학습된 폭력으로 확대된다. 예컨대 시인의 재능을 가진 딸에게 타자와 속기를 배워 비서가 되라고 강요하는 그녀의 어머니나 완벽한 중산층 주부인 버디 윌러드의 어머니는 체제에 길든 인물로서 에스더에게 폭력을 행사한다. 에스더는 그녀의 어머니와 윌러드 부인의 폭력을 견디지 못한다. 그러나 에스더가 더욱 견디지 못하는 것은 모성 그 자체가 아니라 그 고통에 대한 몰이해와 남자들을 주축으로 하는 가부장적 사회 체제다. 그렇기 때문에 타자에 대한 폭압적 불관용이 팽배하고, 개인을 안전한 범주 속에 가두어 길들이려고 하는 세계 속에서, 에스더의 불순응은 그 자체가 저항이 된다. 하지만 에스더의 절망과 환멸의 병증은 안온하게 체제에 안주하지 못하고 체제에 저항하는 자라는 '낙인'으로 간주된다.

그러나 『벨 자』에서 에스더는 플라스와는 달리 삶을 포기하지 않는다. 그녀는 실패하고 때로는 낙담할지라도 주변인물 그리고 사회와 소통을 끊임없이 시도한다. 실패하면 또다시 시도한다. 그녀는 앞서 말한 전기 충격 요법이라는 비인간적인 치료 과정에서도 정신적·육체적으로 파괴되지 않고 버텨낸다. 『벨 자』에서 에스더가 정신 병원에서 퇴원해서 세상에 적응했는지 알 수는 없다. 그리고 그녀의 소통이 성공했는지 또한 알 수 없다. 하지만 보다 주목할 것은 플라스와 달리 『벨 자』의 에스더는 세상 밖으로 나오려고 끊임없이 시도했다는 점이다.

> 나는 은빛이며 정확합니다. 나는 어떤 편견도 갖고 있지 않습니다.
> 무엇을 보든 지 그 즉시 삼켜버리지요.
> 사랑이나 미움으로 흐려지지 않고, 그저 있는 그대로 봅니다.
> 난 잔인하지 않으며, 그저 진실할 뿐입니다.
> 난 네 귀퉁이를 가진 작은 신의 눈일 뿐입니다.

위 시는 플라스가 죽기 이 년 전에 쓴 「거울」(1961)이라는 시의 일부다. 쉽게 상상할 수 있듯이 시 속의 "나"는 '거울'이다. 이 시에서 그녀는 자신의 삶 또는 자신의 심경을 거울의 날카롭고 차가운 이미지에 빗대고 있다. 실제 삶에서 그녀는 자신의 고통을 밖으로 분출하지 않고, 자기반영의 속성을 가진 거울이 그런 것처럼, 그대로 받아들이고 속으로 삭였다. 하지만 그 결과는 다 알고 있듯 너무나 참혹했다.

다시 처음으로 돌아가서 플라스의 "남자가 내 인생을 비참하게 만든다면, 나도 그의 삶을 비참하게 만들어주겠다"는 경구에서, 남자는 그녀의 인생을 무너뜨린 한 남자일 수도 있고, 아니면 그녀를 받아들이지 않는 당시의 가부장제 사회의 폭력일 수도 있다. 플라스는 결국 절망하고 굴복했지만, 『벨 자』의 에스더는 폭력과 폭력을 행사하거나 방조하는 사회에 끊임없이 저항을 시도했다. 그리고 그 저항은 또 다른 누군가에 의해 지금도 진행 중이다.

『미국의 천사들』
: '개인과 가족의 서사'에서 '정치와 역사의 서사'로

현재 미국 연극계를 대표하는 토니 쿠시너는 『미국의 천사들』(1992)로 1993년 퓰리처상을 받았다. 퓰리처상 위원회는 이 작품이 "단순히 동성애와 에이즈를 다루었을 뿐만 아니라, '새 천 년'을 앞둔 20세기 말 미국의 삶을 가장 독창적인 방식으로 보여준 최고의 극 작품"이라고 평가했다. 참고로 이 작품의 부제가 "새 천 년이 다가온다"였다. 이 작품은 미국을 비롯한 전 세계에서 공연되고 있으며, 유진 오닐의 『밤으로의 긴 여로』, 테네시 윌리엄스의 『욕망이라는 이름의 전차』, 아서 밀러의 『세일즈맨의 죽음』을 잇는 '위대한 미국 연극'으로 평가받고 있다. 2003년에는 마이크 니콜라스 감독에 의해 영화화되어 골든 글로브상과 에미상을 받았다. 2004년에는 오페라로도 각색되어 파리에서 초연된 후 세계 전역의 폭넓은 관심을 끌었다. 현재 다양한 장르로 재현되는 『미국의 천사들』 열풍은 이 작품이 단순히 동성애와 에이즈 문제보다 더 큰 보편적 문제를 다루고 있다는 점을 시사한다.

쿠시너는 동성애 작가이다. 그는 이미 청소년기에 자신의 동성애적 성향을 인지했다. 그는 처음에는 거부했지만 대학에 진학한 후에는 자신의 성적 정체성을 받아들였고 가족들에게도 고백했다. '커밍아웃' 이후부터 그는 누구보다도 공개적이었으며 게이 인권운동에도 활발하게 참여했다. 극작가로서 쿠시너는 발터 벤야민, 허버트 마르쿠제, 테오도르 아도르노 등 독일 사회주의 이론가들에게 상당한 영향을 받았다. 하지만 쿠시너에게 가장 큰 영향을 준 인물은 '서사극'의 창시자 베르톨트 브레히트였다. 브레히트의 극 이론과 브레히트에게 영향을 미친 마르크스 이론을 탐독한 쿠시너는 연극을 '정치적인 것'으로 규정하고 연극을 통한 역사의 진보와 변화를 신봉하게 된다. 그리고 이를 자신의 극작의 본령으로 삼았다.

쿠시너는 또한 미국 작가들에게서도 영향을 받았다. 먼저 그는 미국 연극의 토대를 닦은 오닐의 연극 세계를 형성하는 두 축, 즉 '개인적 요소'와 '서사적 요소'를 자신의 극 작품에 형상화했다. 그러나 쿠시너가 섬기는 진정한 선배 극작가는 단연코 자신과 같은 남부 출신의 동성애 극작가 윌리엄스였다. 윌리엄스의 영향은 쿠시너 극의 감정적 측면, 유머, 시적인 언어에서뿐만 아니라 연극 기법의 실험 정신과 마술적 측면에서 두드러진다. 윌리엄스의 시적 감수성과 섹슈얼리티 사이의 긴장이 쿠시너의 의식에 깊숙이 침윤되어 있기에 많은 비평가들은 그를 윌리엄스의 후계자로 평가했다.

그러나 쿠시너는 개인의 불안과 해소되지 못한 섹슈얼리티에 천착한 윌리엄스와는 달리 사회, 정치와 같은 공적 문제에도 관심을 가졌다. 에이즈 공포로 인해 동성애자들이 사회적 편견의 희생자로 살아가는 데도 레이건 정부가 무능과 무관심으로 일관하자, 쿠시너는 동성애자 인권 운동에 적극적으로 참여하여 사회에 저항하고 그 속에서 희망을 찾고자 했다. 쿠시너의 동성애자에 대한 관심은 유대인을 포함한 다른 주변인들에 대한 관심으로까지 확장되었다. 즉 쿠시너는 예술 또는 예술가의 사회적 책임도 중요하게 여겼다. 쿠시너의 이런 점은 밀러의 극작관과 공명한다. 요컨대 쿠시너는 독일 사회주의 이론가들과 미국 극작가들로부터 상당한 영향을 받았고, 그것을 자신의 극 작품에 잘 녹여냈다.

쿠시너는 창작뿐만 아니라 개작과 번역에도 공을 들였다. 특히 그는 브레히트 작품의 번역과 개작을 통해, 관객들에게 사회 변화의 능동적 주체가 될 것을 요청했던 브레히트의 극작 정신을 계승했다. 쿠시너의 『미국의 천사들』을 포함한 그의 일련의 작품들은, 상황에 의해 '주변화된' 힘없는 인물들에 목소리를 부여하고 변증법적 진보를 모색한다는 공통점을 지닌다. 특히 그는 사회적 편견과 배제로 부당하게 고통받는 동성애자들에 주목했다.

미국에서는 제2차 세계대전 이후 시작된 동성애 운동 덕분에 동성애자들의 활동 공간이 열렸다. 국가가 약자를 보호하고 정의를 추구해야 한다는 진보적인 사회적 분위기 덕분에 동성애자들은 1960년대와 1970년대에는 어느 정도 자유로운 삶을 살 수 있게 되었다. 그러나 1980년대부터 1990년대 초반까지 '국가가 개입하지 않는 무한 경쟁'을 핵심 기조로 삼았던 레이건주의가 일상생활을 지배하면서, 동성애자들은 다시 수렁에 빠지게 되었다. 특히 1980년대 에이즈 위기 때 동성애자들에 대한 사회적 차별과 배제는 정점에 달한다. 미디어는 에이즈로 진단받은 사람들 중 상당수가 동성애자들이고 대부분 죽음에 이르렀다며 에이즈에 대한 공포와 혐오를 과도하게 부추겼다. 결

영화 〈미국의 천사들〉의 한 장면. 『미국의 천사들』은 동성애와 에이즈 문제를 전경화하는 동시에 오닐, 밀러, 윌리엄스의 작품들처럼 가족 드라마의 틀을 유지하며 미국 연극의 전통을 계승한다. 그러나 쿠시너는 '개인과 가족 서사'의 폭을 '정치와 역사의 사사'로 확장·변용하고 있다. 쿠시너는 '환상' 장치를 도입하지만, 그의 환상 영역은 등장인물의 내면을 탐구하기 위한 장치가 아니라, 역사적 판단들 내리고 예언적 미래를 설계하기 위한 도구이자 공간이다.

국 미국 사회 전반에 동성애자 공포증과 에이즈 환자들에 대한 공포와 불안이 퍼졌다.

그러나 덜 보수적인 클린턴 정권의 출현하고, '액트-업'과 '퀴어 네이션'과 같은 진보 단체들이 에이즈 환자들의 건강보험 혜택 및 정부의 정책 변화를 위해 더 활발하게 움직이고, 급진적인 정치적인 저항 정신을 표출하자, 동성애자들의 상황은 조금 바뀐다. 쿠시너는 '액트-업'이나 '퀴어 네이션'의 정치적 운동의 저항정신을 연극으로 시도했는데, 그 결과물이 바로 『미국의 천사들』이다. 따라서 『미국의 천사들』은 정치적으로 레이건과 부시 정부를 비판하는 동시에 동성애자들의 정치적·문화적 저항과 그 맥을 같이 한다고 할 수 있다. 이 작품은 에이즈 확산이 최고조에 이른 시점인 1985년 뉴욕을 배경으로 하고 있다. 당시 미국은 재선에 성공한 레이건 대통령과 함께 변화의 시점에 서 있었지만, 앞으로 나갈 동력을 잃은 채 제자리걸음을 하는 중이었다.

『미국의 천사들』은 에이즈라는 신체적 고통과 마음의 상처가 뉴욕의 동성애 사회를 강타하고 있는 역사적 현실을 다양한 종교, 인종, 젠더, 직업의 스펙트럼을 에셀 로젠버그의 유령, 전 흑인 여장 동성애자 벨리즈, 유대교 랍비, 환상의 여행사 직원 라이즈 등 다양한 인물을 통해 거시적으로 보여준다. 하지만 극적 주요 사건은 에이즈에 걸렸거나 에이즈로 인해 정신적인 혼돈에 빠진 5명의 주요 인물들 사이에 작용하는 관계망 붕괴와 새로운 유대관계라는 역학 구조를 통해 펼쳐진다.

루이스 아이언슨은 동성애 애인 프라이어 월터가 에이즈에 걸렸다는 끔찍한 소식을 접한 후 충격에 빠진다. 그리고 그는 프라이어가 당면한 죽음을 감당할 수 없어 그에게 거리를 두기 시작한다. 즉 세상에서 진보가 가능하다고 믿는 루이스는 죄의식을 느끼면서도 곤경에 처한 프라이어 곁을 떠나 자신의 행복을 찾아 나선다.

루이스와 프라이어의 반대편에는 조 피트와 그의 부인인 하퍼 피트가 있다. 이들 부부 관계는 악화일로에 놓여 있다. 하퍼의 정신 상태는 붕괴 직전이다. 그녀는 신경안정제의 도움으로 하루하루를 간신히 버티고 있다. 그녀는 현실을 감당할 능력이 없기 때문에 자주 환상에 빠진다. 그녀는 상상의 여행 가이드와 함께 남극으로 환상여행을 떠나는 등 현실을 외면한다. 레이건주의의 신봉자이자 로이 콘의 변호사 사무실에서 일하는 그녀의 남편 조 또한 내적 혼돈에 빠져 있다. 그의 정신적 혼돈은 기본적으로 그가 자신의 동성애 성적 취향을 받아들일 수 없다는 사실에서 기인한다. 모르몬교 신자인 조의 도덕적·윤리적 관점에서 볼 때, 동성애는 돌이킬 수 없는 죄악이기 때문에 그는 자신의 동성애 욕망을 힘겹게 억제하고 있다. 『미국의 천사들』에서 프라이어와 하퍼는 환각 속에서, 루이스와 조는 현실 세계에서 조우하며 서로의 삶 속에 개입한다.

이렇게 얽히고설켜 있는 두 쌍의 연인들 사이에 로이 콘이 자리 잡고 있다. 20세기 말의 전형적 악마라 할 수 있는 그는 냉혹하고 극악무도한 인물로 권력의 정점에 서 있는 성공한 변호사다. 특히 『미국의 천사들』에서 그는 레이건 정부의 개인주의 강조, 사회적 프로그램 철폐와 같은 정책이 어떻게 개인적 영역에 영향을 미쳐 이기적 권력 탐닉 현상으로 나타나는지를 극명하게 보여주는 인물이다.

그러나 이 성공한 악마의 모습은 로이 콘의 표피일 뿐, 사실 그는 '커밍아웃' 하지 않은, 혹은 하지 않으려 하는 괴이한 동성애자다. 그는 동성애자에게는 권력이 없다는 이유로 자신이 동성애자임을 거부한다. 그 역시 에이즈 진단을 받았지만 막강한 권력과 재력에서 비롯된 아집과 편견으로 자신이 쉽게 에이즈를 극복할 것으로 생각한다. 심지어 그는 임박한 죽음을 앞두고 자신이 죽음으로 몰고 간 에셀의 유령을 만나는 혼미한 상태에서도 자신은 영원불멸하며 절대로 죽지 않을 것이라고 당당히 외친다. 참고로 로이 콘과 에셀 로젠버그는 실제 역사적 인물들이다.

그러나 『미국의 천사들』이 무엇보다 흥미로운 점은 쿠시너가 로이 콘을 단순히 악, 이기심, 기회주의의 화신으로만 그리지 않고, 그의 인간적인 약점과 함께 그에 대한 연민의 감정을 드러내고 있다는 점이다. 로이 콘은 내심 '진짜 거인'을 꿈꾸지만 실제로는 주변 사람들로부터 연민과 안타까움을 불러일으키는 '키 작은 겁쟁이'일 뿐이다. 그런 이유 때문인지 TV 영화에서는 알 파치노가 로이 콘을 연기한다.

쿠시너는 『미국의 천사들』에서 브레히트의 '낯설게 하기' 기법과 극작 정신을 미국적으로 재현했다. 그는 에피소드적 구성, 다른 장소에서 일어나는 사건들을 한 무대에 병렬로 담는 분열장면 기법, 환상곡 음악 형식에서 따온 현실과 환상의 경계 허물기, 이중배역 등과 같은 다양한 브레히트식 감정 이입 단절 장치, 일명 '소외 효과'를 도입하고 있다. 따라서 형식상 이 극은 브레히트의 서사극 형식을 따르고 있다. 그러나 더 중요한 점은 서사극이라는 형식보다도 그 형식을 통해 발현되는 효과다. 주지하듯, 브레히트는 서사극을 통해 연극의 교육적 효과를 강조했다. 그는 서사극이라는 형식에 '역사적 진보'라는 그의 사상을 주입했다. 즉 쿠시너는 브레히트의 서사극 형식과 사상을 따르고 있다. 그럼에도 쿠시너가 동성애자 등장인물에게 깊은 연민과 공감하고 있는 점에 비추어 보았을 때, 그가 브레히트 못지않게 윌리엄스의 유산을 계승하고 있다는 점도 간과할 수 없다.

『미국의 천사들』에서 쿠시너는 동성애와 에이즈 문제를 전경화하는 동시에 오닐, 밀러, 윌리엄스의 작품들처럼 가족 드라마의 틀을 유지하며 미국 연극의 전통을 계승한다. 더 나아가 쿠시너는 '개인과 가족 서사'의 폭을 '정치와 역사의 사사'로 확장·변용하고 있다. 또한 그는 이 작품에서 '환상' 장치를 도입한다. 하지만 그의 환상 영역은 등장인물의 내면을 탐구하기 위한 장치가 아니라, 역사적 판단을 내리고 예언적 미래를 설계하기 위한 도구이자 공간이라는 점에서, 선배 극작가들과 차별성을 갖는다.

쿠시너와 선배 극작가들의 가장 큰 차별성은 미국을 구성하는 거대한 동력을 인종, 젠더, 성적 성향, 정치적 성향, 종교에 따라 다양한 인물들의 효율적으로 배치하고 극화시켰다는 점에서 찾을 수 있다. 그렇기 때문에 '자유주의적 다원주의적'인 미국의 모습을 그려내고 그 안에서 새로운 세계로 나갈 길을 보여주는 희망의 메시지를 전달하려는 그의 연극적 시도는 『미국의 천사들』에서 더욱 도드라진다. 이 작품이 단지 미국만의 이야기가 아니라 우리의 이야기가 될 수도 있기에 이 작품이 주는 울림이 더욱 깊고 크다.

세상에 **우연한 재앙**은 없다

    흔히 역사를 배우는 이유는 같은 실수를 되풀이하지 않기 위해서라고 말한다. 그러나 사람이기에 똑같은 실수를 반복한다. 개인만 그런 게 아니라 국가도 마찬가지다. 제도가 잘 정비된 나라에서도 똑같은 실수가 반복된다. 이처럼 개인이나 국가의 실수는 반복되기 마련이다. 그러나 중요한 점은 실수를 하느냐 마느냐보다 실수의 본질이다. 핵심은 첫 번째는 말 그대로 실수지만, 두 번째는 실수가 아니라 의도된 또는 예측 가능한 재앙이라는 데 있다. 그리고 그 재앙은 어느 날 갑자기 찾아오는 게 아니라 그 재앙과 관련된 수많은 경미한 사고와 징후 뒤에 찾아온다. 즉 '세상에 우연한 재앙은 없다.'

    1930년대 미국은 경제 공황으로 유례없는 경제 침체기를 맞이한다. 경제 공황의 직접적 원인과 해결책에 대해서는 지금도 주장이 엇갈리지만, 경제 공황 직전의 '광란의 20년대'(Roaring Twenties)가 경제 공황을 가져왔다는 주장에 대해서는 큰 이견이 없다. 똑같은 실수를 반복하지 않기 위해 미국은 경제 공황 직후 규제를 강화하고, 업종별 칸막이를 두는 일명 '글라스-스티걸법'을 제정한다. 글라스-스티걸법의 목적은 투자은행만이 고위험 투자가 가능하도록 무분별한 투자를 규제하는 데 있다. 그러나 투자를 활성화시킨다는 명분으로 1999년 클린턴 행정부는 '그램-리치-블라일리법'을 만들어 업종별 칸막이를 없앴다. 당시에는 그와 같은 규제 철폐 또는 규제 완화가 나중의 재앙의 실마리가 될 것이라고 그 누구도 생각하지 못했다.

업종별 규제가 무너지자 시장에 온갖 파생 금융 상품들이 쏟아져 나오기 시작했다. 예컨대 주택담보채권, 자동차론, 학자금론 등 채권을 묶은 부채 담보부 증권도 이 시기에 만들어졌다. 주로 투자은행들과 연기금들이 그 상품들을 샀다. 부채 담보부 증권이 부실해질 위험에 대비해 보험 성격의 상품도 만들었다. 그게 바로 '통화 부도 스와프'다. 보험사는 이 상품을 팔고 대신 투자은행으로부터 수수료를 받았다. 문제는 통화 부도 스와프가 단순 보험 상품이 아닌 파생상품이라 부채 담보부 증권이 없는 투자회사들도 보험료를 내고 통화 부도 스와프를 살 수 있었다. 만약 특정 부채 담보부 증권이 망하면 보험금을 같이 받는 형식이었다. 은행 대출채권이 투자은행을 지나 보험사까지 연결됐다. 그런데 은행 대출 채권이 부실해졌다. 연쇄적으로 부채 담보부 증권을 산 투자은행이 망가졌고, 이어 부채 담보부 채권 보험금을 주려다 보니 보험사도 망가졌다. 금융위기는 상업은행, 투자은행, 보험사, 증권사 등 전 금융권을 휩쓰는 금융 쓰나미가 됐다. 그리고 그 쓰나미는 미국을 지나 유럽과 아시아 등 전 세계로 퍼져 나갔다.

영화 〈빅쇼트〉(2015)는 세계 경제 쓰나미를 초래한 미국발 경제 위기를 다소 장황하면서도 쿨하게 그리고 있다. 기본적으로 이 영화는 실화에 바탕을 두고 있다. 영화는 "곤경에 빠지는 것은 무엇을 몰라서가 아니라, 확실히 알고 있다는 생각에서 비롯된다"는 마크 트웨인의 유명한 경구로 시작한다. 마크 트웨인은 이 경구를 통해 과도한 자기 확신은 결국 재앙을 초래할 수 있다고 경고했다. 이 영화는 미국발 금융 위기는 자신이 속고 있다는 것을 모르고 있다는 사실, 즉 '무지'에서 비롯되었다고 말한다.

미국발 경제위기는 처음에는 낙관적인 전망에서 출발했다. 사람들은 경기가 좋기 때문에 당연히 주택시장을 낙관했다. 그래서 너나 할 것 없이 집을 사기 위해 은행으로부터 돈을 빌렸다. 심지어 대출 자격이 안 되는 사람도 높은 이자를 내면서까지 은행으로부터 돈을 빌렸다. '누군가'는 한 군데가 아니라 여러 군데서 돈을 빌렸다.

그 다음 단계에서는 '누군가' 서브프라임 모기지, 즉 대출금을 갚지 못할 위험이 큰 주택담보채권을 '여러 개 묶어서'(bundle) 파생금융상품을 만든다. '누군가' 그 파생금융상품을 묶어 또 다른 파생금융상품을 만든다. '누군가' 그 파생금융상품으로 또 다른 파생금융상품을 만든다. '누군가' 그 파생금융상품을 산다. 그러면 '누군가'는 그 파생금융상품의 위험성을 알고 신용 부도 스와프를 만들어 팔고, 또 다른 '누군가'는 비싼 수수료를 내고 그것을 사간다. 단계가 거듭될수록 수익성은 높아지지만 당연히 위험성도 커진다. 그러나 은행은 걱정하지 않는다. 채무자들은 대출금을 갚지 못하면 집에서 쫓겨나기 때문에, 은행은 그들이 어떻게 해서든지 대출금만은 갚을 것이라고 확신했다. 그런데 모든 사람들의 예상과 달리 대출금을 갚지 못하는 사태가 발생했다. 이후 발생한 모든 문제는 우리 모두가 아는 그대로다.

〈빅쇼트〉에서 천재적인 펀드 매니저 마이클 버리(크리스천 베일 분)는 미국 주택시장의 위험성을 간파하고 주변 사람들에게 경고하지만, 그 누구도 그의 말을 귀담아듣지 않는다. 심지어 그의 투자자는 그로부터 투자금을 회수하고 그를 고소하려 한다. 그가 한 금융기관을 찾아가 신용부도스와프를 만들어 달라고 부탁하자, 금융기관 관계자들은 그의 부탁대로 신용부도스와프를 만들어 팔면서도 그를 조롱한다. 하지만 나중에 재앙이 벌어지자 반대로 그들은 신용부도스와프를 자신들에게 팔라고 그에게 애원한다.

결국 부동산 시장의 붕괴로 누군가는 막대한 손해를 보고, 누군가는 막대한 이익을 보고, 누군가는 집에서 혹은 직장에서 쫓겨난다. 하지만 이 사태에 대해 아무도 책임을 지지 않는다. 영화에서는 자세히 언급되지는 않지만, 금융위기가 터진 뒤, 정부를 향해 자신들의 경제활동에 대해 손을 떼라고 줄기

영화 〈빅쇼트〉(2015)는 세계 경제 쓰나미를 초래한 미국발 경제 위기를 다소 장황하면서도 쿨하게 그리고 있다. 이 영화는 실화에 바탕을 두고 있다. 영화는 "곤경에 빠지는 것은 무엇을 몰라서가 아니라, 확실히 알고 있다는 생각에서 비롯된다"는 마크 트웨인의 유명한 경구로 시작한다. 트웨인은 이 경구를 통해 과도한 자기 확신은 재앙을 초래할 수 있다고 경고했다. 이 영화는 미국발 금융 위기는 자신이 속고 있다는 것을 모르고 있다는 사실, 즉 '무지'에서 비롯되었다고 말한다.

차게 주장했던 월스트리트 엘리트들은 정부에 당당하게 구제금융을 요청한다. 결국 정부는 그들이 원하는 대로 막대한 구제금융 자금을 투입한다. 심지어 그들은 집을 빼앗긴 노숙자에게 마땅히 지급되어야 할 실업급여, 건강보험료까지도 챙긴다. 그러면서 그들은 "노숙자에게 주는 돈은 무의미하고 단지 버릇만 나빠지게 한다"고 뻔뻔하게 주장한다. 더 나아가 "자신들에게 돈을 주는 것은 미래를 위한 투자고, 가난한 사람들에게 돈을 주는 것은 비용에 불과하다"고 주장한다.

놀라움을 넘어서 무서운 생각이 든다. 그래서 〈빅쇼트〉를 본 많은 사람들이 이 영화를 '공포영화'라 했다. 이런 일이 결코 한 번으로 그치지 않고 또 일어날 것이고, 나에게도 벌어질 수도 있다는 생각을 하면 더욱 무섭다. 〈빅쇼트)는 허구가 아니라 실제다. 그것도 아직 끝나지 않은 실제다. 그렇기 때문에 더욱 무섭다.

그렇다면 그들 중 누가 가장 나쁠까? 갚을 능력이 없는데도 은행으로부터 돈을 빌린 사람, 그들에게 돈을 빌려준 은행, 그리고 은행과 그들을 연결해준 브로커, 부실담보채권으로 파생금융상품을 만든 투자은행과 그걸 매수한 또 다른 투자은행, 파생금융상품의 위험성을 알고 신용부도스와프를 만들어 구입한 펀드매니저, 그것을 '공매도'(big short)한 헤지펀드, 은행을 감독해야 할 은행감독위원회 직원, 다 알면서도 신용도를 조작한 신용평가회사, 그 모든 사태를 전혀 몰랐던 사람들, 알면서도 모른 척 한 사람들 중에서 말이다.

답하기 쉽지 않은 문제다. 모든 사람에게 책임이 있다고 쉽게 말할 수 있다. 그러나 모든 사람에게 책임이 있다는 말은 바꿔 말하면 그 누구도 책임이 없다는 말이 될 수 있다. 그래도 분명 누군가의 책임이 그래도 클 것이다. 누군가 책임을 져야 나중에 비슷한 일이 벌어질 때 위험을 줄일 수 있다. 하지만 찬찬히 생각해 보면 분명 책임의 경중은 있겠지만 문제의 원인은 모든 사람에게 있었다. 그들은 자기들이 보고 싶은 것만 보고, 믿고 싶은 대로 믿었다. 그리고 자기들이 모든 것을 다 알고 있다는 듯이 생각하고 말하고 행동했다. 그렇다면 마크 트웨인의 경구가 여전히 틀리지 않았다. "곤경에 빠지는 것은 무엇을 몰라서 시작되는 것이 아니라 확실히 알고 있다는 생각에서 비롯된다." 언제나 그렇듯이 절대적인 확신의 순간이 가장 위험하고 가장 무섭다. 특히 전문가들의 절대적인 확신은 무엇보다도 가장 위험하고 무섭다. 왜냐하면 그들의 확신은 가장 끔찍한 재앙을 가져올 수 있기 때문이다.

영화로 문학 읽기,
문학으로 세상 보기

2018년 8월 17일 초판 1쇄 발행

지은이   윤정용
펴낸이   유정환
펴낸곳   도서출판 고두미
         등록 2001년 5월 22일(제2001-000011호)
         충북 청주시 상당구 꽃산서로8번길 90
         Tel. 043-257-2224 / Fax. 070-7016-0823
         E-mail. godumi@naver.com

ⓒ윤정용, 2018
ISBN 979-11-86060-51-3   03680

이 도서의 국립중앙도서관 출판예정도서목록(CIP)은 서지정보유통지원시스템 홈페이지
(http://seoji.nl.go.kr)와 국가자료공동목록시스템(http://www.nl.go.kr/kolisnet)에서
이용하실 수 있습니다.(CIP제어번호: CIP2018024587)